Awakening Spirits

スピリットに目覚める

ネイティブ・アメリカンのマスター、
グランドファーザーの実践哲学

トム・ブラウン・ジュニア［著］　水木綾子［訳］

AWAKENING SPIRITS
by Tom Brown Jr.

Japanese translation rights arranged with Tom Brown Jr.
c/o Clausen, Mays & Tahan Literary Agency, New York
through Tuttle-Mori Agency, Inc., Tokyo

スピリットに目覚める

スピリットに目覚める　目次

第2部　知恵　143

第3部　道　207

まえがき

　私は今、少なからぬ不安を抱えながら本書の執筆という旅に出ようとしている。ここに記されていく概念や技術を、本書を通して学ぼうとするときの読者の苦労を思い、気がかりなのだ。なぜなら本書は、私の学校の基本的な哲学研修で習得する、スピリチュアルなスキルをカバーするものであり、実際に教室で学ぶことを、書かれた文字を通して学ぶというかたちに変換することによって、何かが失われるのではないかという危惧が私の中にあるからだ。だが、それでもなお、私は確たる希望を持っている。思い返してみれば十年ほど前、私は生徒たちのために、実用的な野外活動書としてフィールド・ガイドを書こうとしたのだが、そのときも、はたして生徒たちは書かれた言葉から本当に学ぶことができるのだろうかと心配したのだ。ところが、書き終えて何年かを経てみたときに、人々はそのフィールド・ガイドを通して、技術を学んだだけではなく、実際にスキルを身につけた。そのときの希望的体験に基づいて、私は今これを書き始めている。

　本書は三つのパートから成っている。第一部は、私がグランドファーザーと呼ぶストーキング・ウルフが、どのようにして、彼の思想の根本をなす哲学に辿りついたのか、その経緯を物語るものであり、第二部は、私がどのようにして、スピリットに関わる基本的な技術をグランドファーザーから学び、スキルを習得していったのか、その経緯について述べ、第三部は、どのようにして、これらの学びを統合し、日々の生活に生かしていくか、そのことについて、読者に教示するものである。結局のところ、哲学もスピリットの力も、日常の生活で生かせなければ何の意味も持たない。本書の読者が、ここに示される技術の学習に専念し、定期的な練習を積み重ね、先入観なく開かれた心で熱心に取り組むならば、それらの技術に習熟し、完璧にマスターすることができると私は確信している。これは、テーマが何であれ、あらゆる類の手引書に通用する事実である。

ただ、私にとって、もっとも気がかりなことの一つは、読者がこのコンセプトに取り組み、理解していくときの姿勢についてだ。最初に述べたように、熱意と開かれた心で臨むことが第一だが、次に重要なのは、基本的に受容の心を持つことである。私がいちばん心配するのはその点だ。ご存知のように、スピリットに関して私が教えたり書いたりしていることの大半は、科学的あるいは技術的な実証のシステムを伴わない。そのため、私に残される唯一の方法は、日々目の前に明らかにされる再生可能な成果と、決定的な奇跡を読者に示すことである。それらが積み重ねられて、読者は自分の信念を深め、体系立てていくことになる。ただ、ここで一つ、私がすべてのクラスで生徒に伝えていることを、読者であるあなたにも伝えなければならない。「あなたは私の言うことすべてを、そのまま信じてはいけない。それは愚かなことだ。あなたの務めは、私を信じることではなく、私の言っていることが正しいのかまちがっているのか、それを証明することなのだ」と。これは、グランドファーザーが、さまざまなスキルを私に教えてくれたときに私に求めたことだった。彼は教えるすべてのことを、私がそのまま表面的に受け入れることを好まず、それが私の中にしっかりと根をおろし、私の日々の現実の一部になることを願っていた。

この本を書くにあたって、私が抱えるもう一つの心配の種は、多くの教室や無数の書籍やビデオなどによるスピリチュアル関連の情報の氾濫についてである。残念ながら、こういったものを通して人々に提示される情報には、根拠の乏しいものや、あるいは一時的にしか作用しない貧弱なものが多い。

この本は、あなたの信仰や信念の核心部分に挑むものとなり、あなた個人の人生哲学を揺り動かすものとなるかもしれない。だがそれは、私の意図するところではない。この本で私が述べることは、あなたの信仰や信念の価値を下げようとするものではなく、むしろそれらの価値を高め、強めようとするものである。ひとことで言えば、ここに述べる技術と技能は、あらゆる哲学、宗教、信条体系へと、容易に集約され通ずるものなのだ。そもそも、グランドファーザーは、これらの教えを、すべてのものをつなぐ共通の糸として考えていたのである。

正直に言えば、私はこの本を書きたいとは思っていなかった。こういった事柄は、私がそのプロセスを直接生徒に示し、質問にも即座に答えるかたちの研修という場でしか、教えられないと感じていたからだ。さらに私は、基本的なスタンダード・クラスを終了した生徒のみが、哲学コースで学ぶコンセプトに取り組むことができると考えていたのだ。だが今は、それは正しい認識ではなかったということに気づいている。私がこの本の執筆に着手したのは、自発的なものというよりも、哲学コースを修了した何千人もの生徒たちからの強い勧めによるものだ。彼らは本が必要だと感じていて、私がクラスで実際に教えるよりもはるかに多くの人々に本は届くと言い、私という人間は一人しかいないが、哲学コースが網羅する内容は、今日、人々が切実に必要としているものだと主張した。

このような経緯で、こうしたことを念頭に置きながら、私は今この本を書き始めている。私は教えることがもたらす成果に関心がある。私が実際にクラスで教えるときに現れる成果は、まったく奇跡としか言いようのないものばかりなのだ。各々の信念や信仰を持った生徒たちが、自分にできることは何なのかを悟り、自然界やスピリットと交信する方法を知って、まるで魔法にかけられて別人になったような面持ちで、学校をあとにするのを私はたくさん見てきた。神父や牧師や神学者や、その他あらゆる宗教界、哲学界からやって来る多くの人々も、一般の人々と同様の覚醒を経験している。私はこうした成果を直接目にしているため、グランドファーザーの哲学は、すべての人に機能するものであることを知っているのだ。この哲学がもたらす成果について、私の親しい友人であるカトリックのジェイ神父が、端的にそれを語ってくれているのでここに紹介したいと思う。彼は最初の哲学コースを終えたときに、私に向かってこう言った。「これこそまさに私が探し求めていたものです。自分の信仰について完璧に理解できました。このクラスを受講してみて初めて、我々が教会で教えたり行ったりしていることは礼拝ですが、ここで学んだことはスピリチュアリティであることがわかりました。礼拝とスピリチュアリティとの間には深い溝があります。私のこれからの仕事は、その溝を埋めてつなぎ合わせ、人々に伝えていくことです」

本書においては、特別な重要ポイントやスピリチュアルな教えについて論証するために、可能な限り、特に後半部分では、生徒たちの体験についても触れていきたいと思っている。彼らはその体験をとおして、グランドファーザーの教えと哲学が、すべての人に機能することを私に示してくれた。その生徒が非常に宗教的な人であれ、無神論者であれ、その中間のさまざまな立場の人であれ、現れる成果はまったく同じだ。グランドファーザーの教えと哲学は、すべての人に通ずるものなのだ。しかしながら、この本はグランドファーザーの教えのすべてを網羅するものではない。書物に書けることは、そのほんの僅かな一部のみなのだ。加えて、私は指導者でもグルでもなく、あなたと同じように、スピリットについて学ぶ生徒だ。私は誰にも、あなたは今のあなたより良くなるべきだなどという要求はしない。誰でもその人固有のパワーを持っているからだ。私がここに述べる事柄には、教会も大聖堂も出てこない。ここにおける唯一の教会は、神が創造された原野、すなわち原野だけなのだ。あなた自身の心のほかに、あなたの指導者はいない。あなたは唯一無二の存在であり、ここで得る情報をあなたが用いる方法も唯一無二のものとなる。このように、人が持つパワーに優劣はなく、そのパワーの強さはまったく同等であり、ただその個性がみごとに異なっているだけなのだ。先入観をなくし、あなたの持つ杯を空にすれば、しっかり学ぶことができる。グランドファーザーが教えたように、子どもの心でこの本に向きあえば、あなたは理解し、この大地と一つになり、スピリットと一つになる。それではひとこと、グランドファーザーの世界にようこそ！

最後に、この本に述べられる事柄の中に、私の功績として数えられるものは何一つないということを、あらためて言明しておきたい。すべてはグランドファーザーと呼ばれた人、ストーキング・ウルフの功績である。なぜなら彼こそが、「根本的かつ純粋な真理」を見出すための探求の道に全生涯をかけ、終わりなき放浪の旅を続けた人であるからだ。私はこれらの技術やコンセプトについて書くことを、嬉しくありがたく思っている。私には彼のような天賦の才はなく、そうしたものが自分にあったならと思うだけである。私はただ、この哲学の道しるべ的存在であり、オウムであり、案内人であって、創始者でもなければ創作者でもない。この哲学はすべての人々のものなのだ。あらゆる哲学や宗教の底流をなす共通の糸、共通の純粋なるものなのである。すべての人のものであり、誰かが個人的に所有するといった性質のものではない。

序章

本書の読者諸氏がすべて、私の他の著書を読んでおられるとは限らない。そのため、本書はこれ自体で完結していなければならない。ここで、グランドファーザーの生涯とその教えについて、さらに、彼が私と一緒に過ごしてくれた晩年の十年間について簡単に触れることは、とても重要であると私は考えている。なぜなら、それが私の持つスキルと、その結実として生まれた学校と、私がそこで教えている哲学の根本的な土台を成すものであるからだ。これらの哲学はすべて、じつは人々がもっと大地に近く、創造主に近く生きていた古代に、すでに誕生していたものであると私は考えている。我々がどこから来ていようと、何を信じていようと、この哲学はすべての人に通ずるものであり、我々の持つあらゆる信念や信仰の根本的な土台をなすものなのだ。だが、その信念や信仰自体が今、さまざまな慣習や伝統や儀式や教義によって複雑化し、非常にわかりにくいものとなっている。このあいまいな混沌の世界を通り抜けて、ストーキング・ウルフは歩み出てきたのだ。その人を私はグランドファーザーと呼ぶ。

グランドファーザーはアメリカのテキサス州南西部で、アパッチ族の小さな一族に生まれた。その一族は白人やメキシコ人を恐れ、部族から遠く離れて放浪の旅に出た。自分たちを守り、自分たちの信仰と生活様式をそのままのかたちで守りぬくためだった。その小さな群れは、地球上でもっとも険しく起伏の多い山岳地帯に住むことによって、敵対する勢力との遭遇をひそかに避けながら、狩猟や採集などを行って生活していた。だが、悲しいことに、こういった生活も長くは続かず、グランドファーザーの両親と祖父母は、彼が二歳のときに、国境近くでメキシコの軍隊に虐殺された。彼の曾祖父であるコヨーテ・サンダーと、わずか数名の人々が虐殺を免れ、幼かったグランドファーザーを連れてメキシコの岩だらけの荒れ地に逃れたのだった。グランドファーザーはこうして、その後に続く二十年間を、その地で過ごすこととなった。

一族は正統な首長とか選出されたリーダーといった存在は持たなかったが、コヨーテ・サンダーはいわば実質的なリーダーとして、人々に賢者とみなされ、長老的存在だった。彼は白人的生き方を徹底して嫌い、工業製品を使うことを一族の人々に禁じていた。また、小さな一族を白人の影響から守るためには、自分たちの信仰を守り、古来の生活様式に忠実に従って生きなければならないと信じていた。自分たちの住む荒野を一歩出れば、そこにはコヨーテ・サンダーと一族の人々にとって必要なものは何もなかった。コヨーテ・サンダーは、一族の人々が世俗的な娯楽などから隔絶した清らかな生活をし、肉的なものを志向せず、スピリチュアルな生活を追求することを願い、これが一族の意識となり、論争を伴わない総意となった。もっとも一族の大半は古老たちであり、肉的な世界などはとうの昔に通り過ぎていた。グランドファーザーに大きな影響を与えたのは、こうした古老たちだったようだ。

グランドファーザーは初めに、キャンプのための実際的なスキルを、主として一族の女性たちに教わりながら訓練された。こうして彼はまず熟練したハンターとなり、狩りのできない人々に肉を配って歩いた。また、コヨーテ・サンダーの親しい友人である老女のメディスン・ウーマン（女性の祈祷師）の教えを受けて優れた薬草医となり、さらに、一族の中でもっとも優秀なスカウト（偵察者）の一人となった。彼は隠れ歩行や隠れ技の技術もマスターした。また、多くの人が命を失うような危険な場所においても生き残り、コヨーテ・サンダーがそれまで会った中でも最高の実力を持ったトラッカー（追跡者）となった。また、自然を深く認識し知覚する能力、すなわち気づきにおけるスキルも抜群であり、古老たちが口をそろえて、五感の鋭敏さにおいて、これほど優れた人間には会ったことがないと言うほどだった。こうして、グランドファーザーは二十歳になる前に、すでに一族の人々の中ではもちろんのこと、部族を越えて多くの人々に伝説的人物として知られるようになっていた。さらに彼の名は白人社会にまで伝わり、恐れられるようになったが、彼はこの恐れに値することを他の人々に対して何一つ行っていない。彼は何より殺人と戦争を憎み、嫌った。

しかし、こうしたすべての身体的なスキルをマスターしてもなお、グランドファーザーの情熱はスピリチュアルな道に向けられていた。もの心ついてからというもの、自然やスピリットの世界との深いコミュニケーションは彼の生活の一部となっていた。十代の初めの頃からすでに、彼のもとには多くの人々が薬草による治療を求めてやってきていたが、十代半ばにさしかかる頃には、彼は賢者かシャーマンのように思われていた。彼が持つスピリットに関する知恵と能力の深さは、こうした世界にもっとも通じている古老たちにとってさえ衝撃的なものだった。グランドファーザーは創造主から特別なギフトを授かった人物であり、ふつうの人間ではないと多くの古老たちが信じるようになっていた。しかし、グランドファーザー自身は、それをまったく信じていなかった。なぜなら彼は他の人ができないことは何一つしていないと思っていたからだ。彼は周囲の誰に対しても常に謙虚だった。スピリチュアルな尊大さや傲慢さは、彼の中には存在しない概念だった。

グランドファーザーは、幼少時代に体験した一連のヴィジョンと夢に従って、二十代の初めに一族を離れてひとり旅立った。それらのヴィジョンや夢が、一歩前に踏み出して前進し、古来の生き方をしっかり学び、それを守り抜くことを彼に命じたのだ。また、ヴィジョンは、学んだことを人々に教え、彼らを大地に連れ戻し、素朴で純粋な生き方へと連れ戻すよう彼に命じた。ヴィジョンは、あらゆる世俗的な物欲から離れ、苛酷な苦行の日々をたった一人で生きるべく彼を導いた。そして何よりも、ヴィジョンは彼の人生をスピリットの知恵へと導いたのだった。彼の探求《クエスト》は、人間の持つあらゆる宗教や哲学や信条について全身全霊をもって学び、それらをつなぐ共通の糸を見つけ出して、単純化することだった。彼はすべてに共通する純粋な真理を見つけなければならなかったのだ。六十三年近くもの間、たった一人で探求の道を彼に歩ませたのは、これらのヴィジョンと夢だったのである。

グランドファーザーは二十代の半ばにも届かぬうちに、自分の持つすべての基本的な宗教的信条の枠を超え、シンプルで純粋な道を探求する歩みを開始した。彼は広範囲にわたって休むことなく旅をした。彼の旅ははるかアラスカの地からカナダ全域を巡り、さらにアメリカ大陸を幾度も縦断し、中央アメリカを通って、さらにアルゼンチンの最南端にまで及んだ。その旅は時や目的地を定めず、自分自身と自然以外の何ものをも必要としない旅だった。彼はシンプルで苛酷な放浪者の生活を生きた。彼にとっての唯一のガイド、唯一の指示は、内面の声、すなわちインナー・ヴィジョンと、スピリットの世界から来る指令であり、それが推進力となって彼を突き動かすのだった。年を経るごとに、いにしえの生き方についての彼の知識は深まっていった。同様に、人間の宗教についての知識も深まり、彼は宗教が持つすべての複雑さと教義が取り除かれるまで、それらの宗教に関する知識を単純化し、浄化し、テストし、自ら実践して確かめるという作業を続けた。

私がグランドファーザーに会ったのは、彼が八十三歳、私は七歳になったばかりの頃だった。その後に続く十年以上もの間、彼は私の人生に最も大きな影響を与える存在であり続けた。彼は私に、何も持たずに原野に出ていくことができるよう、サバイバルの方法や、大地と共に生きる哲学を教えてくれた。私の気づきが普通のスカウトと同程度のレベルになるよう、スカウトとしてのトラッキング（追跡）の仕方や観察の方法も教えてくれた。だが、私にとって何よりも大きかったのは、彼が人生とスピリットに関する基本的かつシンプルな彼の哲学を教えてくれたことだった。私はその哲学を基本に鍛錬を重ねるにとどまらず、そのごとく生活してみることによって、その中にあらゆる宗教や哲学を超える深遠な真理が含まれていることに気づいたのだ。私は自然界やスピリットの世界とのコミュニケーションを、非常にリアルでダイナミックな方法で学び、グランドファーザーが生きたように、肉体とスピリットの二元性の世界を歩み始めた。こうして、私もまた、スピリチュアルな真理の探究に対して、情熱を深めていったのだ。

グランドファーザーが私と別れて、彼の一族のもとに帰ったあと、私は十年近くの間、放浪の生活をした。広範囲にわたる旅を続けながら、警察の依頼を可能な時はいつも受けて、行方不明者を追跡し、トラッカーとしての評判を得るようになった。私は自分のサバイバルやトラッキングや気づきのスキルを、考え得るあらゆる状況下でテストした。これらの技術が私の生存と、良好な健康状態を保つことに役立つかどうか、それを見極めるためだ。私は何度も、スカウトとして人々から隠れて暮らし、人間の文明社会のすぐ隣にいながら、誰にも気づかれずに生きていた。そして何よりも、スピリットのスキルを試し、シンプルな真理と究極の悟りを求めて探求を続けた。この期間すべてをかけて私にできたことは、グランドファーザーが正しいということの証明だけだった。私はグランドファーザーの哲学を、スピリチュアルな真理を探し求めるすべての人に、迅速に教える方法を発見した。そのこと以外は、彼が発見したことにつけ加えることは何もなかった。

遠い昔、グランドファーザーが予言したように、私はついに学校を設立し、本を書く人になった。私の学校にはサバイバル、トラッキング、気づき、さらにスピリットの哲学という、あらゆる分野をカバーする十六のレベルのクラスがあり、私はこれまで二万人近い生徒たちに教えてきた。本書は私の十四冊目の本になる。生徒たちは私の最良のセールスピープルになってくれている。新たに入学してくる受講生の九十パーセントは、この学校の卒業生諸君から送り込まれた人たちだ。予想に反して哲学のクラスがもっとも人気が高く、数か月、場合によっては数年後の予約を受けつけるような状況になっている。私はグランドファーザーの哲学を教えることに誇りを持っている。それは強力で奇跡的な成果を伴い、受講生一人一人にことごとく作用するものであるからだ。だが、グランドファーザーが私に対してそうであったように、私にできることは、生徒たちに学ぶべきツールを提供することであり、その後の展開は彼ら自身にかかっている。本書はそのツールであり、道である。これをもってあなたがどう行動するか、それはあなた自身にかかっている。

第1部

純粋さを求める探求《クエスト》

すべてはグランドファーザーの曾祖父、コヨーテ・サンダーから始まった。コヨーテ・サンダーは霊性の高い人物で、いわゆる族長ではなかったが、賢者であり、小さな一族の宗教上の指導者的存在だった。彼はもの心ついた頃から、自分が持つ信仰について、何かが欠けているという満ち足りないものを感じていた。そういう彼が最初に始めたことは、すべての宗教上の慣習や伝統や教義を脇に置き、その信仰の基本原理は何なのかを探ることによって、そうした儀式的なものから自身の信仰を分離して取り出し、混じり気のない純粋なものとすることだった。その当時、まだ若かった彼は、古老たちに嘲笑されることを恐れて、自分がしていることを誰にも話さなかった。彼は多くの儀式に参加してはいたが、それでも、スピリットの世界の純粋さに至る、もっと速くもっと純粋な道があることをすでに知っていたのだ。

彼はその生涯において何度も一族を離れて旅をし、初めのうちは、アメリカ先住民の中の自分たちとは異なる友好的な部族を探して、自分たちの宗教と彼らの宗教との類似点と相違点について学んだ。さらに、可能なときはいつも、非常に大きな恐怖心と闘いながらではあったが、白人の宗教についても突き止めようとした。だが、白人の宗教と接触できるのはかなりまれなことだった。白人に近づくことは、投獄かあるいは死を意味することになりかねないからだ。彼は常に、目撃し学んだことを自然の大聖堂に持ち帰った。それらを徹底的に精査し、より深くより純粋に解読するためだ。残念ながら、彼がこうして学び、持ち帰ったことの多くは、創造物の世界では通用せず、当然ながら、万人に通ずるものではなかった。

人生も後半に入った彼は、一族を離れて放浪することが非常に危険になってきたことを察知した。アメリカ先住民を、見た瞬間に殺そうとする白人やメキシコ人やその他多くの人々を逃れ、一族を引き連れて移動し隠れるために、ほとんどの時間を費やさなければならなくなったのだ。カナダにおいて、アメリカ先住民と連合政府間で結ばれていた条約が破棄されたとか、特別保留地と呼ばれ、人々が動物のように扱われているという広大な牢獄について、彼が耳にしたのもその頃だった。この特別保留地に入れられた多くのアメリカ先住民は、飢餓と遺棄により亡くなった。そこでは多くの人々が白人の宗教に改宗させられ、自分の宗教儀礼を行ったり、古来のスキルを用いたりすることは厳重に禁止されていた。コヨーテ・サンダーは自分の一族がこうした牢獄に収監されることを断じて許さなかった。彼は戦争や殺戮を何より嫌い、迫害する者たちの目を逃れるために、多大な犠牲を払いながら一族の移動を継続的にひそかに行った。本来なら彼は一人で旅に出て、宗教について、人間の本質について探求するという自分に課せられた任務を追求したかった。だが、一族の安全を確保することが、彼にとって何よりの優先事項だったのだ。そして彼は年老いた。たとえチャンスが巡ってきたとしても、若い頃のように自在に旅することはできなかっただろう。

彼はあまりに多くのアメリカ先住民が自由を奪われているという事実に大きな悲しみを抱き、古来の生活様式や信仰が失われていくことを何よりも嘆いた。最初のヴィジョン・クエストのとき、放浪の旅に出て自然とスピリットの純粋さについて探求せよと告げられていた彼は、それを遂行できないという事実により、ヴィジョンそのものの中で自分が否定されたように感じていた。だが、その一方でなぜか、白人の侵略はヴィジョンを破壊してしまったが、自分の運命はいつか必ず成就されるという希望も持ち続けていたのだ。自分の及ぼす影響によってなどとは夢にも思わずに、ただそう信じていた。純粋さを求める彼自身の探求《クエスト》は叶わなかったが、彼は残した仕事を引き継ぐもう一人の人物を導く種を蒔いていたのだった。ヴィジョンを後世に伝えることは、ヴィジョンをそのごとく生きて全うすることと同様に重要なのだ。

1
蒔かれた種

コヨーテ・サンダーの夢とヴィジョンは、彼がグランドファーザーと呼ばれることになるストーキング・ウルフを、養子として育て始めたときに現実のものとなった。グランドファーザーはまだ子供だったが、曾祖父コヨーテ・サンダーは彼の中にある何か特別なものに気づいていた。グランドファーザーは、スピリットについて鋭い感覚を持っていて、それは他の子供たちと比較してみても抜きん出ていた。コヨーテ・サンダーは、彼が持つこの天賦の才能を大事にはぐくんでいくようになったが、グランドファーザーを追い立てたり、強要したりはせず、彼が自ら選択しながら、スピリットに関する知恵を探求していくに任せた。コヨーテ・サンダーがしたことは、グランドファーザーの心という肥沃な土壌に種を蒔くことだけだった。グランドファーザーが成長するにつれ、コヨーテ・サンダーはスピリチュアルな純粋さを求める自分の探求《クエスト》は決して滅びないということに気づいていった。コヨーテ・サンダーが開始したヴィジョンはグランドファーザーによって完結するのだ。

グランドファーザーの幼少期の記憶には、スピリチュアルな純粋さを求めたコヨーテ・サンダーのいくつもの放浪の物語がしっかりと残っていた。グランドファーザーは自分自身がいつごろから、放浪や探検に対する熱い思いを持ち始めたのか、とくに、コヨーテ・サンダーがいつも話してくれていた、スピリチュアルな純粋さを探求する旅への情熱が、いつごろ自分に芽生えたのか、思い出すことはできなかった。ただ、十代に入って間もない頃、彼は一連の非常に強力な夢とヴィジョンを受け取り、その夢とヴィジョンによって、純粋さを求める探求《クエスト》が彼の人生における真の推進力となっていった。こうした予言的な夢やヴィジョンはすべて、月の満ち欠けの全サイクルに合わせた一か月の間、一度に集中的にやってきたようだ。グランドファーザーは、その期間、自分を突き動かすような夢を毎晩見たと言い、さらに、しばしば強力なヴィジョンがどこからともなく現れたと言っていた。彼は自分の人生におけるこの一か月の期間を、スピリチュアルな純粋さのムーンと呼ぶようになった。なぜなら、この期間に与えられたヴィジョンと夢が、その後の人生すべてをかけた探求の根本をなすものとなったからだ。

スピリチュアルな純粋さを探求するという最初のヴィジョンは、旅の途上にあったグランドファーザーの深遠な夢を通してやってきた。キャンプを遠く離れて放浪し、彼の一族の野営地として可能な場所を求めて最北端の地を探索していた彼は、一族が植物を採集しながら暮らしているもっとも苛酷な不毛の砂漠を出て、より高く、より険しく、起伏の多い高台へと入って行った。一族の人々が冬の嵐から守られ、敵の目からも守られる冬場の野営地を見つけたい。その一心でただひたすら探索していた彼は、その山岳地に、一族がこれまでいくつもの冬の間を野営した場所によく似た、小さな谷間を見つけられるに違いないと感じていた。彼の探索は一族の人々にとって非常に重要なものだった。なぜなら、彼らが前年の冬を越えた野営地は、わずか数人の白人の探鉱者たちと、罠を仕掛ける猟師たちに乗っ取られてしまっていて、もはや冬の間を安全に過ごす避難所ではなくなっていたからだ。そうした状況の中で、彼は他のスカウトたちと同様に、新たな拠点を求めてひそかに山を探索していたのだった。

グランドファーザーは何日もの間、成果なくさまよった末に、ふとしたきっかけで、彼の想像をはるかに超えた完璧な場所を見つけた。前日にすでに、彼はその小さなすり鉢状の谷のすぐそばを通っていたのだが、気づいていなかったのだ。実際、もしキャンプを張るために険しい峡谷の上辺りでいったん立ち止まらなかったら、彼はまちがいなくその谷に気づかないまま、通り過ぎていたはずだった。谷を見つけるまでのいきさつはこうだ。夜を迎えるためにキャンプを張り終えて、彼は小さな焚火を前にしてくつろいでいた。そこは非常に高い場所であり、かなり険しい地形であったため、その小さな炎が白人に見つけられることはないという自信が彼にはあった。白人が好んで歩きまわるのは、ちゃんとした道路か、踏みならされたけもの道であることを彼は知っていたし、彼のいる場所は、どんな道からも何マイルも離れていて、白人のキャンプからは何百マイルも離れていたのだ。夜の静寂が周囲を覆い始めるにつれ、彼はうとうとと眠りに誘われながら、深い平安に包まれていく自分を感じていた。

だがそのとき突然、ハッとしてグランドファーザーは立ちあがった。両手を耳にあて、遠い峡谷のほうから聞こえてくる音を必死でとらえようとした。その音はまちがいなく、水の流れる音だった。夜の静寂の中でさえ、やっと聞こえる程度のかすかな音だ。彼は消えかかっている炎の灯りの中で目をこらし、音を発している場所を特定しようとしたが、周囲の風景はその秘密を明かそうとしない。その音が目の前に広がる巨大な峡谷の中心部から来ていることはわかったが、峡谷はその音源となる場所を明かすことを拒んでいた。彼は流れの源を見つけようと、遠くに見える雪をかぶった山の峰を見つめたが、一筋の水の流れも見えず、少なくとも、峡谷の中心部に流れ込む水はまったくないようだった。これは、はるか遠くを流れる川のせせらぎの音が、峡谷の岩壁にこだまして、まるで腹話術のような仕組みで生まれる水の歌なのではないかと彼は考えた。こうした険しい峰では、音が歪んでこだますることはよくあるからだ。今夜はしっかり睡眠をとって、夜明けに峡谷に向かおう。彼は心に決めた。

だが眠ろうとすればするほど眠れなかった。うつらうつらと眠りの入り口にさしかかると、そのかすかな水の歌がまた聞こえてくるのだ。彼は自分の心を相手に議論を始めた。彼の中のある部分が、峡谷は夜間の探索にはあまりに険しく危険だから、そこに入るのは明朝にして、まずはしっかり眠りたいと思っている。だが、彼の中のもっと大きな部分が、今すぐ峡谷の中心に向かって出発したがっていた。彼は険しい地勢や夜の暗闇の危険も顧みずキャンプを後にした。水の流れを見つけよ、という呼び声のほうが、夜間の探索に対する危惧をはるかに超える強さで迫ってきたのだ。それは単なる呼び声以上のものだった。彼がよく知っているスピリチュアルな手招きであり、要請だった。もはや彼にためらいはなく、自身の安全に対する気がかりも消えていた。なぜなら、まちがいなく彼自身のスピリットが、それまでの数々の旅や探索においてそうだったように、自分を導いてくれることを知っていたからだ。

彼は峡谷の険しく切り立った岩だらけの斜面を、絶対に岩を動かすまいと神経をとがらせながら降り始めた。岩が動けば即座に崖崩れを引き起こすからだ。はじめのうちは、前進すること自体が困難を極めた。足で探るだけでは心もとなく、ほとんど両手で岩を確かめながら文字どおりの手探り状態で降りて行かなければならなかった。その歩みは非常にのろく、とくに、確実ではないが全体の約半分ほどと彼が推測する地点までは、実に遅々としたものだった。そのあたりからは、斜面を這うような態勢で降りなければならなくなったが、いずれにせよ、何も見えないのだから、それはさほど問題ではなかった。彼は休息のために平らな岩棚を見つけて座り、空にくっきりと姿を現した峡谷の斜面を振り返った。ごつごつした絶壁と岩だらけの斜面がかすかに見えてきたとき、そこは昼の明るさの中でも困難を極める急斜面であることにあらためて気づいて、彼は一族の人々が辿るもっと容易な道はないものかと思案に暮れたのだった。

彼が岩棚に横になって休んでいると、峡谷のへりに月がゆっくりと昇り始め、その光は周囲一帯を、燃えるように輝く奇妙な明るさで包んだ。岩も巨石もとがった峰も深い影を落とし、その影は彼の目の前で位置を変えながら、そのあたり一帯がずっと容易に移動できる場所であることを見せてくれているようだった。さらに彼は、その非常に高い場所から、はじめに彼を手招きした遠い川のかすかな銀色のきらめきを、ついに見つけることができた。驚いたことに、それは絶壁の岩面から直接あふれ出ているように見えて、支流らしきものはどこにも見あたらなかった。雪解け水から泉がわき出て、それが地下に吸い込まれ、そこから何マイルも離れたこの隠れた峡谷に出現するなどということが、果たしてありうるのだろうか。グランドファーザーは考えこんだ。その流れは峡谷の底を通って、どこへ流れていくのだろう。いずれにせよ、ここは本当に一族にとって安全な場所なのだろうか。彼は川というものが、誰にとっても、とくに黄金を求める人々にとって、容易な接近の条件となることをよく知っていた。こういった白人たちが探すのは川であり、この川は彼らにとってとてつもない発見になるにちがいないのだ。

すでに月は天空高く昇りきり、探索は迅速かつ容易に進んだ。月が峡谷の向かい側の岩壁に近づいた頃、彼は今いる峡谷の内部の深いところにもう一つの峡谷を見つけ、消えかかる月の光に照らされた谷底まではっきりと見ることができた。小さな川が谷底を二つに分けて、まるで銀色のリボンのように流れ、それぞれの川の畔には青々と茂った森と野原があったが、人間がそこに立ち入った形跡はどこにも見あたらなかった。先住民の人々が野営した形跡もなく、ましてや白人のぼろ小屋が建っていた気配もない。彼は深い安堵のため息をもらした。あらためてその谷の持つ美しさが、彼のスピリットにしみわたってきたとき、彼は深い畏敬の念に捉えられた。容易に見つからないような隠れた秘密の入り口さえあれば、まちがいなくこの場所が、これまで知っている中で、もっとも素晴らしく、かつ安全に守られた冬の野営地になることを彼は確信した。いまや、それまでにも増して、スピリチュアルな呼び声は、彼の中の張りつめた高揚感を倍増させながら、彼を峡谷の底へと手招きした。

彼が第二の峡谷のへりを越える頃、月の光は薄くなり消えていった。遥か下の谷底のほんの一部を照らしていた月の光も、あっという間に消えた。この第二の峡谷の岩壁は最初の峡谷よりもいっそう切り立っていて険しく、彼は再び、前よりもさらに注意を払いながら、這ったままの下降を開始しなければならなかった。谷底に着かないうちに空は明るくなり始めたが、谷底まではまだ少し時間がかかった。なぜなら、最後の行程は、彼がそれまで経験した中で、もっとも危険で険しいものだったからだ。地面が平らになった瞬間、彼は谷底のふかふかした土の上に横になって休んだ。土はとても豊穣で柔らかく、まるで水の上に浮いているような感覚を覚えた。周囲一帯が生命に満ち満ちていて、その息づかいまでが感じとれる。大地は活気にあふれ、純粋で、生命のエネルギーに躍動していた。

峡谷の端の平地には背の高い木々が並び、下生えが青々と茂っていて、その先は川のほとりへと傾斜したなだらかな野原になっていた。野原の上のへりにあたる部分は平たくて、そこにはキャンプを張るのに最適の場所があるようだ。グランドファーザーは野原の端に立ち、峡谷全体を見渡してみて、川の水源に近い、はるか彼方のつきあたり部分に、この場所に容易にアクセスできる箇所を見つけた。その斜面はなだらかで、一族の古老たちでも何の苦労もなく降りられる。何から何まで完璧だった。遠方に、ほぼ誰にもアクセス不可能な巨大な峡谷を備えていて、もし万一それが発見されたとしても、その奥にある、もっと小さなこの峡谷には誰も気づかない。ここなら、一族は冬の間安全に暮らせるし、もしそうしたければ一年中暮らせるだろう。ここにはすべてがある。食べ物も、水も、たきぎも、そしてシェルター用の材料も豊富にあるのだ。おまけに峡谷の端に連なる林は素晴らしい狩猟場を提供してくれる。

グランドファーザーは上流に向かって歩き始め、一族のところに急いで戻ろうとはしなかった。このような素晴らしい場所を見つけるには、ふつう、何か月もかかるものだからだ。彼は再び探検を開始して、川の水源をすぐにでも確認したかった。川はどう見ても、峡谷の非常に険しい岩壁の岩場から唐突に流れ出しているように見える。野原の中の眺望の開けた位置から眺めてみても、この川に注ぎ込む水の流れを見つけることはできなかったし、この川が、峡谷を出て、どこに向かっているのか、それもわからなかった。だがついに、その小さな川の始発点に近づいてみて、彼のこの疑問は解決された。おそらく、いくつかの小さな泉があり、その泉の水が峡谷の斜面に沁み出て集まり、小さな池となって、その池の水が狭いごつごつした岩壁を流れ落ちて、また別の池を形成し、そこからあふれ出た水が、小川となって小さな峡谷を横断するように流れているのだ。グランドファーザーに残された課題はあと一つ、その川はどこに向かって流れ出ているのか、それを調べることだった。

その川がどこでこの小さな峡谷を離れていくのか、彼がそれを見つけ出すのに長くはかからなかった。高い木々に覆われてほとんど隠れている遠い岩壁のあたりに、細い水の流れが見えて、岩だらけの険しく大きな谷を流れ落ちているが、その谷もまた高い木々とうっそうと生い茂る植物に覆われて隠れている。川はこの小さな峡谷を通って流れ、さらにその大きな峡谷をも通って流れているのだ。切り立ったこの大きな谷のあまりの険しさに誰一人ここに近づく者はいなかったのだろう。グランドファーザーは、自分が見つけたこの小さな谷が、もっとも人を寄せつけない原野の一つに隣接していることを知り、そこには非常に長い間、白人が足を踏み入れていないことをあらためて確認できた。これこそが創造主からの贈り物だ。ここは一族にとって完璧な場所であり、彼らはここで暮らすことを喜ぶにちがいない。グランドファーザーは信じて疑わなかった。だが、一つ疑問が生じた。なぜこれまで、彼の一族の誰も、この場所を見つけることができなかったのか。たしかに自分は、一族のメイン・キャンプを離れてずいぶん遠くまでやって来た。だがそれにしても、まちがいなく一族の中の誰かは、この場所の所在を知っていたはずだ。そう思ったとき、彼はハッとした。ひょっとしたらここは聖なる場所ではないのか？ それとも？ 邪悪なるものの地か？ 背筋が寒くなったが、彼の心はまた別のことを言う。そこで彼は決断した。数日その場所でキャンプをし、探検しながら峡谷のスピリットを探そうと決めたのだ。

グランドファーザーはさっそく、一族の人々がメイン・キャンプの場所として選ぶにちがいない平らな野原にキャンプを張り始めた。少なくともその場所で、いろいろ試すことができるし、その地域の性質や川や峡谷自体について知ることができる。また、彼は雨が降るよう切実に願った。その川が氾濫することはないか、川の水がドロドロに濁ることはないか、そういったことを見極めたかったのだ。

キャンプを張り終えたグランドファーザーは、それまでの不眠と、峡谷に分け入る苛酷な旅がもたらした疲労にどっと襲われた。滝の下に小さな池があり、その池の畔に厚い苔が生えていた。その苔のじゅうたんの上に横になった瞬間、彼は深い眠りに落ちていった。その後のことで彼が思い出せるのは、ふと目覚めると、川のせせらぎの音が聞こえ、月の光がさしていたことだ。何が彼を目覚めさせたのか定かではなかった。何かに呼ばれたような気がするが、はっきりとは覚えていない。彼はまだ非常に疲れていて、シェルターに戻ろうとして起きあがったが、あまりに寒いうえに、足がまひしているようで、ふらふらとして立ちあがるのがやっとだった。平衡感覚を取り戻し、態勢を立て直すだけで、非常に時間がかかりそうで、ましてや歩くことなどほぼ不可能に思われた。何かに自分が捕えられているような感覚がして身動き一つできない。かすかなめまいさえ覚えて、その感覚に屈し、地面にしゃがみこんだ。このとてつもない疲労感に彼は納得がいかなかった。それまで眠らずに旅したことは何度もあり、こんなふうになったことは一度もなかったのだ。

この深く重すぎる疲労感と、身動きすらできない体のマヒ状態について、その答えを見つけようと頭をフル回転させながら、彼は小さな池をじっとのぞき込んだ。月の光の中で、池の底までしっかり見ることができたが、さざ波と同心円状の輪が広がっていて、水が見えない。突然また、何かを呼ぶような声が聞こえた。彼は水面から目をあげ、はるかな土手を見た。その土手の月明かりの中に、一人の老女が立っているのがぼんやりと見える。老女は微動だにせず、グランドファーザーをじっと見つめているのだ。グランドファーザーは信じがたい思いで、老女にじっと視線を返した。老女はグランドファーザーのほうに近づいてくる気配はなく、かといって引き返そうとする気配もない。その姿はすこぶる自信に満ちているようで、グランドファーザーを怖がっている様子はまったくない。グランドファーザーは、ややしり込みしたくなるような、おびえに似た感覚を覚え始めた。老女が秘めているパワーの大きさを感じ取ったのだ。彼女の白髪に反射した月の光が、かすかな後光めいていて、その姿は何か女神のようなものに見えた。グランドファーザーは一言も発することができなかった。

老女の姿は深い森の暗闇の中に滑るようにさっと消えた。グランドファーザーは彼女が歩いたり、後ろに向きを変えたりするところはまったく見ていない。そういうこともなく、ただゆっくりと彼女は静寂の中に消えていったのだ。あの老女の姿は本物だったのか、単なる月の光とその影が織りなすいたずらだったのか、彼はそれをはっきりさせようと、首を横に振りながら考え込んだが、そのイメージが土手の上に再び現れることはなかった。そのとき突然、彼は小さな空き地の向こう側の端から何かがじっと自分を見ているという感覚に襲われた。サッと振り返ると、再びあの老女が、自分からわずか数ヤード離れたところに立っている。グランドファーザーは、あなたは誰なのかと、恐怖でのどを詰まらせ、ほとんどかすれた声で尋ねた。老女は答えず、微動だにしない。ただ、そこにじっと立ったまま、グランドファーザーを見つめている。グランドファーザーは、もう一度立とうとしたが、彼の両脚は重く、まるで脚だけが昏睡状態にあるかのようだ。彼の恐怖はもはやパニックに近くなっていた。この人は自分をここで捕らえるために、何か強力な魔法を使っているのではないかと思ったからだ。

グランドファーザーは再び彼女に呼びかけた。すると、老女は彼のほうに近づいてきた。彼女はグランドファーザーが最初に思ったよりも、非常に年老いていることがわかったが、その歩き方には、高齢を示すものはまったく見られず、まるで若い女性のようにさっさと歩いてくる。彼女は間を置くことなく、しっかりした声で、あなたは私の峡谷で何をしているのかと尋ねてきた。グランドファーザーは自分の一族が、冬の間安全に暮らせる場所を必要としていて、自分はその場所を探すスカウトの一人として一族から派遣されている者だと答え、さらに、彼女の所有する地域に立ち入ってしまって申し訳ない、夜が明けたらすぐ立ち去りますとつけ加えた。老女からは何の返答もなく、グランドファーザーには、つらい沈黙が永遠に続くかと思われた。グランドファーザーは、あなたの峡谷は本当に美しい、このような場所で暮らすあなたは本当にお幸せですねと言いながら、彼女と会話をするための努力を続けた。

老女からはまだ返答がなく、グランドファーザーはいっそう不安になってきた。まだ身動きできないからでもあったが、それ以上に、彼女が口を開こうとしないからだった。だがついに、彼女は沈黙を破って言った。「あなたの一族が私の峡谷に住んでも、私はかまいませんよ。あの人たちは大地に根ざして生きています。私のこの場所を大切に育むことでしょう。私はあなたの曾祖父のコヨーテ・サンダーを知っています。彼がとても若かった頃、彼に教えたことがあるのです。あなたは私について聞いたことがあるでしょう。私は『植物のグランドマザー』と呼ばれていますが、おそらくコヨーテ・サンダーは私のことをあなたに話しているはずです」グランドファーザーの頭の中には、にわかには信じられない思いが渦巻いていた。もちろん彼は、「植物のグランドマザー」と呼ばれていたその老女についての話は何度も聞いていた。コヨーテ・サンダーに薬草医の知恵を授け、教えたのもその人だった。彼女は伝説の人で、グランドファーザーの一族のすべての古老たちから尊敬されていた。だが、彼女はグランドファーザーが生まれるより何年も前に、スピリットの世界へと旅立った人でもあるのだ。今、その彼女が目の前に立っている。彼は畏れ多い思いに襲われ、魔法にかかったようにじっとしていた。

グランドファーザーが一言も発せずにいるうちに、彼女は言った。「あなたは私のこの美しい聖なる谷間を見つけたのに、いったいここで何をしているの?」グランドファーザーは、この場所が彼の一族にとって本当に素晴らしい場所かどうかを確かめたいと思っていると答えた。彼女は再び言った。「あなたの心は何と言っているの? コヨーテ・サンダーはインナー・ヴィジョンの声に耳を傾けなさいと教えてくれなかった? もしコヨーテ・サンダーから話を聞いていれば、あなたはこの場所のことがよくわかるはずです。彼は何度もここに来ているのですよ。ここは私が彼に教えていた場所なのです」そのときはじめて、グランドファーザーは気づいたのだった。ここはコヨーテ・サンダーや他の古老たちがよく口にしていた谷間なのだ。彼らは、このグランドマザーのスピリットに敬意を表して、この場所に住もうとはしなかったということも彼は知っていた。グランドファーザーが口を開けるようになる前に、老女は言った。「彼に言いなさい。ここに来たらいいですよと。ここは何年もの間、彼の安全を守るでしょうと。私は白人の目を逃れて生きる彼の苦境と恐怖を知っています」そう言うと、彼女は首から貝殻の化石で作られた首飾りを外して、グランドファーザーに手渡した。そして再び口を開き、「彼にこれを渡しなさい。あなたが本当のことを言っているのがわかるでしょう」と言った。

　グランドファーザーは自分の震える両手に載せられた首飾りをじっと見た。彼は老女のスピリットが自分に現れたこと自体が信じられなかった。自分はあまりにふさわしくない者だ。存命中の彼女は、非常にパワフルなシャーマンであり、薬草医であり、今は、彼女と話すことができるのは古老たちだけだった。彼女は自分の教え子にのみ現れ、それも危険などが差し迫っている緊急時に限られていた。グランドファーザーは、その彼女が自分に言葉をかけてきたことが信じられなかった。ましてや、自分の目の前に姿を現し、さらに、もっとも信じがたかったのは、彼女の首飾りを自分に手渡してくれたことだった。彼はあまりにも畏れ多く、ただ黙っているしかなかった。彼女はやさしく微笑んで、自分をあまりにふさわしくない者だとグランドファーザーが感じていることを知りつつ、そっと言った。「グレイト・グランドサン、あなたはふさわしからざる者ではありません。あなたの任務は偉大であり、あなたが探し求めている純粋さを見つけ出すためには、スピリットの世界からのガイダンスが必要なのです」彼が口を開くのを待たずに、老女は続けた。「あなたはすべての信念や宗教の根本にある、スピリチュアルな真実、そのシンプルさを見つけ出すことに対して、熱意と憧れを感じ始めたばかりだけれど、私が本当のことを言っていると、あなたはわかっているはずです。あなたはコヨーテ・サンダーが何年も前に始めた仕事を、完結させたいと願ってきた。それなのに、あなたは一族の人々を気づかうあまり、彼らを離れることができずにいる」

長い沈黙があった。グランドファーザーは老女が今話したことについてじっと考えた。彼女の言葉は真実を語っていた。彼女はグランドファーザーの心とスピリットのいちばん深いところをのぞき、彼が心の奥底に秘めて切望していたものを見ぬいていたのだ。グランドファーザーには彼女の言葉を否定できる何物もなかった。彼女は続けた。「あなたの一族はこの場所で、何年もの間、安全に暮らせるでしょう。だからあなたはもう自由になって、コヨーテ・サンダーのように放浪の旅に出ていいのです。あなたは、どんな犠牲を払ってでも、スピリットの純粋さを探求していかなければなりません。なぜなら、これが何よりも大切なことだからです。人類は今、大地とスピリットから遠く離れて生きていて、スピリチュアルな真実を複雑にし、ゆがめています。宗教と哲学は日に日に腐敗し、複雑化しています。このゆがみによって、人類の抱える不満は巨大化し、最後に彼らはスピリットから完全に離れ、肉体にのみ生きる者となります。人間のスピリットは肉体という牢獄の中に閉じ込められるでしょう。あなたの探求《クエスト》を遅らせてはなりません。なぜなら、人類と母なる地球に残された時間は尽きかけているのです」

この言葉を残して、彼女は闇の中へと消え、グランドファーザーは苔の茂みのベッドに横たわったまま目が覚めた。視界には夜明けの空が広がっていた。すべてが夢だったのかと思うと彼はかなりショックを受けたが、それにしても、あまりにリアルだったと不思議な思いにとらわれていた。彼は上体を起こして、キラキラ輝く陽の光にまばたきをし、固くなった背中のこりをほぐそうと思いきり背を伸ばした。手のひらが何かを握っているのに気づいたのはそのときだった。それがあの老女から手渡された古い首飾りであることがわかって彼は非常に驚いたが、これらすべてのことが、どういう仕組みで起こったのか、まったく見当もつかなかった。彼は老女が去った後、自分が眠ってしまったことさえ覚えていなかったが、それ以上、起こったことについてあれこれ問いかけにふける贅沢を自分に許さなかった。これがスピリットの世界のやり方であり、彼はだいぶ前から、こうした明快なヴィジョンには慣れてきていた。今の彼にわかっていることは、一刻も速くコヨーテ・サンダーと一族の人々のもとに戻らなければならないということだった。この峡谷に住んでもいいと彼女に言われたことを彼らに伝え、さらに、彼女が自分に話してくれたことを伝えるために。

グランドファーザーは今回の旅に出てから拠点を見つけるまでに七日を要したが、村に戻る行程に要したのはわずか三日だった。それほどに、急いで戻らねばという彼の決意が強固なものだったのだ。一族の人々のもとへと向かうきつい旅の間じゅう、グランドファーザーのすべての思考は、あの老女が語った言葉だけに集中していた。自分はあの老女に本当に会ったのだ。彼の中にまったく疑いはなく、スピリチュアルな純粋さを求める探求《クエスト》について語った彼女の言葉は彼にとって真実だった。彼女は、グランドファーザーの探求《クエスト》について、彼が知らないことは何も語らず、ただ、彼がなすべきことについて確認しただけだった。だが、彼はいまだに、自分はその任務にふさわしくないのではないかという思いにさいなまれ、そしていまだに、自分が一族を離れた場合のことを思って心が揺れていた。長い期間を彼らが自分の助けなしに生活することを考えると、心配が尽きなかったのだ。彼は一族の中でいちばん若く、多くの人々に食べ物をはこび、あらゆる面で彼らの生活を支え、守っていた。彼の中に激しく渦巻く葛藤があり、探求《クエスト》をやめるように自分が自分を説得してしまう前に、彼はなんとしてもコヨーテ・サンダーのもとに可能な限り早く帰り着かねばならなかった。

グランドファーザーがキャンプに近づいていくと、コヨーテ・サンダーと数人の古老たちが立っていた。彼らは一言も発せず、驚きと信じられないという面持ちで、グランドファーザーを注意深く観察した。グランドファーザーが言葉を発する前に、コヨーテ・サンダーが口を開いた。「あの峡谷を見つけたのだね、グランドサン」それは質問と言うよりも、事実の確認といった感じだった。他の長老たちもコヨーテ・サンダーの言葉に同意する旨の言葉を口にした。グランドファーザーは、自分が暗黙の掟を破ってしまったような気がして、居心地の悪さに押しつぶされそうだった。なぜ彼らは自分を見ただけでそれがわかるのか理解できなかった。たしかに彼は変わった。だがそれは彼の内面の深いところで起こったことだ。コヨーテ・サンダーは再び口を開いて言った。「おまえの目を見ればわかるのだよ、グランドサン。おまえはあの聖なる峡谷に入っただけではなく、あの老婦人に会ったのだね。話してごらん、グランドサン、彼女がおまえに何を言わねばならなかったのか。我々はもう何年も彼女に会っていないのだよ」

グランドファーザーは初め少しためらった。多くの古老たちの前で話すことは彼にとって荷が重すぎたのだ。コヨーテ・サンダーだけに話したかったのだが、今はこうして彼ら全員に対さなければならない。自分は何かの掟を破ってしまったのだろうかという不安を抱えながら、彼は小声で話し始めた。「植物のグランドマザーは、私たちの一族が彼女の峡谷で暮らすことを歓迎すると言いました。彼女は『私はあなたたちの苦境を知っている、この場所ならあなたたちも長い間安全に暮らせる』と言ったのです」そう言ってグランドファーザーはおどおどしながら、貝の化石の首飾りをコヨーテ・サンダーに手渡した。コヨーテ・サンダーは、驚きと喜びをグランドファーザーに悟られまいとして、考え込んだような様子でネックレスをじっと見た。それから目をあげてグランドファーザーを見つめ、そのまま古老たちに向かって、彼らのほうを振りかえることなく言った。「ウルフは本当のことを言っている」そう言ったまま、彼の目はグランドファーザーを離れない。グランドファーザーはコヨーテ・サンダーの探るような視線を感じたが、その視線は古老たちがその場を離れても、まだ彼に向けられていた。そして、コヨーテ・サンダーは、気がかりな様子でささやくように言ったのだ。「それで、彼女はそのほかに何をおまえに言ったのかね？」

グランドファーザーははじめ、自分が一族を離れて純粋さを探求する旅に出てしまったら、コヨーテ・サンダーは傷つくのではないかと考えて躊躇していた。そこで彼は、ややはぐらかした言い方で曽祖父の問いかけに答えた。老婦人は自分のひそかなシークレット・ヴィジョンについて助言をくれた、それについてはいずれ、自分の考えがしっかりまとまってから相談すると。コヨーテ・サンダーはしばらくの間グランドファーザーを見つめたままでいたが、やがて口を開いた。「考えている時間はないのだよ。今は行動するときなのだ。おまえは私が何年も前に始めたことを成し遂げなければならない。我々はあの聖なる峡谷で安全に暮らせるのだから、おまえは好きなように、行ったり来たりすればばいいのだよ。あそこなら、我々の暮らしはとても楽になるし、しっかり守られる。おまえが探し求めているものは、もっと大切な、価値あるものだ。もしもたまたま、我々がお前の留守中に死んだとしても、それは無駄死にとはならない。なぜなら、お前が探し求めるものは、世界が知るべきものなのだから」そう言って、グランドファーザーは曾祖父の驚嘆すべき言動すべてに圧倒されたまま、深い思いの中に取り残された。

グランドファーザーは、一族の小さなキャンプを聖なる峡谷に移動するための荷造りや引っ越しを手伝い、峡谷にキャンプを再建し、冬に備えての食糧の備蓄も十分になるまでそこにとどまった。彼は自分の探求《クエスト》について、誰にも何も話さなかった。彼としては、春になってから、適当な時期に出発しようと考えていた。そうすれば少なくとも、もし冬の間に何か厳しい状況があったとしても、人々を助けることができるからだ。ところがある夜のこと、彼がコヨーテ・サンダーと焚火のそばにすわっていると、コヨーテ・サンダーは、おまえはもう、ここには必要ないと言ったのだ。「おまえのここしばらくの仕事は終わった。皆はここでうまくやっていける。なぜならこの冬は穏やかに過ぎると大地が私に教えてくれたからだ。お前は最初の探求《クエスト》の出発を春まで遅らす必要はない。なぜなら、躊躇することはヴィジョンを延期することになるからだ。お前はこれから十三回の月の満ち欠けの期間を放浪し、一つの旅ごとに多くの答えを得る。だが、お前が探し求める純粋さについてお前が理解するのは、春を待たず、この次のムーンの間なのだ。私はスピリットたちと協議したが、これが彼らの答えだった」

心配していたことがもはや消えてなくなり、ほっと救われたような、そういう思いがグランドファーザーを包んだ。彼はそこを出ていくことについてあれこれ悩んでいたが、コヨーテ・サンダーはほとんど命令するような口調で、出発しなさい、ここを出て行きなさいと言ったのだ。彼はコヨーテ・サンダーの声に非常に激しいものを感じた。その激しさはもはや悲壮感に満ちていて、あたかも、コヨーテ・サンダーの夢がそこに重なり、彼自身がグランドファーザーの旅に同伴するような勢いだった。また、グランドファーザーは、学ぶことの大半が、翌月の間に明かされるということもありがたかった。それならばキャンプにしばしば戻れるし、人々を助けることがまたできるからだ。彼は翌日の夜明け前に出発することにした。そうすれば、自分の探求《クエスト》について誰にも話さなくて済む。というのは、どこへ行こうとしているのか、自分にもわからないからだ。だが、彼はそのとき、自分の中のいちばん深いところで、力強いスピリチュアルな招きを感じていて、自分がやがて真理を見出すことを知っていたのだ。

2　宗教の現状

どこへ行こうとしているのか、いつ一族の人々のところに戻れるのか、はっきりとは知らぬまま、グランドファーザーが放浪の旅に出てから数日が過ぎた。ついに純粋さを探し求める旅が始まり、進行しているのだという高揚感は、今では混乱した感情の波に席を譲ってしまっている。スピリチュアルな手招きは、依然として強烈だったが、その招きは彼を白人の住む地域へと深く導き入れて、今や、彼の旅はほとんど這うようにのろのろとしたものとなっているのだ。白人に見つからないよう、異常なほどに警戒しなければならないからだ。すべての動きが計画的なものでなければならず、すべての行動が考え抜かれたものでなければならない。その結果、彼は最大級のスカウトの戦術をもって、対応せざるを得なくなった。テントを隠れたところに張るのはもちろんのことであり、さらに、夜に動いて昼間に睡眠をとるようにした。夜間の旅と言っても、ほとんどの人が眠っていると思われる時間帯、つまり夜の非常に遅い時間から、かなりの早朝の時間までという制約されたものだった。彼はこの時間帯に食事をしたが、食べられるのは植物だけだった。この時間の狩猟などもってのほかだからだ。

彼はどこであれ、白人の近くには行きたくなかった。なぜなら、彼らのキャンプに接近してしまったときに見えてくるのは、いつも混乱ばかりだったからだ。彼自身は決して見つけられずに済んではいたが、目撃する場面の不潔さに嫌悪感を覚えるのだ。彼には白人のすることはすべて意味のないことのように思われた。すべての白人たちが欲することは、大地を破壊し、先住民を殺すことのように見えた。彼らは大地にとってのエイリアンという病気そのものであり、それが自分にまで触手を伸ばしてくることを彼は恐れ、この旅を開始させたスピリチュアルな導きの賢者に向かって深刻な問いを発し始めた。白人から学ぶべきものがあるなどとは、とうてい思えなかったからだ。たしかに、彼らの宗教は興味深いものだが、彼はむしろ、ホピ族の宗教や、ずっと南方のジャングルに住む人々の宗教について研究したかった。彼はヘロインにこんなに接近することがあるなどとは夢にも思っていなかったし、白人から、何らかの価値あることを学べるとは想像すらしたことがなかったのだ。

白人の住む地域に深く入って行くにつれ、ほとんど恐怖に近い不安が、彼のインナー・ヴィジョンを曇らせ始めた。さらに行けば行くほど、スピリットとのコンタクトがますます途絶えがちになるのを彼は感じていた。白人の意識が彼のマインドとスピリットに影響を与え、害しているように彼には感じられるのだ。彼は何度も、一族の人々の安全な和の中に引き返したいと切実に思ったが、逃げ帰ろうという思いが湧きおこるたびに、彼の中のスピリチュアルな推進力が、そのまま前進せよと命じるのだった。彼の内面の奥深くで、無数の闘いが際限なく繰り広げられていた。ただ前進することだけに、彼のすべてのパワーが使われていた。恐怖が彼の不断の敵となり、異常なほどの警戒心が彼の判断力を疲労困憊させた。彼が目をやるところすべてに白人のしるしが見えた。前進するほどに、農地はやがて小さな村や町に姿を変え、原野も街となり街路となって踏みつぶされていた。ほとんどの野生動物が視界から消え、家畜ばかりが目についた。空気にさえ白人の発する悪臭が漂っていた。

グランドファーザーは白人から病気がうつることを恐れていた。白人がはこんでくるさまざまな病気でアメリカ先住民が亡くなっているという話をたくさん聞いている。自分たちのような先住民はめったに病気にかからないし、かかったとしても長く患うということは決してないということを彼は知っていた。白人は先住民が聞いたこともない、さまざまな種類の病気に苦しめられていて、いつも病気にかかっているように見える。彼は水を飲むのも怖かったので、めったに飲まず、飲むときには泉の水だけを飲んだ。地面を歩くことも恐れた。それすらも病んでいて、汚されているように感じるからだ。あらゆる屋外便所の類には絶対に踏み入ってはならないことを彼は即座に学んだ。腐った排せつ物の放つ悪臭はとうてい耐えられるものではなかった。夜間に歩いていて、そういった場所の風下にうっかりさしかかってしまったときには、いつも吐き気をこらえながら、あわてふためいて猛然と走り出した。白人の放つ悪臭は、家畜の放つそれと同様に、彼の肉体に直接沁み込み始めているように感じられた。土さえもときどき悪臭を放っていた。

彼の目に映っていた農場や畑や点在していた小さな村落は、新たに開発された市街地へと変わっていった。グランドファーザーのスピリットが、前進をやめて、テントを張り、休息をとるようにと彼に告げたのは、こうした街のはずれだった。今は休息をとることさえ、彼にとってはかなり難しい。ここではまるで、自分がエイリアンのように思えるからだ。彼の唯一の避難所、唯一の隠れ家は、彼が今キャンプを張った場所からはるか遠く、何千マイルも彼方にかすかに見える霧にかすんだ山々の中にある。彼は人里はなれた、岩だらけの、人目につかない場所にテントを張ったのだが、それでも不安は消えず、落ち着かなかった。夜が更けてからやっと、小さな焚火もできるようになったが、それも、炎が発する灯りが見つけられないように、深い穴の中で行うという周到なものだった。煙が出ないように焚き木は小さく乾いたものを選んだ。食べ物は誰にも気づかれない方法で集めなければならなかった。こうして彼の小さなキャンプは、白人の生み出した荒野という海に浮かんだ一時的救済の島となった。睡眠は、とれたとしても断続的なもので、ほとんど不可能な場合もあった。どんなに遠い音であっても、それが不自然であれば、いかなる危険の可能性をも察知すべく五感が警報を鳴らし、瞬時に目覚めてしまうのだ。

キャンプ二日目のこと。深い眠りの中で、あの老女のスピリットがグランドファーザーの夢に現れた。見えたのは彼女の顔のイメージだけで、彼に目を覚ますよう促していた。グランドファーザーは、彼女が話す言葉にただひたすら耳を傾けた。「あなたは今、純粋さを求める探求《クエスト》の出発点に到着したのですよ。このなじみのない白人世界において、あなたは自分の探し求めているものを見つけ始めるのです。白人に見つかるのではないかとあなたが心配しているのはわかっていますが、まずあなたが理解すべきことにあなたを導いてくれる道は、ここにしかないのです。あなたが現代の宗教の本質を理解する鍵は、ここに、白人の持つ信仰の中にこそ、隠されているのです。行きなさい。察知されないよう、あなたの持てるすべてのスキルを用いながら、白い建物に向かうのです。その建物の高い頂きには十文字に組まれた棒が掲げられています。そこに着いたら、注意深くしっかりと観察しなさい、聞きなさい、外見だけではなく、内部を見なさい、そして自分の目撃したものを理解しなさい」

グランドファーザーは老女のスピリットがゆっくりと余韻を残して立ち去るに合わせたように、ゆっくりと目覚めた。目をしっかり開けてからもしばらくの間、白い建物の方角を指さす老女のイメージがぼんやりと見える。彼にははっきりわかっていた。ただちにその場所に向かわなければならないのだ。ためらうことなく、彼はテントとその気配をさらに入念に隠し、彼女が指し示した方向へと出発した。

日中の行程はまるで悪夢だった。それまでとは比較にならないほどの慎重さで、遅々とした歩みを続けなければならなかった。彼は全身全霊をもって警戒し、その極度の緊張に疲労困憊していた。だが、彼は今はっきりとわかっている。何があっても、彼女の指示に従う以外に選択の余地はない。これは自分のヴィジョンの重要な部分であり、他に道はないのだ。彼にはヴィジョンの探求か、さもなければ死か、それしかなかった。生きたヴィジョンなくして命はないからだ。

ついに彼は白い建物のところに着いた。老女が言っていた十字にクロスした棒がその頂きに見える。彼はまちがいなくこれは教会だと思った。なぜならコヨーテ・サンダーがこういった場所のことをよく話してくれていたからだ。幸いにして、その教会は街の中でももっとも人口の少ない場所に位置していて、三方が青々と茂った草や低木やこんもりとした森林に囲まれていた。グランドファーザーが着いたときには、陽ざしは教会の建物の中まで射しこんでいたが、そこは閑散として、まったく人の気配はなかった。周囲が暗くなってから、グランドファーザーは林の端のところまで這って行き、その周辺の足跡をチェックした。ある一定の日時に多くの人々がここを訪れていたことがわかったが、その足跡は数日前のもので、それ以後の新しい足跡は見あたらなかった。建物の中は暗いままだった。グランドファーザーは、人々が礼拝をささげ、祈り、スピリットに関する事柄を探求する、もう一つ別の場所があるのではないかと考えた。

夜が更けてから、グランドファーザーは建物の大きな窓に忍び寄り、中をのぞき込んだ。何も見えなかった。そこに置かれている家具らしきものはぼんやりと見えたが、それ以外は何も見えない。彼はキャンプに戻る代わりに、そのままそこにとどまることにした。この場所とキャンプの往復は、できないことではなかったが、かなり危険だった。それに代わるものとして、彼は教会に隣接する林のもっとも奥深いところに、一時的に小さなキャンプを張った。場所の選定にはかなり慎重を期して、人々が通る道から遠く離れているという点に最大の注意を払った。夜の時間の半分は、キャンプの設置にとられたが、彼が眠りに落ちたのは、シェルターの中ではなくその横だった。それほどに彼の心も体も、疲労困憊していて、白人のテリトリーにこれほど深く入り込んでいることに、彼の神経は極度にすり減っていたのだ。

早朝、彼は何かを打ちつけるような音で突然目が覚めた。聞きなれている岩を打つ音とはまったく異なる音だ。彼は林の端までこっそりと滑るように進み、残っているわずかな足跡を這いながら辿って、その音の出どころをはっきり確認できた。教会の前に男が二人いて、一人が教会の階段を何かで叩いており、もう一人が板を一枚抱えていた。彼らは階段のどこかを修理しているようだった。一時間も経たないうちに作業は終わり、男たちは教会の中に入らずに去って行った。グランドファーザーは他の人が現れるかどうかを見極めるために、その場にとどまることにした。彼はその日一日中、さらにその夜の大半をそこで過ごしたが、教会に来る人は一人もいなかった。教会はさびれていて、どちらかというと見捨てられているように見えた。昨夜と同じように、夜になっても、教会に灯りがつくことはなく、暗いままだった。彼はさらに数日間、そこで寝ずの番をしたが、依然として、誰一人そこを訪れる人はいなかった。時たま人が通り過ぎたが、教会に入ってはいかなかった。

ついに、ある日の午後遅く、数名の人々が教会の前に集まってきた。彼らはこれといった必需品らしきものは持っておらず、何か、あるいは誰かの到着を待っているようだった。やっと年配の男が一人現れると、おしゃべりの嵐となり、握手がさかんに交わされ、この小さなグループは教会の中へと入って行った。グランドファーザーはかなり長く待った後、動きを悟られないよう、深くなってきた夕闇を利用しながら、教会の窓に近づいた。教会の一番奥のほうに灯りがともされていて、人々はあの年配の男の周りに半円を描くように座っていた。男はコートを脱いでいたので、神父か牧師であることを示す白い襟が見える。グランドファーザーは再び、コヨーテ・サンダーが白人の宗教指導者たちの服装や慣習について話してくれたことを思い出していた。人々は祈りの姿勢で座っていた。ときどき、一人が立ちあがり、目を閉じたまま、教会という名のいかだを漕ぐ、漕ぎ手のほうに顔を向け、大きな声で何やら話している。その後彼らは短い時間全員で歌を一つ歌い、教会をあとにした。そしてすべてが再び真っ暗な沈黙の中に静まりかえった。

グランドファーザーは林の中のキャンプに戻り、自分が目撃したことについて思い返してみた。彼はなぜ教会が、ほとんどの時間、見捨てられたような状態に置かれているのか、それが理解できなかった。彼の知るアメリカ先住民の文化においては、毎日毎時間が創造主に捧げられ、スピリットに関する探求に捧げられる。彼らの行為の中に、深いスピリチュアルな意味合いをもたないものは何一つない。人々は毎日祈りのために集い、それぞれが毎日、一定の時間を「聖なる沈黙」に捧げる。グランドファーザーにはっきりわかったことは、白人にとっての教会は、先住民にとっての信仰のように日常生活の一部にはなっていないということだった。彼はなぜ白人が、生命の源でありパワーの源である自然から切り離されて、建物の中で礼拝をしたがるのか、それについてもまったく理解できなかった。そもそも、自然は創造主の愛が顕現したものであり、人間の知りうるもっとも聖なる神殿なのだ。グランドファーザーにとってすべてが不可解だった。

翌日の夜明け前に、グランドファーザーは再び教会に行ってみた。彼は何時間もの間、がらんとした人気のない教会を観察しながら、藪の中にとどまっていた。やっと数人の人々が教会の前にやって来た。あの神父もいた。さらに人々が集まり始め、互いにしばらく雑談をしているようだ。今回集まってきたのは、先回よりもっと多くの人々で、その中には子供たちもいた。神父が教会のカギを開けるところを見て、グランドファーザーは驚愕した。彼は教会にカギをかけなければならないということが信じられなかったし、なぜなのかその理由も見当がつかなかった。さらにたくさんの人がどんどん集まって来て、あっという間に大急ぎで教会の中に入った。聖なる神殿に入るというしぐさを見せた人はほとんどいなかったし、多くの子供たちが教会の中に入りたいと思っているようには見えなかった。彼らの大部分が外で遊びたいと思っているように見えた。やっと、教会のドアが閉められ、中から歌が聞こえてきた。だが、その歌い方は喜びに満ちた感じではなく、まるで退屈な仕事をしているような歌い方だった。グランドファーザーは、その歌はただ歌うために歌われているようで、スピリチュアルな真理の実体に向かって捧げられ歌われているものではないように感じた。

グランドファーザーは細心の注意を払いながら、教会の端のほうに忍び寄った。周りに人は誰もいなかったが、真昼の明るさの中で隠れるところはどこにもない。彼は警戒しながら慎重に窓に近寄り、そっと中をのぞいた。神父は大きな声で話をしていた。幾人か注意深く耳を傾けている人もいたが、大部分は無表情な顔でただ座っているだけで、語られている内容についてもまったく気にとめていないように見えた。子供たちは椅子の上でそわそわと落ち着かず、幾人かの人々は居眠りをしていた。神父の話は長く、その後に続いた祈りもまた長々と間のびしたような祈りだったが、その祈りの間は全員が立ちあがり、黙って頭を垂れていた。祈りが終わるやいなや、教会の扉が勢いよく開けられ、人々はぞろぞろと外に出てきた。グランドファーザーは影のように藪の中に滑り込んだ。彼は目撃したすべてについて混乱していた。スピリットの場所にしては、ここにはスピリットはいないように思われた。人々はその心情においても思考においても、この場所から遠く離れているように見えた。死を近くに感じている老人だけが、ほんの少し関心を持っているようだった。

グランドファーザーは大部分の人々が、まるで、もっとやるべき重要なことをひかえているかのように、教会から急いで出てくるのをじっと見ていた。わずか数人の人々が、教会の外で何か話をしていたが、それも、ただ立ち去る前のわずかな時間だった。再び教会は静かになり、そのまま一日の大半は静まりかえっていた。グランドファーザーは、この明らかに聖なる日であるらしい一日に、他に何が起こるのか、それを見届けるために、そこにとどまって待った。夕方まで何も起こらなかったが、日没近くなって教会の扉は再び開けられ、人々が中に入って行った。だが、今回は少人数で、朝に集まった人々のやっと半分ほどの人数だった。集会が終わると、彼らは朝の人々よりも、もっと走るように急いで帰って行った。再び、すべてが静まりかえった。教会は真っ暗になり、無人となった。グランドファーザーはその後に続いた数日間、毎日毎晩、教会に行ってみたが、礼拝が再び行われるまでに日の出を六回数えなければならなかった。彼は白人がスピリットの知恵を求めるに際しての、そのやり方にショックを受けた。白人は礼拝と祈りとスピリットの探求に、七日間のうちのたった一日だけを割り当てているのだろうか。彼にはとうてい理解しがたいことだった。

グランドファーザーは教会から遠く離れた最初のキャンプに戻った。教会にはこれ以上学べることは何もないとわかったからだ。彼は自分が見た人々のことがやや気の毒になってきていた。彼らはとても退屈していて、漠然とした悲しみに覆われているように見えた。彼は考えた。自分はあの教会で見たものから何を学んだのか。それにしても、まさかこれが白人社会の文化のすべてではないだろう。そう思ったとき、彼はコヨーテ・サンダーが話してくれた白人の礼拝の仕方について思い出した。まさに彼が見たとおりだった。コヨーテ・サンダーはまた、彼らには教会を超えるようなものはほとんどないと言っていた。彼らの宗教に対する関わり方は、自ら望んだ自発的なものではなく、いわば義務的なものなのだと彼は言っていた。多くの人は教会に行かざるをえないから行っているのだと。なぜなら、教会に行かなければ他の人にどう思われるかが心配だったり、あるいは神に近づく唯一の道が教会なのだと信じたりしているからだと言っていた。グランドファーザーは気が遠くなりそうだった。頭の中には、教会をめぐるさまざまな考えとコヨーテ・サンダーが語ったこととが入り混じって渦を巻いていて、考えれば考えるほど混乱してきた。ついに彼は、聖なる場所、原野に翌日戻ろうと決断し、大いに必要としていた眠りに落ちて行った。

深い眠りの中でグランドファーザーは夢を見た。非常にはっきりした夢で、それまで観察していたあの教会の中に自分が立っている夢だった。神父の声が聞こえたが、その言葉の意味も理解できたし、人々の祈りも歌も理解できた。すべてがあまりに鮮明で、彼にとって本物だった。彼は説教全体についても、人々の行動や反応についても、すべてを観察した。だが、この夢の最初の場面が唐突に現れたと同じように、すべてが唐突に消えて、彼はそのまま目覚めることもなく、深い眠りに再び落ちていった。翌朝、彼はさわやかな気分で目覚めたが、それでも、その夢が最重要なことのように頭に浮かんできて離れない。彼はその夢の意味を探ったが、何もはっきりせず、これが彼を悩ませた。なぜなら、彼がそこから何を学ぶべきなのか、その糸口すら見つからなかったからだ。こういった夢は重要だということを、彼は知っていたが、その重要さ自体が、正体をあらわさないのだ。彼がその夢の意味を解こうとすればするほど、それはぼんやりとして、混乱したものになるのだった。

彼の頭はその夢にすっかり占領されていて、一日中それ以外は何もせず、昨夜、このキャンプをたたんで出発すると決めたにもかかわらず、その考えをふくらませて楽しむことすらしなかった。あまりに長い間座ったまま考え込んでいたので、彼はふと無意識に立ちあがり、どこへ行くともなく時間も気にせず、その周辺を歩き始めた。彼の頭の中では、夢の解釈をすることが、唯一のもっとも重要な課題だった。ところが驚いたことに、あてもなく始めた散歩は、彼をあの教会の裏側の林へと導いていたのだ。そこは彼がまだ足を踏み入れたことのない場所だった。まったく無意識で何も考えずに始めた散歩だったため、いつのまにかその場所に来ていることに、彼は非常に混乱し、ショックを受けたが、その瞬間、ハッと気づいたのだった。ここに辿り着いたのは偶然ではなく、何らかの外側からのスピリチュアルな力によって導かれたのだと。そこで彼は何も考えず、何のためにそうするのかもわからないまま、そこに座って待った。

日が沈み、宵闇が周りを覆うにつれ、彼はまた昨夜の夢についての深い考察に入り込んでいった。ただ待っているだけなので、体力が消耗することはなかったが、依然として明確な答えはやって来なかった。そのときだった。あの老女の声がはっきりと聞こえてきたのだ。彼女は言った。「外見を越えた内面を見なさい。全体としての知恵を探すのです」グランドファーザーは突然聞こえてきた彼女の声に驚いたが、すぐに立ち直って、彼女が自分に何をせよと伝えたがっているのか、望んでいるのか、それを理解し始めた。自分はあまりに細部を解釈することにこだわりすぎていたのだ。そのため、体験したことが、一つのまとまりとして、彼に伝えようとしていることについて、見たり理解したりできずにいる。そこで彼は、会衆や説教や祈りや歌に集中するのではなく、人々が教会に行くことの、大きな理由について集中して考えてみた。そして彼はその答えを得たのだ。まるで冷たい水に突然首を突っ込んだような感覚だった。その答えがあまりに明白なものだったため、そもそもなぜそれに気づかなかったのか、不思議だった。

彼はなぜ人々が教会に集まっていたのかを瞬時に理解した。それは単純に創造主に礼拝を捧げ、感謝を捧げるためなのだ。だが、本当のところ、彼らの祈りや説教の大部分は、創造主に対して、個人的レベルのみならず、社会的レベルにおいても、ただ助けを乞い、願い事をしているように見えた。彼が見た限り、感謝の祈りはあまりに少なく、スピリチュアルな教えもまったくないようだった。彼らはこの七日ごとにやって来るわずかな時間だけを、創造主に感謝を捧げ、助けを乞うことに使っているのだろうか。彼はそれが不思議でならなかった。それ以外の多くの日は何をするのだろう。創造主は脇に置かれて、ほぼ忘れ去られているのだろうか。より深いスピリチュアルな教えや探求についてはどうなっているのか。白人の世界にはこうした事柄に割く時間がないのだろうか。アメリカ先住民にとっては、不断の感謝と祈りの意識に加えて、スピリチュアルな能力を追求することは、非常に大切なこととされている。礼拝はその次に位置するものだが、彼らにとってはすべてがつながっていて、同等の価値を持つものだ。だが、白人が望んでいるのは、ただ、創造主の神聖なる力によりすがること、それだけのように見える。

何よりも、グランドファーザーは建物の中で行われる白人の礼拝の仕方が理解できなかった。自然という大聖堂から切り離されたいなどと思う人間がいるとは思えないからだ。

創造主が造られた原野においてのみ、人間は神に近づく望みを持つことができるのだ。それなのになぜ、白人は自らの手で造った建物の中に隠れようとするのか。それは結局、命の源である大地が持つ力から、人間を切り離すことになる。白人には何か隠さないといけないものでもあるのだろうか。あるいは、彼らは神が創造されたものを恐れているのだろうか。コヨーテ・サンダーはイエスという人物について何度も話をしてくれた。イエスは礼拝の場として、園や山や原野をよく用いたと言っていた。はたしてこの白人たちは、この素朴さ、単純さをイエスに教えた神と同じ神に、祈りを捧げることができているのだろうか。イエスの教えの単純明快さは今どこに行ってしまったのか。彼は考えた。なぜなら、彼が白人の礼拝に見たのは、非常に複雑化されたものばかりだったからだ。

　グランドファーザーは、白人の宗教について考えれば考えるほど、ますます混乱させられた。彼の頭の中では、あの神父さえ、矛盾した存在のように思えてくる。創造主は心を通してのみ触れられる存在であると、彼は教えられてきた。誰しもたった一人で神に向かわなければならない、一人一人が自分でスピリットの知恵を探し求めなければならないと。それゆえグランドファーザーには、教会もなければリーダーもなく、あるのはただ自分の心と、インナー・ヴィジョンをとおして語りかける創造主の声のみだった。それなのになぜ、この司祭のような存在が必要なのか。司祭は人々に何を信ずべきかを押しつけているようにしか見えない。グランドファーザーの一族においては、長老たちもメディスン・

ピープルも、何事も強要することはなく、ただ提案や助言をするだけだ。いったい何が、白人の教会における司祭を、これほど特別な存在にしているのか。司祭はまるで、人々がいかにして創造主を求めていくべきかについて、自分ははっきりと知っているのだと言わんばかりに、それをそのまま人々に押しつけている。グランドファーザーにとってそれは、とてもばかげたことのように思われた。

自然や大地はこの白人の宗教について何と言うだろうと、グランドファーザーは考え始めた。彼はコヨーテ・サンダーが教えてくれたことを鮮明に思い出した。コヨーテ・サンダーはスピリチュアルな事柄を学んだあとは、原野にそれを携えて行きなさいと言った。そこでその教えが機能し、誰にでも機能するものであれば、それは普遍の真理と言っていいのだと。白人のもつ哲学と宗教は、すべての人々に機能するものとは、彼にはとうてい思えなかった。さらに彼は、もし白人が大事にしてきたすべての書物や教えが、彼らから取りあげられたら、何が起こるだろうかと考えてみた。そうなれば、彼らは風の翼に乗って語られる言葉を理解できるのだろうか？　大地によってはこばれる言葉を理解できるのだろうか？　グランドファーザーにとって、白人は人間の言葉のみを理解し、自然やスピリットの言葉を理解しない存在だった。彼らは何事も、はっきりと明瞭に発音されなければ理解できないのだとグランドファーザーは感じていた。彼らはその教会と同じく、あまりに遠く大地から離れてしまっているために、自然の語る言葉が聞きとれないのだ。

グランドファーザーが彼の小さなキャンプに着いたのは夜も更けてからだった。彼はさしあたって知るべきことはすべて知ったと感じていたので、明日の夜明けと共に、一族の人々のところに帰ろうと考えていた。白人についての疑問があまりにたまっていたし、それを整理するためにもコヨーテ・サンダーの知恵を必要としていたのだ。眠りに入ってからさほど経たないうちに、あの老女が再び夢の中に現れ、こう告げた。「日の出とともにこの場所を発ちなさい。ただ、長老たちの知恵を求める必要はありません。彼らはあなたを助けることはできない。なぜならあなたが知るべきことはあなた自身が持っているからです。彼らはあなたの言うことを完璧には理解できない。あなたは彼らの理解の範囲を遥かに超えてしまっている。なぜなら、彼らはあなたが観察したことを自分の目で見ていないからです。もう一度言います。混乱しているディテールから目をあげて、全体を理解するよう願っています」この言葉を残して、彼女はグランドファーザーを眠りの中に置いたまま立ち去った。

翌朝、東の空が明るくなってきた頃、グランドファーザーは遠い山々の連なる聖なる場所に戻る旅を開始した。注意深く歩を進めながら、彼は老女の言葉を頭の中で何度も繰り返しては、それについて考え込んだ。もっと大きな視点から見たときに、自分はいったい何を見落としていたのだろう。自分が理解していない何かがそこにあるのか。いったい、何を見ていなかったのか。そのときふいに、彼は会衆の祈りについて思い出し、自分が見落としていたものが何なのかについて悟った。彼らの祈りは、すべてではないにしても、その大半が肉の領域に関わるものだった。白人はスピリットの豊かさよりも肉的なものを大事にし、それを追い求めていることが痛々しいほどに明白だった。白人の生き方も行動の仕方も働き方も、その礼拝の仕方さえもが、すべては肉を満たすためなのだ。グランドファーザーは、白人が礼拝する唯一の神は肉の神なのではないかと考えた。なぜなら、彼らの関心はそこにしかないように見えるからだ。実際、彼は教会のそばで長い時間を過ごしたが、少なくとも聖なる場所であるはずのその場所で、深いスピリットの喜びを感じることはなかった。彼が感じ取ったのはすべて肉的なものだった。会衆から彼が感じとったのはスピリチュアルなものではなく、肉的なものであり、肉的な豊かさのみだった。人々は神よりも互いの人間関係に関心があった。グランドファーザーは完璧に嫌気がさしてきて、こういった人々の浅はかさについて考えるのをやめ、歩き続けた。

数日後、グランドファーザーはついに山の麓に辿り着き、日の出を迎える頃には、白人が支配する地域をはるか彼方に退けていた。山々の佇む聖なる場所に身を置いて、やっと彼は安心し、くつろいだ気分になった。原野のスピリットが、文明の持つ破壊力に取って代わり始めた。創造物が彼の帰還を喜び歌っているようで、その地に存在するすべてのものが、それぞれに彼を歓迎しているようだった。永遠に自分のそばにいて、共に歩んでくれる、目に見えないスピリットたちを感じることができた。ここは彼にとっての壮大な大聖堂、神に最も近い場所だ。白人のいかなる建物も、この場所の持つ壮麗な輝きと、強烈な霊性に到達することはできない。ここには、風が語り、草がささやき、そして空いっぱいに綴られる真理がある。ここでは心がガイドであり、創造主の声は心で感じとることができる。ここには内的次元、外的次元の区別はなく、ただスピリットがあるだけであり、肉的なものは除外される。ここにはすべての人、すべてのものが感知する歓喜がある。これこそが真実だ。

山に入るとすぐ、グランドファーザーは、自分の目撃したことについてのもっと大きな意味について理解し始めた。白人の生き方はあまりに複雑で、あまりに腐敗していて、過剰なおしゃべりと肉的なもので満ちていた。ここ、原野には、素朴な単純さと純粋さと真実がある。ここで彼は心からくつろげる。兄弟姉妹や母なる大地が常にそばにいるからだ。またここは、スピリットの世界でもある。彼は今、肉体とスピリットの二元性を感じながら歩いているのだ。白人が肉のためだけに祈り、礼拝を捧げている限り、決して知ることのできない世界だ。白人は肉への欲求を退けて、スピリチュアルな覚醒を求めるときにのみ、自己の二元性に気づくことができる。それこそが白人の生き方において欠落しているものであり、そのスピリチュアルな覚醒は、教えられて得られるものではなく、心をとおして理解されるものなのだ。グランドファーザーは白人の礼拝とスピリチュアリティの違いをはっきりと理解した。白人は肉的なもののためにのみ礼拝を捧げて祈り、スピリチュアルな覚醒を求めようとしないのだ。

3 信仰と純粋さ

グランドファーザーが白人の文明と、その汚染された土地や偏った宗教からやっと解放されて、幸せな気分で山中をぶらぶら歩き始めてから数日が経っていた。こうして放浪していると、頭の中はすっきりしてきて、彼は再び、肉体とスピリットの二元性を感じながら歩いている。実に大地は、創造主の愛の物理的顕現であり、大切に尊ばれ、愛されるべき贈り物だ。白人がなぜ、その贈り物を汚し、自分自身を、可能な限りそのパワーから切り離すことを選んでしまうのか、彼にはまったく理解できなかった。白人について考えれば考えるほど、その生き方は彼にとって不可解であり、そこに何の意味も見いだせない。彼らはただ、物事を複雑化し、破壊し、肉的なものをかき集めるために生きているように見えた。なぜ白人は原野の知恵と純粋さを見ずにいられるのか。あまりに長い間そのパワーから切り離されていたために、それが何だったのかを忘れてしまったのか。それとも、そもそも彼らははじめから真の信仰というものを欠いた存在なのだろうか。

グランドファーザーは頭の中に湧き出てくる無数の疑問の渦巻きから離れようとしても離れられなかった。彼がもっとも気になったのは、なぜ白人は自分たちを大地から切り離したのか、なぜ彼らの宗教は肉的なことを求める礼拝と祈りに終始しているのか、ということだった。この大きな疑問が真っ先に頭に浮かんでくる。そこで彼は一族のもとに今すぐ帰ることはせず、もうしばらく放浪の旅を続けて、自身のスピリットから導きを得ようと決断した。これまで発見したことを携えて、コヨーテ・サンダーや他の長老たちのもとに行く前に、これらの疑問について、もっと深い洞察を得たかったからだ。今はまだ、完璧には理解していない。これでは、彼らに正しい質問すらできないだろうし、ましてや自分が目撃したことをそのまま伝えることは、もっと難しいだろう。それを可能にするために、もっと時間が必要だった。純粋な、スピリチュアルな時間が必要だったのだ。

山道を南に向かって歩いていたグランドファーザーは、古い、見捨てられたキバ（訳注：アメリカ先住民プエブロ族の村にある巨大な地下の部屋。主に宗教的儀式に使用される）に遭遇した。そこは何年も前に、コヨーテ・サンダーと訪れたことのある場所だ。彼はそのキバを見た瞬間に、少しの間この聖なる場所にとどまるべきだと感じた。キバの前にある広場に足を踏み入れる前にひざまずいて、ここにいることへの許しを乞い、私の探求《クエスト》を助けてほしいと祈った。キバは彼の部族の宗教ではなかったため、聖なるキバそのものの中には入らなかったが、彼はそこを聖なる場所としてとらえていた。教会が自分とは異なる人々にとって聖なる場所であるように、キバは異なる部族の人々にとって聖なる場所であるからだ。そういう場所には敬意を払わなければならない。人は心の命ずるままに礼拝すべきであるから、その信仰によって責められるべきではないことをグランドファーザーは知っていたし、どれが正しくて、どれがまちがっているかを決めるのは彼ではなく、各々が自分の道を決めて行かねばならないことも知っていた。純粋さの道へと導き、最終的に創造主へと導く多くの道があると彼は教えられてきた。各人は良かれ悪しかれ自身の道を、それがどんなに混乱した複雑なものに見えたとしても、進んで行かなければならないのだ。

グランドファーザーは、キバからだいぶ離れた場所にキャンプを張った。日が沈んで、すべての仕事が終わったとき、彼はしっかり目覚めたままの状態で、鮮明な覚醒夢を見た。遠い昔、この場所で礼拝をしていた人々の、太鼓をたたいたり踊ったりしている姿がイメージの中に現れたのだ。彼らの祈りを感じ、チャント（詠唱）が聞こえた。スピリットたちがかがり火の明かりの中を踊りながら通り過ぎるのが見えたが、彼はその人々にある種の親近感のようなものを感じた。彼らの信仰は自分の一族のものと非常によく似ていたのだ。だが次の瞬間、彼はこれらすべてを、白人の疑問に満ちた目で見はじめていた。彼はそこに、ある種の畏れと神秘は感じたが、同時に、白人の頭でその場面を見てみると、とてつもない憤りと非難したい気持ちが湧きあがってきて、すべてがまちがっているという感覚に襲われた。彼の目には、その礼拝が異端の偶像崇拝のように見えてきたのだ。その感情はあまりに突然、あまりに強烈に湧きあがって来たので、彼はその覚醒夢を振りほどくのに、実際に身体を動かして立ちあがらなければならなかった。覚醒夢から覚めた彼は、その夢の中で自分が感じたことや思ったこと、その内容自体にショックを受けた。

なぜこの覚醒夢を見たのか。その理由が、否応なしに明白になってきた。時間をかけて分析する必要はまったくなかった。ほんの一瞬、白人の知覚をもって対応しただけで、白人がどう感じているのかがわかったのだ。彼は思った。まちがいなく彼らは、私の礼拝の仕方についても、同じ感想を持つだろう。彼らは私たちの儀式を、私が彼らの儀式を見たように見るのだ。誰もが、自分のやり方が、それがどんなに複雑でゆがんでいたとしても、正しいと信じている。それは、やっかいなことではあるが、明白な事実なのだ。人はそれぞれ、自分の宗教が、創造主につながる唯一の道であり、良き働きをする唯一の道だと感じている。グランドファーザーは一つの結論に至った。他の哲学や宗教を批判するのはばかげたことであり、それぞれが自分の道を歩むことをお互い認めるべきなのだと。彼はこうして、自分が白人の教会を批判していたことは、自分自身が混乱していたとは言え、軽率だったと感じ始めていた。

グランドファーザーは自分がまだその域に達していないことは知りつつも、すべてを理解する一歩手前まで来ていることを感じていた。じっくりと考え込むうちに、彼は「機能する」という言葉に焦点をあてはじめた。なぜなら、哲学や宗教が機能するためには、まず創造の神殿においてそれが証明されなければならないし、次に、すべての人々に機能することが証明されなければならないからだ。「機能する」という言葉は、再生可能な奇跡的成果をともなうという意味を持つ。彼の思考がここまできたとき、彼は無意識に後ろに身を引いて、すべての宗教と哲学を一目で見渡せる一つの大きな風景として捉えてみた。思いの中で彼は、東方の鳥のように空高く飛び、自分の頭の中にある偏見を捨て、すべての宗教や哲学や信条体系について、高い飛行の空から見おろした。彼に見えてきたのは、世界のすべての宗教や哲学や信条体系が自分の正しさを主張しているが、いずれも、すべての人に機能しているとは言えず、当然ながら創造物の純粋さに属するものはまったくないという状況だった。こうして彼は、はっきりと気づかされたのだ。何らかの聖なる方法で、これらすべてを結びつける共通の糸があるにちがいない。ダイナミックで純粋なつながりが、すべてに通じる本質的なものがあるにちがいない。だが、その本質的なものとは何なのか。

思い返せばこのところずっと、さまざまな宗教や哲学それぞれの相違点にのみ焦点を合わせ、自分の宗教と比べては、その相違点ゆえに批判していた。グランドファーザーはそれに気がついたのだ。今や彼の認識は劇的に変化した。相違点を探すのではなく、すべてを最終的に一つに結ぶ相似点を探さねばならないのだ。偏見に満ちた比較と正否の判断に、あまりに多くの時間を無駄にしたが、今彼はそれを幼な子のようにはっきりと悟り、理解することができた。もしその共通の糸、あらゆる哲学や宗教に埋め込まれている純粋な真理を見つけることができれば、もはや正しいとかまちがっているとか、そういうこともなくなる。人間が作った教義や慣習や伝統や儀式によって、どんなにゆがめられていたとしても、各々が何らかのかたちで真理を含んでいるはずなのだ。共通する一つあるいは複数の根本的な真理が見つかれば、それは最高の成果であり、それ以上に素晴らしいことはない。このとき、それがグランドファーザーのヴィジョンとなり、探求《クエスト》となり、目的となった。

この新しい理解と洞察を得て、グランドファーザーは、自分のなすべきことをはっきりと知った。彼はあらゆる宗教や哲学や信条体系を、偏見なく、純粋な目で見渡してみなければならないのだ。人々の生き方を学び、それぞれの中に、共通の真理、究極の純粋さを探さなければならない。その純粋さについて彼がはっきりと理解すれば、何がそれぞれの宗教や哲学や信条を、こんなにも異なるものにしているのかがわかるはずだ。こうして彼は重要な視点に辿り着いた。正しいとか正しくないとか、そういうことではなく、ただそこには単純な違いがあるだけなのだ。雪崩のように押し寄せたこの一連の理解は、なぜか彼のスピリットを清め、偏見の牢獄を取り払って、明確な一本の道を彼の前に示した。圧倒的な高揚感と期待が彼を襲い、肉体を越えて彼のスピリットそのものを喜びで満たした。

彼のヴィジョンと夢のすべてがついに明らかになった。この理解こそが、グランドファーザーが自分の仕事を先に進める前に、到達すべき地点だったのだ。

このすさまじい覚醒と共に、極度の身体的、精神的、情緒的疲労が襲ってきた。まるで、あの疲労困憊した白人地域への旅のすべてに、追いつかれてしまったような感覚だ。シェルターに行って眠らなければならない。明日は始めるべき探求に十分な時間が取れるだろう。彼は死ぬほど睡眠を必要としていた。そうしないと、真の覚醒と妄想の境界線が危うくなってしまうからだ。グランドファーザーは過去の経験から、極度の疲労はゆがみやひずみを生み出すことを知っていた。だからこそ、探求をいったん忘れて、休むべきときがいつなのかを知っていたのだ。今こそ、その極度の疲労に屈服すべきときであり、そうしなければ、真理を冒瀆するという罰を受けることを知っていた。目を閉じるか閉じないうちに、彼は深い眠りに落ちていった。

グランドファーザーはかすかな明かりに目が覚めた。夜明けの光のようにも思えたが、よく見ると、はるか上方にある小さな穴からその明かりが射し込んでいる。はじめのうちは、自分がどこにいるのかまったく見当がつかなかった。だが、注意深く周囲を観察して、自分のいる場所がキバのまさしく中心部であることがわかり、非常に驚いた。いったいどのようにしてここまで来たのか見当もつかず、おそらく眠ったまま歩いて来たのだろうと考えたが、穴の入り口から、彼が座っている地面まで降りる梯子のようなものは見当たらない。彼は控えめに言っても、まったく途方に暮れていた。立ちあがろうともせず、長い間じっと座ったままでいた。しっかり目を覚ますためでもあったが、自分がどのようにしてここに入ったのかをはっきりさせるためだった。じっと座ったまま、彼はそのかすかな光が照らしている地面を見た。横たわっていた彼の体の輪郭以外にはまったく物の跡がない。これが彼をさらに混乱させた。まもなく彼は、ともかく自分が何らかの方法でこのキバに入ったという事実と、今のところ、その事実に対してなすすべは何もないということを、甘んじて受け入れた。ここを出る方法がないことは何より明らかだった。ある意味、彼は閉じ込められたのだ。出口は彼が跳びあがってもとうてい届かない高みにある。

グランドファーザーが自分の置かれた苦境と、ここから脱出するルートについてじっと考え込んでいると、どこからともなく、かすかな声のようなチャントのようなものが聞こえてきた。それがどこから来ているのかは確認できない。彼はその出どころをはっきりさせようとキバの内部を見回し、じっと目を凝らしたが、薄く射す光は彼の目の前の地面をかすかに照らしているのみで、それより先には届いていない。声とチャントがまじりあってどんどん大きくなり、彼をとり囲むにつれ、それらすべてに眩惑されて、彼は自分が回転しているような感覚に陥っていった。その声と音は耳をつんざくような大音響となり、それから唐突に止まった。その後に続いた静寂もまた耳に痛いほどだった。その静寂は永遠と思えるほど長く続き、そのあと再び突然、キバの遠い壁のあたりにおぼろげな人影が一つ現れた。次に何が起こるのかを黙って待つグランドファーザーには、自分の息づかいと心臓の鼓動が聞こえていた。その影が最初に現れたときはあの老女のようにも見えたが、静かだった池の水面が風に吹かれて次第に波立つように、その姿は変化して、最後には風雨にさらされた顔の老人になった。

グランドファーザーがその亡霊を見つめていると、風が吹き、フクロウが頭上近くを飛んで行くような羽ばたきの音が聞こえた。老人はささやくような声でグランドファーザーの名を呼んだ。グランドファーザーは全身を固くして姿勢を正した。老人は静かに話し始めた。「おまえが来るのをずっと待っていた。以前はおまえの曾祖父が来ると思っていたが、彼は自分の選択と差し迫った必要性のために他のところに導かれた。さぁ、おまえが彼の運命を引き受け成就するのだ」老人が口を閉じると、再びキバは静寂に覆われた。この老人はいったいなぜ自分の名前や曾祖父のことを知っているのか、グランドファーザーは不思議だった。この老人、つまりこのスピリットは、かなり昔に亡くなった人たちの服装をしている。コヨーテ・サンダーの曾祖父が生まれるよりもさらにずっと前の時代のものだグランドファーザーはこうしたスピリットとの遭遇で驚くことはめったにないのだ。が、今回の遭遇ばかりは驚き以外の何物でもなかった。

グランドファーザーの思考がキバの静寂に再び戻ったとき、老人は再び口を開いた。「子よ、おまえは偉大な知恵の入り口まで来ている。おまえは旅を続けなければならない。

いいかね、遠い昔、人々が大地に根ざして生きていた頃は、一つの真理、一つの道しかなかったのだよ。だが、人間は次第に大地から遠ざかり、それにつれて、スピリットの本来の姿に立ち戻ることの難しさに気づきはじめた。そこで人間はスピリチュアルな真理と自己の二元性が持つ純粋さに到達するための新しい道をあれこれ考案するようになった。だが、人間はスピリットよりも肉体に生きることが多くなり、やがてもっぱら肉体のみに生きるようになった。こうして、スピリットに戻る旅はほとんど不可能に近くなった。人間は喪失感に襲われ、人間のスピリットは眠りに落ちた。人間はスピリットを目覚めさせるために多くのことを試したが、害はないにしても効果はなかった。肉的な心《フィジカル・マインド》がスピリチュアルな心を征服し、支配するようになった。やがてスピリチュアルな心は論理的思考と肉体の中に閉じ込められた。心の声は語ることをやめさせられた」

長い沈黙の後、老人は再び口を開いた。「そこで人間は自分のスピリチュアルな心と体を覚醒させるための道を考案した。彼は自分のスピリットを解放するためには、まず、肉的な心と体でできた牢獄のカギを開けなければならないことを知った。そこで彼は複雑な儀式や慣習や作法を開発し始めた。肉的な心を静め、肉をなだめるチャントや詩歌や歌や伝承やその他のあらゆる技術が考案されたが、効果は得られなかった。人間の論理的肉的な心《ロジカル・フィジカル・マインド》は相変わらず支配的で高圧的だった。うまくいってもせいぜい、スピリチュアルな実体はゆがめられたまま、ほんの一瞬、その姿をとどめるだけだった。欲求不満は深まっていった。なぜなら、人間はもはやスピリットに届かない存在になってしまったからだ。混乱とゆがみと欲求不満は、さらに人間をスピリチュアルな道から遠ざけ、肉の中へと深く追い込んでいった」

老人は口を閉じ、再び静寂がキバ全体を覆った。老人は自分が語ったことについてグランドファーザーが熟考するのを待ち、それから再び口を開いて言った。

「人間をスピリチュアルな二元性から最初に追い出したのは、人間自身の論理的肉的な心と肉体だった。そして、人間はその同じ論理的肉的な心と肉体を用いて、はじめの二元性に立ち返るための何かを考案しようとしている。そもそもこれは無理な話だ。なぜなら論理的な心《ロジカル・マインド》は結局、あらゆる歪められた儀式によって複雑さを増し加え、さらに人間を閉じ込めてしまうことになるからだ。こうして現代人は一つのサイクルの中に閉じ込められている。スピリチュアルな存在が持つ知恵と純粋さから、さらに人間を遠ざけるという、それだけの意味しか持たないサイクルだ。人間に残された道はただ一つ、歪められ、複雑化されたものをすべて投げ捨て、純粋さに立ち返ることだ。これが成し遂げられる唯一の方法は、肉的な心と肉体を静めることだ。この静かな心《マインド》、純粋な心によってのみ、人類は再び肉体とスピリットの二元性を持つ存在として歩んでいけるのだ。そのとき、いや、そのときのみ、肉的、スピリチュアル両面の心と体が、純粋な一つの存在、ワンネスへと融合する」

「しかし、いったいどうすればそれが成し遂げられるのですか？」グランドファーザーは尋ねた。「子よ、おまえはすでにそれを知っている」と老人は答えた。「おまえは以前その場所にいた。そして今でもほとんどの時間、その知恵を生きている。とくにおまえが創造物の大聖堂に一人でいるときはそうだ。お前がいま直面している課題は、まず、この知恵の意味を明確にし、他の人々と共にその英知を生きるすべを身につけることだ。おまえのヴィジョンの中の白いコヨーテにそれを手渡せるのはそのときだ」

「しかし私は、どのようにしてスピリチュアルな心の純粋さに到達できるのか、わからないのです」

「いや、おまえはわかっている。そしてよくやっている」と老人は言った。「おまえの唯一の問題は、自分のやっていることを理解していないということだ。おまえはただそれを自然にやってのけている。さぁ、私をよく見てごらん」その言葉と共に、老人の姿は鮮明になり、そのあと、澄みきった静かな水面のように見える壁の後ろに下がったが、まだその姿は非常に鮮明なままだった。「これが、おまえのスピリチュアルな目で見たままの、お前のスピリチュアルな心を通して見る私だ」それから、水面にさざ波が立ち始めると、老人の姿はゆがみはじめ、やがてその水面が大小さまざまな波に揺れ、老人の姿は見えなくなった。水中のどこかから、老人の声が聞こえた。「これはさまざまな思考で混乱しているおまえのスピリチュアルな心だ。おまえが今探し求め、つきとめるべきは、これについての英知なのだ」この言葉を最後に、老人は去って行った。

　キバは再び暗くなった。上方の入り口から射しこむかすかな光が地面に届いているだけだ。グランドファーザーは、名も知らぬ老人が語った言葉について真剣に考え始めた。老人の言っていたことはまったく正しかった。グランドファーザーは心のどこかで、老人が彼に告げたことのすべてを知っていた。ただ、それを明確にするために、この老人との出会いが必要だったのだ。肉的な心はスピリチュアルな考え方を閉じ込めて覆い隠し、人が肉的な心と体に従って生きれば生きるほど、スピリットは牢獄の中に閉じ込められてしまう。それを彼は知っていた。また、他の人と一緒にいるときに、スピリチュアルな明晰性に到達し、それを維持するのは難しいということも知っていた。ときによっては、たとえ彼の一族の中の高い霊性を持つ人々といる場合であってもそれは難しく、ましてや、白人と一緒であれば、それはほとんど不可能に近い。今彼がなすべきことは、いかなる状況下にあっても、いかなる混乱に巻き込まれても、スピリチュアルな心を引き出し、機能させる道を見つけ出すことだ。どうすればそれが達成できるのか、彼にはまだわかっていない。

　グランドファーザーはキバやヴィジョン・クエストやスウエット・ロッジ（訳注：アメリカ先住民が治癒と心身の浄化のために用いる小屋。焼いた石に水をかけて蒸気を立てる）について、さらに神殿や教会やその他、人々が礼拝する場所について考え始めた。これらはすべて、スピリチュアルな心を目覚めさせ機能させるために、肉的な心を静める場所であり道ではないのか。宗教が持つ無数の慣習や儀式や教義や伝統についても同じことが言えるのではないか。なぜなら、これらもすべて、肉体を後回しにしてスピリットの世界を開くための道であるからだ。しかし、人間が真に純粋で自由になるためには、こうした複雑な支援の松葉づえを用いることなく、自身のスピリットを目覚めた状態に導かなければならないのだ。グランドファーザーは冷静に一歩引いて、創造物の大神殿もまた、その支援の松葉づえにあたるではないかと考えてみた。たしかにそれはずっと上質で自然で純粋な松葉づえだが、それでもやはり、松葉づえであることに変わりはない。真理に近づく道は松葉づえをもたないシンプルなものでなければならない。なぜなら、こうした松葉づえこそ、各々の宗教や信仰の間に相違をもたらすものであるからだ。ここまで考えたそのとき、グランドファーザーは気づいたのだった。すべての宗教と哲学を結びつける共通の糸、共通の真理、その一つは、人間の中に、純粋でスピリチュアルな心を明確に発現させることなのだと。

グランドファーザーはこうして、スピリチュアルな目覚めと純粋さという第一の共通の糸を見つけた。だが、第二の共通の糸は何なのか。第三は？　それに続くものは？　キバの静寂の中で自分の心の中を探っていたとき、ある言葉が彼の意識の中に突然現れてきた。「信仰」という言葉だ。その現れ方があまりに強烈だったため、彼は思わず立ちあがり、大声をあげて叫んだ。叫び終えたとき、シェルターのそばに朝日を浴びて立っている自分に気がついた。すっかり目が覚めていた。すべてが凄まじい一連の夢だったが、真実の夢だった。彼は自分がどのようにしてキバを出て、今この場所に立っているのか、そもそも自分は実際キバにいたのかどうか、そういったことに思いをめぐらす贅沢はまったく自分に許さず、足跡を確かめようと、キバに行って中をのぞくことさえしなかった。彼は自分がどのようにしてこれらの真実に到達したのか、そのいきさつについては、関心がなかった。なぜなら、今や彼は一つの知恵を授かっていて、それがあまりにも素晴らしいものだったからだ。彼はその知恵から岩のように堅固な答えを導き出さねばならない。

こうしてグランドファーザーは、これから探検すべきものとして二つの分野を持つこととなった。一つは純粋なスピリチュアルな心についてで、もう一つは信仰についてである。これらは多くの哲学や宗教の基本であると彼は理解している。だが、その同じ基本を持つはずの哲学や宗教が、新たに考案される多くの教義や儀式によって歪められているのだ。グランドファーザーは悟った。彼の探求は今、純粋な心《マインド》に思いのままに自由に到達する道を発見することと、不動の信仰、純粋な信仰を身につける方法を見出すこと、この二つに向けられなければならないのだ。なぜなら、すべてのスピリチュアルなコミュニケーションは純粋な心を通してなされなければならず、そのコミュニケーションを生きたものにするのは、人間の持つ信仰なのだ。では、その懸け橋となるもの、その純粋さとはいったい何なのか。グランドファーザーは、「聖なる沈黙」という知恵のどこかに、その純粋さは存在するということを知っていた。だが、聖なる沈黙を知っているのは彼の部族の人々だけだ。はたしてこれは彼の部族以外の人々も知り得るものなのだろうか、理解しうるものなのだろうかと、グランドファーザーは思いを巡らした。

4　宗教を超えて

グランドファーザーはその日のうちに聖なるキバを発ち、旅を続けた。一族のもとに戻るのか、あるいは旅が自分を行くべきところに導くに任せるのか、まだ決めてはいなかった。彼の主な関心は今、「聖なる沈黙」という知恵についての理解を深め、他の宗教や哲学が、実際これと似た知恵を保持しているのかどうか、それを確認することだった。原生林の生い茂る山中の原野をゆっくり歩いていると、彼はまたしても、スピリットの強烈な引っ張りを感じ始めたが、その引力は彼を山の外側の縁へと導いた。その位置から、はるか遠方に広がる平野を見おろすと、大小さまざまな畑や並んだ柵が見え、バッファローに取って代わった畜牛たちが草を食んでいる風景が見える。さらに、奇妙なほどまっすぐに延びたリボン状の道路が見えたが、あまりに高く遠い所から見ている彼には、なんのための道路なのか見当もつかなかった。彼は長い間、そのリボン状のものをじっと睨んでいた。

それまで一度も、あの白人たちの奇妙な世界においてすら、見たことのないものだったからだ。

遠くに泣き叫ぶような音が長く尾をひいて聞こえ、はるか地平の彼方に煙が吹きあがっているのが見えた。彼が見守るうちに、その煙は次第に近くなってきて、リボン状の道路に沿って非常な速さで前進している。泣き叫ぶような音が再び、今度はもっと近くに、もっとはっきりと聞こえてきて、その音と共に、息を切らすような、あえぐような音と、シューッというそれまで一度も聞いたことのない音が聞こえた。その恐ろしい光景にくぎづけになった彼の目に、長い蛇のような、ところどころ区切られた乗り物のようなものが見えてきた。そのとき初めて、彼は自分の見ているものが、鉄道というものの上を走る汽車なのだと気がついた。コヨーテ・サンダーがこの機械について話してくれたことがあったが、彼はそれを見たことがなかったのだ。それは彼が想像していたものより、ずっと恐ろしく、不快なもので、白人が利用する乗り物だった。箱の中に密閉され、何も見えない機械の速さに乗せられて、広大な距離を難なく移動するものらしい。そのとき彼は、コヨーテ・サンダーがこれまでずっと、こうした白人の狂気から、一族の人々を遠ざけてくれていたことをあらためて嬉しく思った。

スピリットが導いてくれていた先はこの鉄道ではなく、山々の外側の縁に沿って歩いて行くことなのだと彼は心の奥深くで知っていた。スピリットの引力はさらに強く、よりはっきりとした目的性を感じさせるようになった。スピリットは長く休んだり、くつろいだりすることを許さなかった。彼の行程はやがて低い標高まで山を下り、最終的には山麓にある深い森林に導かれたが、そこは彼にとって要警戒区域だった。「欲に任せて黄金を探し求める者たち」に遭遇する可能性を持つ場所なのだ。彼は昼夜通して歩き続け、眠らないままに夜明けを迎えた。それほどに彼に迫るインナー・ヴィジョンの引力が強かったのだ。ついに道は狭い空き地の前で行き止まりになり、その空き地には小さな小屋がひっそりと建っていた。グランドファーザーがそっと近づいて、小屋の前に張り出した屋根のある入り口に目をやると、年老いた白人の男が揺り椅子に座っているのが見えた。彼はどうやら昇ってくる太陽を見つめているようだ。

グランドファーザーはかなりの時間、彼をじっと観察していたが、彼の行動はふつうの白人のものとはかけ離れていた。おそらく高齢であることが、周囲の自然に対して、彼の目と心を開いたのだろう。ここに危険は潜んでいない。グランドファーザーはそう察知した。なぜなら、ここに住んでいるのは、この老人一人であることが足跡でわかっていたからだ。グランドファーザーは老人が彼に気づくかどうかを見るために、空き地の入り口のところまで歩を進めた。老人の目がグランドファーザーを捉えた。老人は信じられない面持ちでうなずくそぶりを見せながら、満面の笑みを見せた。それから片手をあげて、ためらいがちに振り、グランドファーザーも身振りでそれに応えた。老人はグランドファーザーに呼びかけ、家にお入りくださいと身振りで示した。グランドファーザーは求めに応じて家に入ることに、初めは抵抗を感じていたが、スピリチュアルな強い勧めに襲われて、選択の余地はなかった。さしあたっての危険は感知していなかったものの、それでも、その家の中に入るときには、彼の心臓はドキドキしていた。

グランドファーザーが驚いたのは、その老人がグランドファーザーの言語で話しかけてきたことだった。不完全でたどたどしいものではあったが、十分理解できるものだった。老人は非常に温かく親切で、山々の美しさについてグランドファーザーと談笑しながら、ハーブティーを煎れてくれた。老人が仲間を必要としていることは明らかだったし、グランドファーザーはそれに応えたいという思い以上のものを感じていた。グランドファーザーも強烈に仲間を必要としていたし、十分な休息もほしかった。そしてできれば、その老人について、彼がなぜここにいるのかについても知りたかった。グランドファーザーはほとんど最初から、この老人は、白人の生き方に対して自分が抱いている疑問の多くに答えてくれるとわかっていたのだ。初めのうち、二人の会話はやや限られた範囲の形式ばったものだったが、太陽が真上に来た頃には、二人ともお互いのジョークに笑い合い、自分たちの放浪の旅について互いに語り合いながら楽しんでいた。その高齢の白人男性はグランドファーザーにとって、白人の気の合う仲間というよりもむしろ、彼の一族の人々のように感じられた。彼は特別な人だった。

グランドファーザーはその後の数日を、この老人と共に過ごした。トレンスという名のその人は、白人の生き方について、さらには、白人の持つさまざまな宗教や信仰について、グランドファーザーの理解を助ける大きな存在となった。グランドファーザーはまた、トレンスがもはや物理的にも、スピリットについての知恵のレベルにおいても、いわゆる白人のやり方での信仰は持っていないということを知って嬉しかった。彼は別の哲学に従って生きていて、それがこの原野に一人で暮らしている主な理由だった。白人世界はもはや彼を理解しなかったし、彼らとの間に共通の言語はなくなっていた。彼は他からのたくらみによってではなく、むしろ好んで、社会の除け者となった。トレンスは若い頃は地質学と哲学を学ぶ学生だったと語り、そこもまたグランドファーザーとそっくりだった。トレンスもまた、真理の探究者だったのだ。

グランドファーザーはトレンスの知識の豊富さに驚いた。彼は何がトレンスを白人社会から離れさせ、今の道へと駆り立てたのか、それが知りたかった。彼のところを発つ前日、グランドファーザーはトレンスに、以前の信仰を捨てるに至った出来事は何だったのかを尋ねてみた。トレンスは喜びに満ちた彼の再生の物語について語ってくれた。何年も前のことだが、彼は一時期、小規模な鉄道建設事業計画に従事していて、現場で線路工事の監督として働いていたようだ。彼の監督下に外国人が数人いて、ほとんどいつも白人たちに荷物運搬用のロバやラクダのように扱われていた。トレンスはこうした自分の上司たちに対して激しい憤りを覚え、主にそれがきっかけとなって、これらの外国人労働者や彼らが持つ人生哲学を愛するようになり、自分のことのように彼らを気づかい、大切に接した。その中でもとくに、ある年配の男性と親しくなっていったが、そのジーという名の彼が、トレンスを白人の持つ信仰からより豊かな哲学へと導いたのだった。トレンスとジーの友情は、彼の早期退職と原野への巡礼の直接的要因ともなった。

ジーは今も健在で、その小屋からわずか数マイルのところに小さな自分の場所を持っていて、そこに住んでいるとトレンスは言った。トレンスによれば、ジーの文化は白人のものでもなければアメリカ先住民のものでもなく、どこか遥か遠いところからきているらしい。トレンスはジーが多くの文化や哲学の現状について、高い見識を備えているので、メディスン・マンのような人ではないかと考えていた。ジーの友人たちは彼を賢者として敬い、薬草や助言を求めてしばしば彼のもとに通っていた。その地には多くのアメリカ先住民のメディスン・ピープルがいるが、ジーは彼らとも親しく交わり、皆に尊敬される存在だった。グランドファーザーはジーについて多くの話を聞くうちに、なんとしても彼と会わなければならないという思いが強くなり、メディスンについての話も彼と分かち合いたいと思った。彼は翌日そのジーと呼ばれる老人と会うことになり、あらためてその出会いの不思議さに驚き、胸を躍らせた。スピリットが最初にトレンスに会わせた理由は、まちがいなくこれだったのだ。グランドファーザーはそうと信じて疑わなかった。その夜、トレンスとグランドファーザーはジーを訪問するために出発の準備をし、翌朝、日の出と共に出発した。

ジーの家は驚くほどきれいに片付いていて、グランドファーザーがそれまで見たことのない不思議な雰囲気だった。家を囲む庭はきちんと手入れがされていて、大地に対するあふれんばかりの愛を示していた。家に入ると、そこはまるで庭園のようで、あちこちに、さまざまな鐘や奇妙な壁掛けやろうそくや、その他多くの宗教的工芸品が飾られていた。ジーはかなりの高齢で、しわの刻まれた顔に白髪だったが、彼が持つエネルギーは無限のように見え、その笑い声には人を誘い込むものがあった。彼の仕草や行動には、子供のように純真な興味と情熱があふれているように見えた。彼の持つ知恵は自然に関するものにとどまらず、あらゆる哲学やスピリットの世界までをも包含し、超越して一つにしたような、壮大で純粋なもののようだった。また、彼は高齢者ならではの知恵も併せ持っているように見えた。質問に対する彼の答えは非常に簡潔でポイントを突いていたが、それは深い洞察に基づいたパワフルなものだった。グランドファーザーはそれまで、アメリカ先住民以外の人で、これほどの知恵にあふれた人物には会ったことがなかったため、非常に驚いた。スピリットはグランドファーザーを申し分のない場所に導いていたのだ。

グランドファーザーとトレンスとジーは、その後の数日を一緒に過ごし、お互いがお互いから学び合った。三人の間に、それぞれの文化を超えた兄弟のような感覚と友情が生まれた。たしかにそうだ、とグランドファーザーは思った。これこそがすべての民族のあるべき姿なのだ。平等であること、互いに尊敬すること、そして互いに深く愛し合うこと。三人はそれぞれ異なる道を通してではあったが、人生とスピリットに関するまったく同じ考え方に辿りついていた。共に過ごす時間が長くなればなるほど、彼らはその動かしがたい事実を確信したのだった。今、彼らは共通の道を歩き、共通の言語で話をしている。これこそが、古老たちがグランドファーザーに描写してくれたパーフェクト・ワールドだ。そこに築かれた友情と兄弟愛は生涯変わり得ないものだ。そこで交換された知恵は、グランドファーザーが望み、期待していたもののすべてを遥かに超えていた。わずかこの数日間で、自分の持つ多くの疑問に答えが与えられ、多くのことを学び、さらに多くの新たな疑問点が明確になったのだ。彼はこの短い期間に、それまでなかったほど、自分がスピリチュアルな面で成長したと感じていた。

こうして過ぎて行ったある朝のこと、トレンスは自分の小屋に戻らねばならないと二人に告げて、そこを発って行った。彼はそれ以上、そこにとどまることはできなかった。スピリットが彼を呼び、彼はそれに従わなければならなかったからだ。グランドファーザーもまた、そこで過ごす自分の時間も少なくなっていることを知っていたし、間もなく自分の探求の道に戻るべきことを知っていた。トレンスを見送るとき、グランドファーザーは悲しかったが、彼とは再会できることを知っていた。グランドファーザーはそれからさらに二日を、ジーのところで過ごした。その二日間は、お互いのスピリチュアルな悟りの場である今のこの時と場所に、それぞれを導いてくれた道について学び合った。その道はあまりに似ていたので、互いの生まれは世界の反対側に位置しているにもかかわらず、まったく同じ道を歩んできたように思われた。グランドファーザーは最後には自分の体験をジーに話すことをやめ、ジーの持つ、時を超えた永遠の知恵について学ぶことに集中した。なぜなら、ジーはグランドファーザーよりずっと年上で、ずっと多く旅をしており、世界のさまざまな宗教や哲学についても、より深く理解し、ずっと賢かったからだ。ジーのところで過ごした最後の日、グランドファーザーはついに、探し求めていた答えを得ることができた。だが、それを明確な形で言語化することはできなかった。それは「聖なる沈黙」にかかわる問いへの答えだった。

最後の日の早朝、ジーはグランドファーザーを庭に座るようにすすめた後、グランドファーザーが知りたかったことそのものズバリを、はっきりと口にした。質問もしていない中で、その答えが唐突にやってきたため、グランドファーザーは衝撃を受け、圧倒された。ジーは一言簡単に言ったのだ。「聖なる沈黙」はジーの瞑想と同じようなものであり、世界のすべての宗教や哲学を結ぶ共通の糸は瞑想なのだと。瞑想はそれぞれ、不明瞭でわかりにくい形式をとるが、それでも、共通の糸は瞑想であり、各々の形式には、その効果において優劣があると。ジーはグランドファーザーに言った。「瞑想は共通の糸、共通の真理の一つで、全体の中の一部だ。すべての宗教や哲学はそれぞれ一つの瞑想の形式を持つが、その大部分が、複雑化を追求する人間の生み出した教義や経典によって、不明瞭で捉えにくいものになっている。きみが瞑想というものの基本要素を理解しさえすれば、なぜそれぞれの宗教が、こんなにも異なっているのかということについて、もっとも重要な唯一の理由をつきとめることができるはずだ」

ジーはグランドファーザーを見てにっこり笑って続けた。「瞑想、つまり、きみたちの『聖なる沈黙』は、スピリチュアルな心に至る道だ。我々をスピリットの世界へとはこび、心《マインド》を浄化し、肉体とスピリットの二元性を生きることを可能にしてくれる乗り物であり懸け橋なのだ。今日の問題は、瞑想が多くの人々にとって、終着点、すなわち最終目標、最終結果となってしまっていることだ。その結果、懸け橋は牢獄になってしまっている。人がいかなる哲学、宗教、あるいはその他のアプローチをとる場合でも、その瞑想には少なくとも四つの要素が含まれる。まず、瞑想者は心地よさやくつろぎを感じる状態になっていなければならず、制約もなく不安もなく、肉体がもたらす意識散漫もないという状態になっていなければならない。さらに、人を瞑想から引きずり戻そうとする意識散漫のもとに対しては、それを無力化する受け身の姿勢がなければならない。そして最後に、一本の『髪の毛』を持たねばならない。『髪の毛』は、あらゆる瞑想に共通する唯一の、もっとも重要な要素になっており、これが宗教間の主たる相違の理由となる」

「髪の毛？」とグランドファーザーは聞き返した。

「そうだ、髪の毛だ」と、ジーは言い、「それについて、ある物語でわかりやすく話そう。何年も前に遠方に住んでいた頃、ある男性から聞いた話だ。この話の中に出てくる制御されていない鬼は肉的な心《フィジカル・マインド》を表す。まずそれを覚えておくことが大事だ。制御されている鬼はスピリチュアルな心を表すものだ」

　ジーは古代の物語、「髪の毛と鬼」について話し始めた。「昔、森の中に一人で暮らしている男がいた。一人で暮らす理由は、彼がスピリチュアルな道を探し求めていたからだ。だが、彼はメディスン・マンになるための重要な一つの要素を見つけられずにいた。毎日森を歩き回り、スピリットについての知識を探し求めたが、いつも、出発したとき以上のものは何も得られずに戻ってきていた。そんなある日、いつものように歩いていると、野原の真ん中の岩の上に魔術師が座っているのが目に入った。あきらかに眠っているようだった。魔術師というのは、非常にパワフルな人間で、ときに邪悪な存在であることを彼は知っていたが、好奇心が彼を魔術師のそばに引き寄せた。魔術師の背後からそっと近づくうちに、彼は心の中で決心した。この魔術師を捕らえて、ヒーラーであり賢者であるメディスン・マンが持つ秘密を明かすよう要求しようと。

　男は植物のツタでロープをこしらえ、魔術師のさらに近くへと忍び寄り、ツタのロープを投げて彼を捕らえ、縛った。魔術師は目覚めて、男に向かって怒り狂い、即刻離せと命令した。男は決して彼を解放しようとはしなかった。シャーマンについての知識が欲しかっただけではなく、自分の命が危険にさらされることを恐れていたからだ。だが、考えてみれば、自分の願いごとを一つ叶えさせ、それを条件として魔術師を解放してあげる、そういうことが一般的には可能であることを思い出し、彼はおどおどしながら、魔術師に、自分の願いごとを叶えてくれれば、解放してあげると言った。魔術師は、他に解放される道がないことを知って、お前の願いごとは何だと言った。自分が何を願っているかについて男が考えていると、魔術師はますます怒りだし、早く決めろと要求した。男は座り込んで、自分の願いごとについて長い間必死に考えたが、それがまたさらに魔術師を激怒させた。

男は非常に頭の切れる人間だったので、金とか財産を願いごとにしたいとは思わなかった。なぜなら、これらはただ人を邪悪なるものへとひきずっていくことを知っていたからだ。また、食べ物も住まいも幸せも健康も願いごとにはしたくなかった。なぜなら、彼はこれらすべてをすでに持っていたからだ。そこで彼は魔術師に鬼が欲しいと言った。鬼はすべてのシャーマンが所有しているものであり、彼の残りの人生とさらにその先もずっと彼の命令を実行してくれるはずだ。魔術師も非常に頭の切れる人間だったが、彼はこう言った。『わかった。鬼をあげよう。だが、一つ条件がある。おまえは鬼を四六時中忙しくさせておく必要がある。お前が寝ているときも起きているときもだ。そうしないと、鬼はお前を滅ぼしてしまう。お前をスピリットの道から引き離し、肉の牢獄に永遠に閉じ込める』男は躊躇することなく鬼を要求し、魔術師は了解を示してうなずいた。一瞬のうちに魔術師は去り、男はその場に一人で立っていた。

家に帰る途中、怪獣のような顔をした小さな鬼が彼の前に現れて、『ご主人様、私はあなた様の鬼です』と言ったので、男は度肝を抜かれた。魔術師が鬼を与えると言ったのは嘘だったと思っていたからだ。男は家についてくるようにと鬼に言い、鬼はそれに従った。家に着いてすぐ、男はどっと疲れを感じて横になりたくなった。ずっと歩きまわっていたからだ。彼は鬼をずっと忙しくしておくようにと言った魔術師の言葉を思い出し、外に出て私のために美しい家を新しく建てるようにと鬼に命じた。建てる場所は、今彼が住んでいる谷間の森を見おろせる丘の高台を指定した。鬼はにっこり笑い、一瞬のうちにいなくなった。男はホッとして微笑み、休むために横になった。ところが彼が目を閉じた瞬間に、鬼は彼の目の前に立っていた。男はせっかくの休息の時間を邪魔されて不機嫌になり、私の邪魔をせず、新しい家を建てる仕事に戻りなさいと鬼に言った。鬼は彼に向かってにっこり笑い、『ご主人様、その仕事は完了しました』と言った。

男は非常にショックを受けた。鬼がこんなにも速く家を建てることができるなどとは思っていなかったからだ。彼が戸口に出て外を見ると、はるか高い丘の上に、美しい家が建っていた。鬼は男に何か仕事を与えるように要求し、その体も次第に大きくなり、その恐ろしさも増してきた。男は鬼の持つ能力と、その増してくる大きさが怖くなり、鬼に新たな任務を与えた。新しい家に家具を置き、植物を植えて美しい庭やブドウ畑を造り、さらに、彼のすべての友人を集めての祝宴の準備をするようにと言ったのだ。鬼は再びにっこり笑って言った。『ご主人さま、それは完了しました。さあ、もっと仕事をください』そして鬼はさらに大きく、さらに恐ろしい姿となり、男はさらに怖くなって絶望的な気持ちになっていった。男が鬼に何かなすべき仕事を命ずるたびに、鬼は『完了しました』と言い、その姿はさらに大きく威嚇的になった。ついに、男はやけになって、病気で死にかかっている友人を癒やしてくれと鬼に言ったが、またしても鬼は『完了しました』と答えた。

男は恐怖のあまり震え出した。鬼は刻一刻とさらに大きくなり、さらに恐ろしい様相となった。男は自分のスピリットがゆっくりと鬼に覆われていくのを感じた。彼の人間性は自身から切り離され、彼の頭はその鬼の情け容赦なくからかう声で、もはや狂いそうだった。逃れるすべはなかった。どんな難しい仕事を与えても、鬼は『完了しました』と言う。自暴自棄になった男は、窓から跳びおり、森の中を走り、ついに鬼を振り切った。パニック状態のまま、ただがむしゃらにそのまま走り続け、その道を歩いていたシャーマンにぶつかった。男はひざまずき、自分の置かれた苦境について、鬼について、拷問のような苦しみについてシャーマンに話した。シャーマンは男をやさしく見おろして微笑みながら、

『グランドサン、我々はみな自分の鬼をもっているのだよ』と言って、自分の頭の巻き毛を一本抜き、男に手渡しながら、『鬼にこの髪の毛を渡して、これをまっすぐにするように言いなさい』と言った。

男はその巻き毛の髪を見て、叫んだ。『この髪をまっすぐにするのですか？　ああ、あなたはあの鬼をご存じないからそんなことをおっしゃるのです。彼は一瞬で家を建て、祝宴を準備し、病人を癒やすのですよ！』シャーマンは黙りなさいと言うように手を振って、『彼にこの髪を渡して、これをまっすぐにするように言いなさい』と、同じことを繰り返した。男が別の言葉を発する前に、シャーマンの姿は一瞬きらめいた光の中に消えて行き、男は再びたった一人、まったく信じられない思いに捉えられたまま、恐怖に震えていた。あれほど強力な鬼に立ち向かう闘いにおいて、この一本の巻き毛が何かの役に立つとはとうてい考えられなかった。しかし、他に選択すべきものもなく、彼は自分の家に向かって歩き始めた。突然あの鬼が彼の行く手をさえぎるように現れた。それまで以上に大きく、恐ろしい姿になっていた。無数の叫び声のような声で、鬼は何か仕事を与えよと男に要求した。男は恐怖に震えおののきながら、身動きすることもできず、考えることすらできずにそこに立っていた。彼の心《マインド》は鬼の存在そのものによって飲みつくされそうだった。

ほんのわずかな、最後に残ったスピリチュアルな力をふりしぼって、男は鬼にあの髪の毛を渡し、それをまっすぐにするよう頼んだ。鬼は男から髪の毛をつかみ取り、ふてぶてしく彼に向かってニヤリと笑った。それから髪の毛をまっすぐに引っ張り、勝ち誇ったように再びニヤリと彼に笑いかけた。ところが、鬼がその髪の毛を手から離すと、それは再びカールした。すると、鬼の体は少し小さく縮んだ。鬼はもう一度髪の毛をまっすぐにしたが、手を離すと、またカールするだけだった。鬼は怒り狂いながら何度もやってみたが、無駄だった。彼はその髪をまっすぐにできなかった。そして縮んでいって、元のサイズに戻り、内気なおどおどした態度も戻ってきた。男はそれを見て、鬼から髪の毛を取り返し、自分を家にはこび、ベッドに寝かせるようにと命令した。男がベッドに入るとすぐに、鬼は何か仕事を与えてくれるよう要求した。男は満面の笑みで鬼に髪の毛を渡し、それをまっすぐにするようにと言い、言い終えた瞬間に、非常に必要としていた深い眠りに吸い込まれていった」

物語が終わると、ジーはグランドファーザーを見て微笑みながら言った。「わかるだろう、髪の毛は象徴にすぎない。瞑想の四つの要素の中の最後の要素を示すシンボルだ。宗教を異なるものに見せているのは、人間の持つさまざまな『髪の毛』であり、深く見てみると、いかなる宗教も、何らかの瞑想の形式を持っていて、すべては同じものなのだ。きみはこれらの髪の毛についてはよく知っているが、それらを無数の他の言葉で呼んでいる。それは、チャントであり、歌であり、儀式や教義であり、作法であり、ドラミングであり、その他無数の、人々が松葉づえのようにしがみつく、宗教的な人工物のことなのだ。人々がこれらの物を見るとき、そしてこれらの儀式に参加するとき、彼らの中の制御されていない鬼は静まり、スピリチュアルな自己が顕現してくる。もしわれわれがこの髪の毛という松葉づえを超越することを学べば、瞑想はシンプルで純粋でダイナミックなものとなる。人が肉体と肉的な心の領域に深く入って行けば行くほど、ますます念入りに作りあげられた髪の毛が必要となる」

ジーはグランドファーザーの反応を待たずに、再び続けた。「今日の瞑想が抱えている問題は、無数の髪の毛を持っていることに加えて、瞑想が最終結果になってしまっていることと、体をまったく動かさず座って行うため、有用性に乏しいということだ。人々はスピリチュアルなものの探求に、髪の毛という複雑な松葉づえを必要とするようであり、そのため瞑想は有用性のない、閉じ込められたものとなっている。きみの「聖なる沈黙」も、一本の髪の毛を用いるが、聖なる沈黙は、閉じ込められて行うものでもなく、座って行うものでもない。私の瞑想と同じく、動的で有用なものだ。きみは今私の話を聞いているときも、道なき原野を歩くときも、それを用いている。だが、きみはほかの人たちと一緒のときにはそれを達成するのが難しくなることを知っている。これこそが、きみが純粋さの探求を、私と同じように続けなければならない理由だ。私がそれを続けている理由は、私もまた、退けるべき髪の毛を持っているからだ。人間が自分の持つ髪の毛の耐えられない重さの下で自身を窒息させ、破滅させてしまう前に、我々は純粋さに至る道を発見し、その道を突き進んでいかねばならない。ずっと単純でずっと純粋な道があるはずなのだ」

グランドファーザーはジーの言葉に大いに衝撃を受け、啓発された。彼が真実を語っていることがわかったからだ。グランドファーザーは聖なる沈黙について抱えていた疑問への答えを知り、あらゆる宗教や哲学に、何らかのかたちで含まれている聖なる沈黙を、どのようにして見出すことができるのかを知った。彼はまた、すべての髪の毛から解き放たれた、シンプルな純粋さ、シンプルな真理を見つけなければならないこともわかった。グランドファーザーが言葉を発する前に、ジーは言った。「ひとたび、すべての宗教上の髪の毛が超越されれば、すべての人々はスピリチュアルな覚醒に向かう共通の純粋な道を歩んでいくようになる。各々の宗教や哲学を通して、きみがシャーマニックな道と呼ぶ純粋な領域に到達することができるようになる。だからこそ、きみと私はこうして、二人の心臓が同時に打ち、心《マインド》も一つという共通の言葉で話ができているのだ。我々は自分の宗教や信条を超越し、自分の髪の毛を捨てて、肉体とスピリットの調和の中で歩んで行く」

ジーは立ちあがり、グランドファーザーの肩を軽くたたき、小さな家の中に姿を消した。グランドファーザーはここを発つべきときが来たことを知り、深い悲しみに襲われた。スピリットとしてのジーには会えても、肉体を持つジーにはもう二度と会えないことを知っていたからだ。だが、グランドファーザーは、このシャーマニックな道には時間も場所も死も存在しないのだから、別れというものが存在しないことを知っていた。この道を歩む者は決して一人になることはない。なぜなら、お互いはお互いの一部であり、同時に、大地の子供たちなのだから。ジーのところを出て歩き始めると、グランドファーザーの悲しみは消え去っていた。ジーがいつもそばにいることがわかったからだ。ジーはグランドファーザーの中に長い間つきまとっていた多くの疑問に答えてくれた。同時に、グランドファーザーもまた、ジーが己の道を歩んで行く手助けをしていたのだった。グランドファーザーにはそれがわかっていた。そのときの彼の心に悲しみがあったとすれば、それは髪の毛に執着し、その中に永遠に閉じ込められている思慮浅き多くの人々を思っての悲しみだった。

5 選択の哲学

ジーの小屋を出て歩き始めたときには、グランドファーザーの頭の中は、さまざまな思考に深く入り込んでいて、これからどこに向かうかについては何も考えていなかった。初め彼はトレンスのところに戻ろうかとも考えたが、それはほんの一瞬浮かんだだけの、スピリチュアルな根拠も指示も伴わない考えだった。彼は一日も経たないうちに、すでにまちがいなく、トレンスとジーがそばにいないことが寂しく、二人を恋しく思っていた。その一方で、一族の人々のことも恋しかった。だが、彼にはなすべきことがあり、彼を駆り立てるスピリットは休息を許さなかった。純粋さについて、さらにその他の、まだ問われることなく残っている多くのことについて、答えを見つけ出さなければならないのだ。彼は再び数日間を放浪したが、何も明らかに示されるものはなかった。だが、彼はそれまで学んだことすべてを、しっかりと復習して自分のものとし、それまで以上に、何が同じ人間を異なるものにしているのかについて、はっきりと理解したのだった。もはや、自分と異なるものに対していかなる偏見も持つ理由がなかった。なぜなら、あらゆる道は最終的に長老たちがシャーマンの道と呼ぶ一つの道に行きつくからだ。

運命のいたずらのように、グランドファーザーの行く道は大きな円を描いて曲がり、この旅が始まった場所であるトレンスの小屋のところに戻っていた。トレンスは揺り椅子の横の床に座っており、グランドファーザーは挨拶するために近づいて行った。グランドファーザーには、なぜ自分がそこに舞い戻って来たのか見当もつかなかったが、トレンスはその理由を知っているように見えた。だが、トレンスは初め、自分のほうからはそれについて何も話したくない様子だった。二人はそれには触れないまま、ジーがグランドファーザーに話したことのすべてについて、議論を交わしあった。トレンスを白人の生き方から今の道に導いたのも、あの髪の毛についての同じ話だった。トレンスは、その後ずっと何年もの間探求を続けてきたが、いまだに、よりシンプルでより純粋な道を見つけられずにいることを、グランドファーザーに打ち明けた。彼もまた、グランドファーザーやジーのように、一見永遠に手が届きそうもない、そのシンプルな純粋さをいまだに探し求めていたのだ。だからこそ彼は今も変わらず、原野と独りでいること《アローンネス》を髪の毛として用いている。

トレンスは、原野の純粋さの中に一人でいるときに、シャーマニックな道を歩むことは簡単だが、その道をふつうの人と一緒の場で歩もうとすると、難しくなると言った。そこには常に肉体を通しての魔力的な破壊があり、それは、スピリットの道を歩もうとする人すべてに襲いかかるもののようだと。自分が独りでここに住むことを選んだ理由の一つはそれなのだと彼は言った。トレンスはそのシンプルな純粋さを、まずは孤独の中で見つけ出し、それから、ふつうの日常生活の中で統合していくことを考えた。それができて初めて、自分が見つけ出したものを、一般の人々に持ち帰る希望を持ち得るからだ。ジーと一緒に住むことさえ、意識散漫を生み出し、緩やかにではあっても、やはり探求を遅らせ、心《マインド》を曇らせることになる。トレンスの話をじっと聞いていたそのとき、グランドファーザーは思わずひとりごとを言った。「そのシンプルな真理が見つからないというなら、おそらく我々の探している場所がまちがっているということになる。あまりに長い間、私は自分の外側ばかりを見てきた。それがまちがっているとするなら、その道は人の心とスピリットの中にのみ見出せるとするのが、理にかなっていると言えないだろうか？　今、私の探求が私を導いて行くところは、私の中のスピリチュアルな心という広大な未知の領域のようだ」

これらの言葉はどこからともなくやって来た。この知恵を語る自分の声にグランドファーザーは驚愕した。この言葉を相手に向かって発したとき初めて、ここ数年にわたる彼の放浪が、じつは身体を使った物理的な旅を装った、自己自身の内面への旅だったことを、彼は悟ったのだった。トレンスも、グランドファーザーが突然口にしたこの知恵に対して、畏れを隠せなかった。トレンスはグランドファーザーの顔に驚きと確信に満ちた表情を見て、グランドファーザーもまた、トレンスの顔に同じ表情を見た。二人は思わず吹き出して、しばらく笑いが止まらなかった。このグランドファーザーの言葉は、彼自身の遥か外側か、あるいは内部深くに存在する何らかの力によって発せられたものであること は明らかだった。その知恵がどこから来たものであれ、それは二人が何としても知りたかったことであり、聞きたかったことだった。探求は内側に向かうべきものであり、外側に向かうべきものではないのだ。「我々は孤独や原野という髪の毛をいつも持ち歩くことはできず、さらに言えば、その他のいかなる髪の毛も持ち歩くことはできない」と、再びグランドファーザーの心の中の考えがひとりごとのように口をついて出た。「いかなる意識散漫のもとにも妨げられず、常に共にいてくれる単純明快で純粋な何かを、我々は携えていなければならない。我々の内面にのみ見出され、従っていつもそこにあるもの」

グランドファーザーとトレンスはこの言葉についてじっと考え込み、その沈黙は永遠に続くかのように思われた。二人とも、自分たちが特別な何かに近づきつつあり、大いなる覚醒の一歩手前まで来ていることを知っていたが、まだそれを言葉にすることも、使用可能なコンセプトにまとめることもできなかった。それはまるで、どのようにして知ったかを知らないままに知っているというような感覚だった。その内面の髪の毛について考えれば考えるほど、答えはますます遠のくように思われた。答えはおそらくあまりにシンプルで純粋なものなので、それを複雑化しようとしているうちに、見失ってしまったのだろうということで、二人の意見は一致した。グランドファーザーは考え得るそれらすべての単純さについて思いめぐらすうちに、答えは論理的肉的な心《ロジカル・フィジカル・マインド》自体のどこかに見つかるにちがいないと感じ始めた。彼は肉的な心を敵としてだけ捉えるのではなく、これもまた、その一部であれ、味方として捉え得るのではないかと考え始めていたのだ。

グランドファーザーは自分の感じていることをトレンスに伝え、トレンスは心底からグランドファーザーに同意した。グランドファーザーは言った。「我々人間は肉体とスピリットの二元性を生きるように生まれついていますが、ご存知のように、ほとんどの人において論理的肉的な心が支配的となっています。なぜなら、これがもっとも訓練されるからです。私たち先住民においては、肉的な心とスピリチュアルな心の両方を訓練することが大切だと考えられていて、子供は肉的な心の知恵とスピリチュアルな心の知恵の両面においても同等に熟達していきます。肉的な心が支配的になるのは、今、ほとんどの人々において見られるように、肉的な心の訓練が過度になされたときだけです。しかしそれでも、肉的な心の中に、スピリチュアルな心に繋がったままの部分があって、多くの人々をスピリットの知恵の探求に導くのは、肉的な心のこの部分です。そういうことからすると、答えはこの論理的肉的な心に含まれる、スピリチュアルな心に対して友好的な部分の中にあるはずです。この部分が、肉的な心を静めてスピリチュアルな心を出現させるトリガー、すなわち引き金となる内面の『髪の毛』を含んでいるにちがいありません。そうなると、その内面の髪の毛とは何なのかという問題になりますね」

それが何であるのか、その可能性を探って、グランドファーザーとトレンスは夜遅くまで、ほとんど休憩することも食べることもなく話し込んだ。二人はその可能性を探ることにあまりに夢中になり熱中していたために、興奮しすぎていて他のことには考えが及ばなかったのだ。二人は自分の知り合いについての話をした。かつては論理的肉的な心にすっぽり覆われていたために、スピリットの知恵を求めようなどとはまったく考えもしなかった人々の話だ。スピリチュアルな面ではまったくの逆境にあった彼らが、ある日、ぐるりと百八十度方向を変えて、スピリチュアルな道を行く旅を始めたのだ。だとすれば、肉的な心の一部に、我々を最終的にスピリチュアルな道の探求へと駆り立てる何かがあるに違いない。この部分こそが、人生には肉の充足のみではなく、もっとそれ以上の何かがあるのではないかと人に思わせる部分なのだ。二人はこうして、さまざまに考え、議論を重ねるうちに疲労困憊してきたので、少し睡眠をとって翌朝議論を再開することにした。睡眠は二人が議論し学んだことの意味を明確にする一つの方法なのだ。

グランドファーザーの意識は睡眠と覚醒の中間に位置するどこかにあった。彼の夢のマインドは、純粋さを探求するそれまでの数か月の旅を、俯瞰するように見渡していた。コヨーテ・サンダーは正しかった。彼が言ったとおり、グランドファーザーにもっとも大きな啓示が与えられたのは、出発してから一か月という短い期間の中だった。今、それに引き続いて起きていることは、学んだ内容を確実なものとし、さらに、最終的に残された詳細についての真理を発見する歩みなのだ。人生におけるすべてのスピリチュアルな探求が、時間においても場所においても、まさにこの一点に自分を導いてきたのではないか。グランドファーザーにはそのように思われた。自分が今必要としているのは、すべてを有効に活用できる最終的な答えだ。そういう思いの中で、彼はいつの間にか、何よりも必要としていた長く深い眠りに落ちていった。だが、彼は夜中に理由もなく何度も目覚め、起きあがっては周りを見回し、それから再び、ばったり倒れて眠りこけた。目覚めるたびに、彼は自分が何かに届きかけているように感じたが、すっかり目を覚ますと、その瞬間にその何かはすでに消えてしまっていた。

グランドファーザーがあの老女を再び見たのは、彼がそうして不意に目覚めた最後の折だった。彼女はグランドファーザーに向かってやさしく微笑んで言った。「ここまでよくやって来ましたね。でもあなたにはまだ、成し遂げるべき最後の探求《クエスト》が残っている。出会うべきその真理に到達したら、あなたの人生におけるスピリチュアルな道は変化し、あなたは純粋な方法で、あらゆる種類のスピリチュアルな知識を集めようとするでしょう。そして、論理的な心《ロジカル・マインド》とスピリチュアルな心の間の懸け橋となるものは、いったい何だろうと考えます。あなたが思っているように、単純明快で純粋な答えが存在するのです。その答えはあなたがある秘密を発見すれば与えられるでしょう」

「しかし、その秘密とは何ですか？」とグランドファーザーは尋ねた。

「それはシンプルなものです。とてもシンプルなもの。なぜならあなたが最初から知っているものだから」と老女は答えた。「私はこの秘密をあなたに明かし、あなたがこの世を去ってスピリットの世界に行くまではあなたを離れます。あなたに対する私の務めは終わるからです。あなたが探し求めているもの、それは、ただ、選択すること、それだけです」そう言って彼女は見えなくなった。

グランドファーザーはハッとして起きあがった。ふと見るとトレンスも起きあがっている。二人は互いに顔を見合わせ、「選択！」と同時に口にして吹き出し、しばらく笑いが止まらなかった。グランドファーザーは老女のことをトレンスに話した。彼女が自分の純粋さを探求する旅を、その始まりからどのように導いてくれたかについて、そして今、「答えは選択という概念の中にある」という言葉を残して去ったことについても話をした。するとトレンスも夢を見たと言い、老人が現れて、二人が探している答えを求める入り口として、選択を用いなさいと言ったというのだ。そこで二人は、選択というところから始めるのが出発にふさわしいのだと互いに意見が一致した。なぜなら、人がスピリチュアルな道を歩むためには、他のすべてがあるべきところにおさまる前に、選択をしなければならないからだ。二人はそれぞれ選択について知っていることを分かち合うことにした。だがトレンスは、選択という言葉から考え得るものは、スピリチュアルな道を歩くことを選択するということ以外には何も思い浮かばず、途方に暮れた。

その一方でグランドファーザーのほうはすでに、選択という概念についての分析を始めていた。彼は言った。「コヨーテ・サンダーは私がまだ子供だった頃から、フィジカルなレベルでの行動が、スピリットの世界に密接に影響することがよくあると言っていました。また、私はその当時から、自分の行動は何でも自分で選べるということを学んでいました。幸せを感じるか悲しみを感じるか、それを基準に選ぶべきだということも学んでいたのです。置かれた状況がどうあれ、そこから天国を生み出すのも地獄を生み出すのも、私の選択次第でした。私の幸福感や落胆や歩む道や人生や環境について、それを決めたのは私自身であり、誰をも責めることはできなかった。正しい選択はすべて私にかかっていたからです。私にとって外的環境は問題ではなかった。それを簡単に変えることはできないからです。私がやるべきこととして学んだのは、幸福を選ぶことでした。これは、誰か他の人が私のためにしようとしても、できることではなかった。コヨーテ・サンダーは、自分が選択したものを通して、自分自身の運命が決まることを教えてくれました。サバイバル生活も我々が選択に生きていることを教えてくれます。寒ければ火を焚いたりシェルターを作ったりする。のどが渇けば、水場を探しあて、空腹を感じれば、食糧を入手したり狩りをしたりする。サバイバルにおける真実は、すべての生活における真実と言えます。つまり我々のマインド、我々の選択が、我々を幸せにしたり悲しくさせたりする。もし外的環境が完璧になるのを待っていたら、我々はめったに幸福を感じないでしょう。我々はどんな環境下にあっても、幸福を選ぶべきです。それをなし得る力を持っているのは我々自身であり、他の誰も、我々のために選択することはできない」

グランドファーザーは口を閉じ、しばらくの間、深く思いに沈んでいたが、再び続けた。

「多くの人々が、人生は前もって予定されたものであると信じていますが、私はそれを信じません。グレイト・スピリット、偉大なる創造主はすべてのものに選択する力を与えられた。それゆえに、未来はまだ存在もしていなければ、予定もされていない。もし未来が予定されているとしたら、我々に選択の余地はありません。したがって、未来は我々の手のようなものです。手のひらは我々の今であり、指は可能性を秘めた未来です。我々がどの道、あるいはどの未来をとるかは、我々自身の選択をとおして決められる。我々は選択をとおして、一つの道を捨てて、次の道に行く。しかしながら、それでも、今という手のひらから出ていく、他より強く明確に見える小道が常にあります。これを我々は十分可能な起こり得る未来と呼ぶ。しかし、その未来がどれほど確実に見えたとしても、依然としてそれを選択するか否かは我々自身にかかっている。創造主は我々に選択を与えたのであって、予定された未来を与えたのではないということがわかります」

グランドファーザーは続けた。「しかし、人生における、あるいはスピリットにおける我々の選択とは何でしょうか？　まず、我々にとっての主要な選択とは何か、それについて理解すべきですが、これは単純なことです。我々は善を選ぶこともできるし、悪を選ぶこともできるし、どちらも選ばないという選択もできる。創造主がひとたび我々に選択権を与えたとき、予定された未来などというものはなくなり、この三つの選択が残っただけでした。我々には善なるスピリチュアルな道、邪悪なるスピリチュアルな道、あるいは完全に肉のみに生きる道の三つが与えられている。ある人々は悪にパワーを与えることを恐れて、悪そのものが存在しないと言います。しかし、悪の存在を否定することが、悪を消滅させることにはならない。なぜなら、悪はそれ自体でパワーを持っているからです。選択の問題は、善と悪の身体的闘いにおいても立ち現われ、さらにそれは善なるスピリットと悪なるスピリットの闘いを引き起こす。我々すべてに選択が与えられているという事実を受け入れるとき、人はこの三つの選択を受け入れなければならない。そのほかの選択はすべてこの三つから生まれるものです」

トレンスはグランドファーザーの語ることにすっかり心を奪われたまま座っていた。彼は今まで選択についてそんなふうに考えたことは一度もなかった。これまでずっと、自分は今歩んでいる道へと導かれてきたのだと思ってきた。だが、選択についての理解が深まるにつれて、実は自分がその道を選択していたのだということに気がついた。だが、トレンスもグランドファーザーも、選択というものが、スピリットへの入り口とどんなふうに関わっていくのか、選択をスピリットのパワーに従うように訓練すること以外には、まったく見当もつかなかった。二人は選択について長時間話し合ったが、依然として、実行可能な結論には至らなかった。おそらくそれは、またしても彼らがあまりに懸命に考え、あまりにことを複雑にしていたせいだった。もしかしたら、選択そのものが、我々が探している「髪の毛」に代わり得るものなのだろうか？　とグランドファーザーは考えた。これによって、論理的な心を意のままに無視して、スピリチュアルな心を発現させるなどということができるのだろうか。すべての髪の毛に取って代わるものは、この選択なのだろうか。グランドファーザーは考え続けた。

グランドファーザーは自然や創造物という「髪の毛」を用いて、自分が聖なる沈黙に入るときのやり方について考え始めた。そこで彼は気づいたのだった。自然を髪の毛として用いる場合でさえ、まず、聖なる沈黙に入るという選択がなされなければならないのだ。この選択自体を自分の「髪の毛」にする方法を見つけられれば、それは真に内面的なプロセスになる。そうすれば、彼はいつでもどこでもどんな状況下でもスピリットに生きることができる。彼はトレンスに自分の考えていることを話した。だが、トレンスは黙ったまま反応しなかった。彼は二人の間に見える地面をただぼんやりと見つめているだけだったが、ややあって、やっと口を開いた。「心ではきみの言っていることが正しいとわかっているが、答えは我々の言葉による話し合いで見出だされるものではないと私は思う。我々は一人で生まれ、一人で死んでいく。同様に、各自の答えはそれぞれが一人で見つけ出すものなのだと思う。それぞれのスピリチュアルな道はユニークなものだから。話をすればするほど、我々は選択の哲学を複雑なものにしてしまう」グランドファーザーは心の底から、彼の言っていることに賛同し、翌日の朝を待たずにそこを発った。

グランドファーザーは一族のもとに戻る長い旅を開始した。そこが彼のスピリットが導くところであると感じたからだ。彼が学んだことのすべてが、とくに選択の問題とそれを囲む諸々のことが、彼の頭を離れなかった。最初の日は一日中、夜までずっと頭の中がそうした思索に占領されていて、夢の中でさえ考え続けていた。旅の二日目になると、彼は一晩しっかり眠ったにもかかわらず、知的に疲労困憊していたし、自分自身に対しても、ある意味で怒りを感じ始めていた。求めていることへの解答は単純なはずであり、それがあまりに単純すぎるために、自分が見落としてしまっていることを知っていたからだ。また、自分のこうした知的探求のせいで、旅の途上で見つけていたはずの自然の美しさを、あまりに多く見過ごしてしまっていることに対しても、彼は怒っていた。だが、それでも、どれほどがんばっても、彼の頭から探求のプロセスを除外することはできなかった。

いらいらしながら、頭を休める必要性を強烈に感じて、グランドファーザーは歩みを止めた。少しの間座って、自分自身をさまざまな疑問から解放しようと思ったのだ。彼は過去の経験から、そうするための最良の方法は、スピリチュアルな心を優勢にし、肉的な心を無視して、深い聖なる沈黙に入ることだと知っていた。そもそも、あらゆる疑問を解こうとして活発に働いているのは、その肉的な心なのだ。

彼は小さな川の畔に美しい場所を見つけ、休息のためにそこに腰をおろした。しばしの間、頭の中の考えを手放し、内面を流れる水を静め、深い聖なる沈黙の中へと、ふだんの場所よりもずっと深く滑り込んでいった。聖なる沈黙のパワーが彼を圧倒するのを感じたとき、彼は突然畏怖の念にとらわれた。ある一つの目的をもって聖なる沈黙に入っていったとき、なんとこのプロセスにおいて、選択に対する答えが与えられたのだった。

グランドファーザーは、自分がなぜ、いったいどうやって、今までずっと用いてきたもの、すなわち選択という知恵と、その先にあるものを見落としてきたのか、まったく理解できなかった。その単純明快さは、冷たい水しぶきに打たれたような衝撃を、グランドファーザーに与えた。彼は即刻トレンスのもとに戻るべく道を急いだ。自分が得た洞察をトレンスと分かち合いたかったのだ。トレンスを基本的な探求に縛られることから解放してあげたかった。また、この洞察についてトレンスと互いに話し合うことで、もしかしたら、自分の今の理解がさらに深まるかもしれないとも思っていた。自分もトレンスも、これほど明白なものを見落としていたことが信じられなかった。二人ともずっとこの内面の「髪の毛」を用いていながら、それを分離し、つきとめることができなかった。その髪の毛はずっとそこにいたのだ。グランドファーザーとトレンスが持つスピリットの顔を正面からじっと見つめながら。だが、二人は答えを複雑化しようとしていたためにそれを見落としていた。グランドファーザーは睡眠もとらず、食べることも飲むことも忘れて、トレンスの小屋に向かって急いだ。

翌朝、グランドファーザーが小屋に着くと、トレンスはいつものように揺り椅子に座っていた。彼はグランドファーザーが戻ってきたことに驚いている様子はなく、戻ってくると思っていたと口にしたが、口に出さずとも、それは明らかだった。「そう長くはかからないと思っていたよ。きみが我々に必要な答えを見つけるのにね。だがそれにしてもこんなに早く戻ってくるとは思わなかった」とトレンスは言った。グランドファーザーは自分が発見したことを、間を置くことなくすぐに話し始めた。「スピリットの世界に入って行くプロセスを開始するときに、なんと、あなたも私も選択の力を用いてきていたのです。ところが、我々二人とも、聖なる沈黙を生み出す媒体として、原野を用いていると思い込んでいました。我々にとっての髪の毛は創造物だと思っていたのです。ところがそうではなかった。初めのうちは、そうですね、たぶん子供の頃私が用いていたのは創造物だと思いますが、今、私が用いているのは内面の髪の毛です。そして今の今までそれに気づいていなかったのです」

グランドファーザーは続けた。「私たちは二人とも、肉的な心の中に、スピリチュアルな心に直結した部分があるはずだという考えに辿り着いたまま、途方に暮れていました。それをどのように用いるのか、それはどのように機能するのか、まったくわからなかった。我々が知っていたのは、ただ、そういう部分があるにちがいないということだけだった。また、我々がスピリチュアルな意識に入ろうという『選択』をしたあとに、我々をそこにはこぶのは、肉的な心のこの部分だと想定していました。そうです、我々は肉的な心のその部分を、常時使っています。それがあまりに単純であるために、我々二人とも、そのパワーと単純明快さを見落とし、我々がどのようにそれを用いたのかも見落としていました。それは、とても幼いときに何かを学んで習得したが、どのようにして習得したのかを忘れていることと似ています。我々はその何かを頻繁に用いているので、それが自然になり、それはいつもただそこにあるものと思い込むのです。選択の先にある単純明快な知恵と内面の「髪の毛」についても同じことが言えます」

ここまでの長い説明をじっと聞きながら、トレンスが我慢しきれない様子になってきているのがわかって、グランドファーザーは話の核心部分に直行した。「一族のところに帰る道を歩き始めたとき、私は自分のインナー・ヴィジョンの用い方について考え始めました。それがどのように私を導き、どのように私を守り、どのように私をスピリチュアルな自己に直接つなぐのかについて考えたのです。このインナー・ヴィジョンは私のフィジカルな自己と、〝すべてのものに生けるスピリット〟やスピリットの世界との間の直接のコミュニケーションであり、つまり、これこそが創造主の声そのものであることを私は知っています。私はそれから、このコミュニケーションが私に伝えられる方法について考えました。それは言葉によってではありません。なぜなら、フィジカルな自己を超えた世界は、人間の言語を理解せず、心の言葉のみを理解するからです。それゆえに、インナー・ヴィジョンはサインやシンボル、夢、ヴィジョン、感覚、この感覚による場合がほとんどですが、こういうものを通してコミュニケーションをとります。言葉はありません。なぜならそれは言葉を知らないからです」

グランドファーザーは自分の考えを整理するように口を閉じたが、それから再び話を続けた。「ですから、もし、我々のフィジカルな自己の外側にある世界が、これらのサインやシンボルや、ヴィジョンや夢や感覚によって我々に交信してくるとするなら、我々はそれらの世界と交信するために同じことをしなければならない。それは我々の言葉によっては成し得ず、インナー・ヴィジョンと同じ言語を使い、その言語をそうした外側の世界に送らなければなりません」

トレンスは興奮して言葉をはさんだ。「その通り。私はいつもその伝達形式をとっている。私にとっての聖なる沈黙を始めるときもそうだが、それだけではなく、スピリットの世界とその向こうにメッセージを送るときもそうしている」

グランドファーザーは、トレンスが同意してくれたことに満足して、にっこり笑いながら続けた。「私がスピリットの世界にメッセージを送るときは、まず、自分が送りたいと望んでいる事柄を頭に描く必要があります。それから、その望んでいる事柄にパワーを与え、その望みが、そのごとく成就するという固い信念をもって送りこみます。同様に、私は聖なる沈黙に入るときに、頭の中に絵を描きます。したがって、我々に『髪の毛』とパワーを与えるのは、我々が頭に描くイメージなのです」

グランドファーザーは言葉が流れ出るに任せて話し続けた。「スピリットを解放するイメージを創り出して、自然界とスピリットの世界にそのメッセージを送るのは、我々の肉的な心の中のある部分です。これまでずっと、我々はその内面の髪の毛を携えてきましたが、それがあまりに単純で、あまりに平凡だったため、それを当然のこととしていて、そのパワーを見落としていました。聖なる沈黙も、まず初めに選択をして、次に、イメージを創りあげない限り、到達不可能なものとなります。また、イメージは我々の不動の信念でもって権能を与えない限り、力あるものとはなりません。私はさらにもっと何かがあると感じていますが、少なくとも今は、我々が探し求めていた基本的でシンプルな答えを得ることができました」トレンスは同意を示しながらも、考え込んだ様子でうなずき、また別の疑問にさいなまれているような様子だった。グランドファーザーはやや落ち着かない気分になってきた。トレンスはただ自分に気を遣って先ほどは同意を示したのではないかと思ったからだ。

ついにトレンスはグランドファーザーをじっと見ながら言った。「きみの言ったことのすべてに同意するよ。だが、今私が感じているのは、それは証明されなければならないということだ。これらすべてはきみと私には通用するだろう。しかし、他のすべての人々に通用するのだろうか？　きみが言ったように、我々はすべてを森羅万象に照らして、そこで実験してみなければならない。それが森羅万象において機能し、万人に機能するものならば、それは真理だと言える。我々はまだ、これを人間世界でテストしていない。我々が今やるべきことは、これに対して最終的なテストを行い、誰か、スピリチュアルな関心を特に持っていない人に教えなければならない。お互い出かけて行って、やる気のある生徒を一人見つけたら、月の満ち欠けが二周する前までにここでまた会おう」グランドファーザーは賛成してにっこり笑った。トレンスの言ったことは正しいと思ったからだ。何事も証明されなければ、それは単なる仮説であって、法則ではないのだ。グランドファーザーの行く道は今やはっきりしていた。なすべきことが何なのかを知っていたからだ。翌日の夜明け前に、彼はそこを後にした。

6 モーゼ

グランドファーザーは再び彼の一族のもとに向かっていた。頭に詰まっていたすべての思考はすっかり消え去って、彼は自分を取り囲む神の創造物に秘められた魔法を心ゆくまで楽しんでいた。ただ、自分の仮説をテストするための適切な生徒が見つかるかどうか、それだけが気がかりだった。自分の一族の人を選ぶわけにはいかない。なぜなら、彼らの多くはすでに高レベルのスピリチュアルな道を歩んでいる。これが問題となった。彼は一族以外の人、スピリチュアルな道を志向しない人を誰一人知らないのだ。外部の世界から誰かを選ぶという考えは、ほとんど彼を恐怖に陥れたが、それは何としても彼が遂行すべき必須事項だった。彼の哲学は、外部の一人の人間に機能しない限り、それは真理ではなく、単に彼だけに機能するものということになる。そうなれば彼の哲学は、他の諸々の複雑な哲学と何ら変わらないものとなってしまうのだ。

歩いて行くうちに、グランドファーザーの頭の中は、一人の生徒を見つけなければという思いでますますいっぱいになってきた。もし自分の仮説がその生徒に機能すれば、それは誰にでも機能するはずだ。誰もが瞬時にスピリットの世界に入ることができて、〝すべてのものに生けるスピリット〟とのコミュニケーションも、奇跡を起こすことも、悟りを求める旅の開始もできるようになるはずだ。その哲学の本質は、人にあらゆる宗教を、自分自身の宗教すら越えさせるものだが、もしその人が望めば、自分の宗教の教えを捨てる必要はなく、その教えのもつパワーを強化するために、グランドファーザーのシンプルな哲学を用いることになる。さらに、なんらかの哲学の主唱者かあるいは宗教指導者の一人が、グランドファーザーの哲学を自分の哲学あるいは宗教に統合できるかどうか、それを見ることが、本質的に最後のテストとなる。このテストを通過すれば、グランドファーザーの哲学は、真に万人に通じる普遍的な真理となるのだ。

グランドファーザーは、一人の人が歩むスピリチュアルな道において、彼の哲学が生み出し得る広範囲の派生的結果について考え始めた。彼は自分がさまざまな宗教について研究し、それらの慣習や伝統や儀式や教理や基本原理について学ぶことに費やしたすべての年月について考えた。もし、実際に一人の人がグランドファーザーの哲学を学び、それを活用することができたら、その人は自身のスピリチュアルな探求の道において、何十年にはならないにしても、その何年間かを節約できるのだ。グランドファーザーは、自分の一族の信仰体系においては、スピリチュアルな訓練は子どもの頃から開始され、とても幼い、六歳になる前のある時点から、メディスン・マンあるいはメディスン・ウーマンと呼ばれる祈祷師でもあり薬草医でもある人に教わりながら、スピリチュアルな訓練を受けるということを知っていた。その子は冬を二十回迎えるまで、つまり二十歳を迎えるまで、そのシャーマンのもとで過ごし、スキルを磨き、哲学を学び、癒やしの薬草の処方についても学んで、徒弟として儀式にも参加する。それから彼は何年もの間、自然から直接学びながら修行の生活をし、その後再びシャーマンのもとに戻り、最終的に一人で仕事を果たせるようになるまで、そのシャーマンのもとで暮らす。多くはここに到達するのに、優に三十歳から四十歳になるまでの年月を要する。ここまで来て初めて、彼らは自分一人の道を越えて、シャーマンとしての共通の道を歩み始める。ところが、グランドファーザーが見出したこの方法を用いれば、人はそれだけの道のりを、一か月もかからずに歩みきることができるのだ。

そういった可能性について考えれば考えるほど、その可能性はグランドファーザーをすっかり圧倒し、今や彼は、やる気のある一人の生徒を何としても見つけようと、さらに断固たる決意に奮い立っていた。それと同時に、なぜこれまで、誰一人としてこの哲学に到達しなかったのか、それが不思議に思えてきた。さほど難しいことではない。子供のときから自分はこの単純なことを練習してきたのだからと彼は首を傾げた。彼は物心ついてからというもの、スピリチュアルな道において、一族の人々が行う儀式を用いることはめったにしなかった。彼独自の、より簡単でより純粋な方法だけで、彼は長老たちが達していたスピリチュアルなレベルに達していたのだ。その一方で、長老たちはグランドファーザーが瞬間的に到達するスピリチュアルな場所にたどりつくのに、何時間、ときには何日もかかるのだった。コヨーテ・サンダーでさえ、他の人たちほど頻繁ではないにしても、まだ儀式を用いていた。だが、だからと言って、グランドファーザーがこれらの儀式にパワーを感じていなかったわけではなく、実際それはパワーを持っていたし、彼は他の人と同様に、こうしたものに深い尊敬の念を抱いていた。ただなぜか、彼はよりシンプルな方法に偶然出会ってしまっていたのだ。

グランドファーザーは、このシンプルな方法、シンプルな哲学に到達したことが、自分にふさわしくないように感じていて、実際、少し罪悪感を覚えていた。彼ではなく、コヨーテ・サンダーかあるいは他の長老の一人が出会うべきだったのではないかと思っていたのだ。そもそも、グランドファーザーはやっと二十六回目の冬に入ったばかり、つまり二十六歳になったばかりだ。たしかに彼は常に、ほとんどの仲間たちよりもずっと深くまでスピリチュアルな旅をし、もの心ついた頃から、ずっとスピリットの知恵を探し求めてきた。だが、そうであっても彼は、自分がこのパワフルな発見に値するとはとても思えなかったのだ。彼は思いを巡らし、考え始めた。何らかの理由で、スピリットの世界が、自分の今までのスピリチュアルな探求を助けてきてくれたのだろうか。しかし、なぜ、スピリットの世界は、コヨーテ・サンダーのような、もっとそれに値する人間ではなく自分を選んだのか。コヨーテ・サンダーは九十回に近い冬を迎える期間、すなわち九十年近くをスピリチュアルな探求に捧げてきているのだ。何らかの理由で、グランドファーザーは選ばれた。だが彼はその理由を知らなかった。

再び、どこで生徒を見つけ出すかという問題が、彼の思考の中に飛び込んできた。いったいどこから探し始めるべきかさえまったく思いつかない。彼はその生徒が自分のもとに送られてくるように祈り、生徒を探すすべてのプロセスをスピリットと創造主に引き渡した。もし、実際、自分がスピリットの世界に助けられ、導かれて、このシンプルな真理に到達したとするなら、スピリットの世界が生徒を送ってくれるにちがいないと彼は考えたのだ。もし、誰も見つからなければ、このシンプルな哲学は、何らかの異なる方法で証明されるまで、普遍性を持つものとはならず、自分だけのものと考えなければならない。自分に非常によく機能したからと言って、それが、他の誰にでも機能するとは限らないのだ。その場合、この哲学は誰もが学び得るものではなくなり、コヨーテ・サンダーがしばしば言っていたように、自分はおそらく、スピリットの世界にとっての特別な誰かであるとしか考えようがなくなる。だがしかし、この哲学を他の誰かに引き継ぐことができないとなれば、この哲学に何の意味があるだろう。スピリチュアルな利己主義はグランドファーザーの生き方とは相容れないものだった。彼の願いは、肉体とスピリットの二元性を生きることが、すべての人にとって可能になること、それだけだったのだ。

ついに極度の疲労がグランドファーザーの足を止めた。彼は体力を回復し、頭をすっきりさせるために、そこにキャンプを張って数日を過ごすことにした。彼がキャンプに選んだその場所はあまりに美しく、言葉による描写は不可能だった。この豊かで深い緑の山林はまさに創造主の愛のモニュメントだと彼は思った。岩壁を小さな愛らしい滝が舞うように流れ落ち、生命の歌を歌っている。その一帯のあらゆる場所に強烈な生命のエネルギーが満ち溢れ、すべてのものがグレイト・スピリットなる創造主への賛美の歌を奏でていた。そこはまさに、マインドを追い出し、身体の緊張をほぐし、祈るための完璧な場所だった。創造主と創造物が非常に近く感じられた。この場所は、温かく自分を迎え入れてくれている。学び、探求するプロセスにおいて、今何より必要な一時的休息を提供してくれるにちがいない。こんなにも静寂と愛に満たされたオアシスなのだから。そんなことを思いながら、グランドファーザーはキャンプを張り終え、その瞬間に深い眠りに落ちていった。

彼の夢の中にコヨーテ・サンダーが思いもよらぬかたちで現れた。大勢の人が大きなかがり火の周りでチャントを歌い、踊っている。鼓手は太鼓を叩き、古老たちは祈り、誰もが、儀式の強烈さに霊的に包まれて、その中に没頭しているようだった。グランドファーザーも儀式の持つパワーに巻き込まれて、スピリットの近くへと引き寄せられた。コヨーテ・サンダーは皆の輪の中から出て、グランドファーザーが座っているところにまっすぐ歩いて来た。コヨーテの頭飾りをつけ、彩色したシカ皮の衣服を着て、ラトル（訳注：カタカタ音を立てる道具）と笛を持ちながら、彼はグランドファーザーの前に来て止まり、口を開いた。「前にも言ったようにこうした儀式はおまえのためのものではない。おまえの道、おまえのヴィジョンは、人間の持つスピリチュアルな複雑さをシンプルにすることだ。そしてお前はそのシンプルな真理を、聞く耳を持つすべての人に教える方法を見つけ出さなければならない。今も、そしてお前が身体を持って生きる残りの人生の間もずっと、お前のヴィジョンはシンプルにすること、シンプルにすることなのだよ」グランドファーザーは夜明けの最初の光で目覚めた。

コヨーテ・サンダーはグランドファーザーが知らないことは何も言わず、ただ、彼の行くべき道を強固に、明確にしただけだった。だがその夢は、グランドファーザーが自分のヴィジョンであると思っているものについて、じっくりと時間をかけて見つめなおす契機となった。今に至るまで、彼は自分のヴィジョンは全体として多くのことを包含すると思っていた。しかし今、そのヴィジョンを綿密に吟味してみると、どこから見ても彼のヴィジョンは、単純化すること、それに尽きるということにあらためて気づいたのだ。彼はできる限りあらゆる古来の道を学び、それらを不滅のものとして保存したかった。トラッキングと気づきについても、可能な限り学んで実践したかった。さらに、他の哲学や信条や宗教についても、できる限り多くのことを学びたかった。だが、もっと大切なことは、これらの概念を単純化し、その単純化されたものを教えることなのだ。すべての道、すべてのヴィジョンがその単純さに行き着くように思われた。その単純さの中にこそすさまじいパワーが宿っているのだ。

その後の数日間を、グランドファーザーはキャンプを張った場所の周辺を探検しながら過ごした。それは短い旅だったり、長めの旅だったり、いろいろだった。あるときはほんの数時間のこともあれば、あるときはまる一日か、あるいはさらに夜中まで時間をかけることもあった。彼はすべての問いかけを手放し始めた。体力は戻り、心の平安も戻ってきて、彼はただ自然の壮大な美しさに魅了されていた。スピリチュアルな純粋さと気づきを探求する旅は簡単なものではない。彼はたいてい、寝食を無視して、はるか彼方の遠い答えに向かって突き進む。だが、過度の疲労は、不明瞭さ、ものごとのあいまいさを生むだけなのだ。グランドファーザーにとって大切なことは、自分が精神面、感情面において限界に達したときに、それを自覚することだった。その意味で今回の旅は、彼にとってとても重要なものだった。マインドが探求の道から解放された、この回復のときの中でこそ、制限されることなく絶対的な、真の答えが与えられる。原野が純粋化の触媒となり、彼の内面が浄化されたのだ。

グランドファーザーは肉体とスピリットの間の境界線を歩いているような不思議な感覚

を覚えた。体を動かすたびに、スピリットからの反応があるのだ。周囲の自然もまた二元性をもって迫ってきた。森のスピリチュアルな存在としての姿が、その表面的な姿を越えて立ち現れてきたのだ。彼はこうした探索中に自然の向こう側をのぞき込み、しばし時を忘れてそのスピリットの自然界に遊ぶことがよくある。自分のことに埋没するのではなく、周囲のものについて、もっと敏感でなければならないことに、彼はそのときあらためて気づかされた。身近な問題にのみ集中し、思索の中に閉じ込められていると、人は純粋で自然な世界から遠ざけられる。そうすると、問題への答えは自我の働きによってあいまいなものとなり、ついに、ほぼ手の届かないものとなる。グランドファーザーがそれまでも、抱えている問題を頻繁に手放し、自身を深く自然界に解き放ってきたのはそのためだった。なぜなら、その自然の中でこそ、内面の探求に対する答えが、純粋に、そしていとも簡単にやって来るからだ。

グランドファーザーが小さな川の畔に沿って、ゆっくりと歩いていくと、かすかな泣き声のようなものが聞こえてきた。初め、その声はスピリットの世界からのものと思ったが、さらに探っていくと、それは彼が歩いていたところから少し行った先の、小さな谷間のほうから聞こえてきていることがわかった。彼はそのまま小川に沿って、ゆっくりと細心の注意を払いながら進み、音源のほうに近づいていった。泣き声はあまりに悲し気で痛々しく、創造物の聖堂であるその一帯にはあまりに不似合いなものだった。視界に入ってくる小さな谷間は少しずつ広がり、さほど高くない木々と灌木の間から、その先にあるものが、グランドファーザーの目にはっきりと見えた。遥か彼方のほうで谷は大きく開き、岩だらけの絶壁がそそり立っているのが見える。その岩の頂きに、明らかにいまだ稼働中のような、近ごろの金の鉱山らしきものがはっきりと見えた。泣き声はそこから、その鉱山の出入口周辺から聞こえてくるようだ。

グランドファーザーはここで、ここまでで、この捜索は終わりにしたかった。これ以上あえてそこに近づくなどありえない選択だった。なぜなら、鉱山は白人と邪悪なる黄金の存在を予告するものだからだ。彼は過去の経験から、白人はこれらの鉱山を厳重に守っていて、近づこうとする侵入者を容赦なく殺すということを知っていた。だが、泣き声があまりに強烈だったため、助けるべきか引きあげるべきか、グランドファーザーは二つの考えに引き裂かれはじめた。インナー・ヴィジョンは彼に助けよと言い始めたが、彼の恐怖があまりにも大きかったため、最後の数百ヤードは、こっそりと獲物に近づくような警戒心の塊となって前進した。気の遠くなるような遅々とした歩みの間ずっと、泣き声は途切れてはまた聞こえるというふうに断続的に続いていた。グランドファーザーは自分の感覚をとぎすまさなければならず、この異常警戒態勢は心身を疲れさせ、とてつもない緊張を強いるものだった。ついに、その鉱山の出入り口周辺のすべてが、はっきりと見える地点にたどりついた。鉱山のそばに小さな丸太小屋があって、周囲にさまざまな奇妙な格好をした道具が乱雑に散らばっていた。柵で囲まれた狭い囲い地には年老いたラバが二頭、丸太小屋のそばには数匹のニワトリと老犬が一匹いた。白人がたくさんいる気配はなく、男一人の足跡だけが判別できる。足跡から、一人の人間がその小屋に住んでいて、鉱山で働いているということが確認できた。その足跡は、きつい労働から来る曲がった背中と、痛みを伴う関節炎の始まりという、その男の今後を予告していた。グランドファーザーはまた、小屋の周りに女性の持ち物らしき品が置かれていることも確認したが、それらはみな埃をかぶっていたため、女性はかなり前からそこには住んでいないこともわかった。彼女はそこで亡くなったのだろうかとグランドファーザーは考え、ラバの囲い地の周りを注意深く見たが、墓のようなものは見あたらなかった。

グランドファーザーは最大級の警戒をしながら、忍び足でその丸太小屋に近づいていった。泣き声はさらに奥のほうから、おそらく小屋と壁つづきになっている、古い木造の物置から聞こえてきていることはまちがいなかった。彼はまず、その男性の住居と思われる小屋のほうに近づき、窓枠から垂らされた古いカーテン越しに中を覗いた。家の中は片づいていたが埃っぽく、まばらに置いてある家具は、使い古されてぼろぼろな印象だった。そこにも、女性がいたことの形跡がさらにはっきり残っていたが、やはり、彼女はもうそこにいなくなって久しいということが容易に見てとれた。その小屋の室内風景は、ここには男が一人しか住んでいないという、グランドファーザーの初めの確信をさらに強固なものにした。彼がそこを離れて物置の後ろに行こうとしたとき、古ぼけた薪ストーブのそばにかけてある一枚の写真が目に入った。黒人の家族が写っていた。明らかに米国東部の森の中で撮影されたもののようだが、その写真もまたとても古いものだった。

グランドファーザーが物置の後ろに近づいたときには、泣き声は弱まっていて、悲痛なうめき声に変わり、ときおり、ほとんどすすり泣くような声になっていた。グランドファーザーは物置の後ろ側のやや大きめの割れ目ににじり寄って、そこから中を覗いた。初老の黒人の男が地面に座り込んでいる。涙も枯れ果てたようなその顔は苦痛に歪んでいた。男の周りの足跡からすると、彼はそこにまる一日以上、座りこんでいたことはまちがいなかったが、彼がなぜ、そんなにも長時間その場所に座ったままでいたのか、グランドファーザーにはまったく見当もつかなかった。もう少ししっかり見ようと、位置を少し変えてみると、その男の横に置かれた古いリボルバーが目に飛び込んできて、グランドファーザーの心臓は跳び出さんばかりとなった。彼はそのままそっと地面に伏せ、撤退を決めた。だが、その物置の後ろから離れ始めたちょうどそのとき、彼はその男のしわがれた、かすれるような叫びを聞いた。それはまちがいなく、力尽きる寸前の、助けを求める哀れな懇願の叫びだった。

グランドファーザーは立ち止まり、物置の割れ目のところに戻った。覗く角度を変えてみて初めて、その男の片手が何かの機械に挟まれて動かせない状態になっているのがわかった。男の手の周りとテーブルの上は血だらけだったが、その血は半ば乾いていて、彼がそのままの状態で長時間動けずにいたことをはっきり示していた。男は再び嗚咽しながら、もう一方の手でのろのろと銃をとり、自分の頭のところまで持ちあげて撃鉄を起こした。この衝撃の瞬間にグランドファーザーは跳びあがり、男に向かって、やめろ！ と叫びながら、無我夢中で物置の入り口のほうに向かって猛烈な勢いで走った。角を曲がったところで、グランドファーザーの目は、前方低く構えられた銃身を捉え、彼はそこで急停止した。背筋の凍る思いでグランドファーザーは老人の目を見据えた。老人もまた、恐怖のあまり、その体はぶるぶる震えていた。二人とも動かず、その静止した時間はそのまま永遠に続くように思われた。グランドファーザーは男が死の淵に立っていることを感じとった。

男はやっと口を開いたが、グランドファーザーにはその意味がおぼろげにしかわからない。彼にわかっていたのは、男が命の危機に瀕していることと、自分がこの年老いた黒人男性の銃を恐れているのと同様に、彼もまたグランドファーザーを恐れているということだった。この男はおそらく、自分に殺されると思っているのだ。男に対する同情心が恐怖心を遥かに上回り、グランドファーザーは機械に突き刺さったままの男の手のほうを軽く身振りで指した。男はグランドファーザーの心を感じとったようだ。グランドファーザーが口を開いた瞬間に銃を落として泣き始めた。この男は銃を持ったり、人をおどしたりすることにまったく慣れていない人なのだとグランドファーザーは思ったが、それでも注意を怠らず、そっと男に近づき、機械に挟まれている手をしっかりと見た。その手をどうすれば解放できるのか、その機械はいったい何に使われるものなのか、まったく見当がつかなかった。男はその機械のずっと後ろのほうにあるレバーを弱々しく指さし、それから天井に向かって弧を描くような身振りをした。

グランドファーザーはそのレバーに近づき、片手で握って男のほうを振り返った。男は再び天井を指さした。グランドファーザーはレバーを押してみたがまったく動かない。何度も繰り返しやってみたがだめだった。グランドファーザーは再び振り返り、男の不安げな表情を見た。二人は身振り手振りに片言の言語を交えて全力でコミュニケーションをとり始めた。そうするうちに、機械から老人の手を解放するためには、何としてもレバーを上に持ちあげなければならないことがはっきりわかった。グランドファーザーは、あらん限りの力を腹に込め、思考を停止させて、自分の中にある原始の動物を解放した。その瞬間、レバーは高く上がって機械は開き、男の血だらけの手を解放した。傷口から血が噴き出て、その痛みはあまりに激しく、男は大きな悲鳴をあげた。

グランドファーザーは男が立ちあがるのを助け、住まいである丸太小屋に戻るのを手伝った。男はかろうじて立つことはできたが、最後の数歩はグランドファーザーが抱きかかえるようにして運ばなければならなかった。グランドファーザーは男をベッドの端に座らせ、窓のカーテンを引き裂いて、彼の手に巻きつけた。それから手押しポンプのところに走り、彼に飲ませるために手おけ一杯の水をはこんだ。彼が機械に挟まれていた時間の長さと出血の量から、脱水症状になっていることを知っていたからだ。グランドファーザーはもう一つのカーテンを水に浸し、男の手を再びそれで包み、彼がベッドに横になり、気分が落ち着いてくるのを見届けた。それから外で薬草を取ってくると彼に告げ、彼はそれを理解したようだった。彼の目にはもう恐怖の色はなく、グランドファーザーに対して、ほっとした安心感と感謝の念を抱いているようだった。だがその一方で、彼はインディアンがそんなふうに親切であることが信じられず、とくに、自分のような黒人に対してそうであることに、まだかすかな不信感も持っていた。

その後の数日間、グランドファーザーは男の傷の治療に努め、彼の体力回復を待った。彼の手は骨折してはいなかったが、機械の歯車装置でひどく痛めつけられていた。だが傷口は順調に治癒に向かい、男の体力も回復し始めた。グランドファーザーは彼に十分な食事を与え、彼が眠っている間、実際彼は眠っていることが多かったのだが、その間は、丸太小屋や庭のあたりをまんべんなく掃除した。こうして五日目を迎えた頃には、男は完全に元気になった。男とグランドファーザーの間のコミュニケーションは当初より容易になり、互いによく理解できるようになっていた。男に体力が戻るにつれて、二人は囲い地の周りを軽く歩き始め、日に日にその距離は長くなっていった。男は一度、グランドファーザーに鉱山を見せようとしたことがあったが、グランドファーザーは、母なる大地の体に刻みつけられた、不自然な傷口には入りたくないと言って断った。男はグランドファーザーの言わんとしたことを理解したようで、その件については二度と触れなかった。

時の経過と共に、グランドファーザーと男は、さらにしっかりと明瞭なかたちで会話ができるようになった。グランドファーザーはその男がモーゼという名前であることを知った。モーゼは米国深南部の奴隷農場で育ったが、南北戦争後、ついに解放されて自由の身となり、ここ西部地方に成功を求めてやって来たのだ。モーゼはもの心ついてからこの方、白人の基準から見れば、極貧の中にずっと生きてきた。十分な食べ物も得られず、人生の中でつらい戦いをせずに済んだ時期など一度もなかった。黒人であることはまた、偏見と嘲笑と低賃金の労働という運命を彼に強いた。彼は多くの白人たちにラバ同然のように扱われた。そうした偏見から逃れ、なんとかして自分で耕す土地を手に入れたいと願い、何年も前に西部にやって来たのだった。だが、不幸なことに、彼がやっと手に入れた土地は、わずか数年でだめになった。

この貧しい生活の中で、彼は二人の息子を亡くした。一人は水をめぐる口論でその地の農夫に殺され、もう一人は病気で亡くなった。彼の妻は息子たちの死後、数年間は彼と共に暮らしたが、結局、山での厳しい生活にも、黄金を見つけたいという彼の夢にもつき合いきれず、ある日ついに、モーゼが鉱山の奥深くで仕事をしている間に、無言で彼のもとを去った。すでに十年近く彼は独りで暮らしている。まれに他の鉱夫がちらほら訪れることもあるが、彼らは真の友人たちではなかった。彼らはただ、モーゼの鉱山に生産性があるか、つまり黄金を産出するかどうかを探りに来るだけなのだ。「もし私が黄金を見つければ、彼らはおそらく私を殺し、鉱山を乗っ取るだろう。神は私を見捨てたのだ。苦闘と悲惨だけが続く人生という刑を私に執行されたのだ。私はそう思っている」とモーゼは言い放った。あまりに大きすぎる苦しみから逃れようと、彼はずっと長い間自殺を考えてきたとも言った。

グランドファーザーはモーゼの話を聞きながら、彼に対して非常に近いものを感じていた。グランドファーザーもまた、白人から同様な迫害をずっと受けてきたからだ。実際、モーゼは、グランドファーザーは自分にとって初めての真の友人だと言った。その理由は、自分に何も要求しないからだと。モーゼは思い出す限り人生で初めて、ついに誰かと本当の意味で話をし、その誰かを友と呼ぶことができた。その友はモーゼの苦悩を理解してくれた。一人の人間として向き合いながら自分の話をしっかり聞いてくれた。数日という短い間に、モーゼとグランドファーザーは親友となった。モーゼの中に、その個性においても生命力においても、劇的な変化が起こっていることをグランドファーザーは見逃さなかった。モーゼは憎悪に満ちた敗北者としての初老の男から、希望に満ちた一人の人間へと変貌を遂げていた。彼の足どりは弾むようになり、二人が出会ったばかりの数日にはまったく見られなかった、生きることへの熱意が全身にみなぎってきた。

　だが、グランドファーザーを真に悩ませていたのは、モーゼが神に対する信仰を失ってしまっているということだった。また、グランドファーザーには、もう一つ心配なことがあった。自分が去った後、モーゼは再び彼の鉱山で働きだすのではないか、そして結局は、彼がこれまでずっと生きてきた罠の中に後退してしまうのではないか、それが心配だったのだ。グランドファーザーはモーゼに教えたかった。もう一つ別の道、グランドファーザーの道を教えたかった。人生における本当の豊かさとは、自分自身の内部にあるのであって、人間の魂を腐らせる黄金のために削られ、掘られた、つまらない穴の中にあるものではないということを、はっきりと示したかった。モーゼは白人の狂信的な夢、本当は自分の属さない世界に引っ張っていこうとするその夢に惑わされてしまった人なのだ。グランドファーザーはモーゼをそういう存在として見ていた。モーゼは確かに夢追い人だが、肉を支配する偽りの神々を追い求める夢追い人ではないはずだとグランドファーザーは確信していた。モーゼは肉を超えた世界を追い求める夢追い人なのだと。なぜなら、グランドファーザーはモーゼの中にスピリチュアルな知恵を求めるかすかな憧れを感じとっていたからだ。グランドファーザーがなすべきことはただ一つ、彼を白人の罠から脱出させ、白人が持つ肉の豊かさという夢から覚ましてあげることだった。グランドファーザーはモーゼに、希望を、おそらく彼の人生において初めてにちがいない本物の希望を、どのようにして見出すことができるか、それを示さなければならなかったのだ。

モーゼの手が完璧に治り、その体力も完全に回復した後、二人の散歩は周りの山々に深く入って行くことが多くなった。モーゼは原野への探索に出るたびに、まるで子供に返ったように、その探索への情熱を日に日に深めていった。モーゼは原野について学ぶ熱心な生徒となり、非常に意欲的に学んでいった。彼はあるときグランドファーザーに白状したことがある。自分は何年もの間この山々の中で暮らしながら、本当の意味ではこの山々を知らず、探検のために時間を割いたこともなかった。そしていつも、鉱山の暗闇の中に自らを閉じ込め、あまりに肉に支配されていたために、他のことに割く時間がまったくなかったと。彼が原野に出かけていくのは、ただ、黄金を見つけるという夢を存続させるために必要な肉や材料を調達する目的のためだけだった。モーゼは、鉱山と富に対する自分の欲望とが、二人の息子の生命と、彼が心から愛していた女性を失うという代償を、自分に払わせたのだと考えるようになっていた。

二人の友情は大きく変貌を遂げた。彼らは友情から出発したが、ほどなくしてモーゼは、グランドファーザーがずっと年下であるにもかかわらず、彼を先生として、賢者として見るようになった。待つほどもなく、モーゼはグランドファーザーのようにいとも簡単に生き残る術を学びたい、サバイバルの技術を教えてほしいと頼んでくるようになった。やがて数日が数か月となり、モーゼはますますサバイバルに熟達し、ついに、真の原野の子となった。グランドファーザーはモーゼをスピリットの知恵へと呼び戻し、最終的には創造主のもとへと呼び戻すための媒体として、自然の聖堂とサバイバルの技術を用いるようになっていた。モーゼは肉的なことへの関心をまったく失い、自分の小屋にさえ戻ろうとしなくなった。グランドファーザーと二人で原野の奥深くに入り込み、簡易で素朴なキャンプで過ごすときが、彼にとっていちばん心安らぐ幸せなひとときのように見えた。

グランドファーザーは慎重に愛情深く、スピリットの純粋さへとモーゼを導き始めた。人生の価値は物質的な豊かさや肉体の苦役などにあるのではなく、それらを超えたところにある。グランドファーザーはそのことへの深い理解にモーゼを導き、肉をつかさどる偽りの神々を超えた遥かに偉大な次元世界が存在し、それは万民のために開かれているということを彼に教えた。モーゼは、肉が志向する豊かさという夢の罠に捕えられ、魂そのものを犠牲にしてきた自分に気づき始めた。グランドファーザーはこうして少しずつゆっくりと、モーゼを偽りの肉の神々から離れさせ、スピリットの持つパワーと豊かさの中へと導いていった。原野がモーゼの聖堂となり、スピリットの豊かさが彼の探求《クエスト》となった。彼は古い自我を超え、自身の心に対して真実な人となり始めた。

グランドファーザーはモーゼに、どのようにして心が望む夢に従い、インナー・ヴィジョンを信じ、スピリットの世界にダイナミックに入って行くか、その方法を教えた。やがて、グランドファーザーはモーゼの心の焦点が、肉からスピリットへ、そしてついに創造主へと移って行くその変化をはっきりと確認できるようになった。モーゼの目には輝きが生まれ、彼の歩みには目標が生まれた。彼はほとんど忘れていた昔の夢を再燃させて、悟りへの入り口に立つ人のように見えた。ある日、グランドファーザーは山上の聖なる祈りの場所に向かう途中、鉱山の前を通り過ぎた。驚いたことに、鉱山の入り口にはしっかりと板張りがされていて、すべての採鉱用の道具がきちんと片付けられ、積み重ねられていた。グランドファーザーはそのとき、モーゼが無意味な肉の夢をすべて捨て去って、真にスピリチュアルな道を歩んでいることをあらためて知り、彼があの魂の牢獄に再び戻ることは決してないことを知った。

日課の祈りを終えて小屋に戻ったグランドファーザーは、モーゼが自分の荷物をまとめ、ここを発つ準備完了といった様子であることに気がついた。グランドファーザーがひとこと発する前にモーゼが口を開いた。「私は昔、一つの夢を持っていたのですが、ほとんど忘れていました。若い頃、私は神を身近に感じていて、牧師になりたいと思っていたのです。今、私はすべての創造物の中に再び神を見出しました。私は再びその夢に生きたいと思うようになったのです。私はここを離れ、遠い昔私を愛してくれた女性を探して見つけ出さなければなりません。なぜなら、私が牧師になることは彼女の夢でもあったのです。私は長い年月、本当に愚かでした。物質的な豊かさを求める夢のために、すべてを犠牲にしてきましたが、その豊かさとは、はかなく消え去る錯覚でしかないことがわかりました。スピリットの豊かさこそが本物であり、それ以外はすべて錯覚だということがわかったのです。もう私には出発を躊躇する余裕もないのです。愛する私の友よ、私はあまりに長い年月を無駄にしました。一刻の猶予もありません。あなたは私を本来の夢に立ち帰らせ、スピリットのパワーへと導いてくれた。あなたに対するこの感謝の気持ちは生涯消えることはありません」そう言ってモーゼはグランドファーザーを抱きしめ、残りの人生を生きる旅へと出発して行った。

グランドファーザーはモーゼの姿が遠くのほうに見えなくなるまでじっと見守っていた。別れのもたらす喪失感よりも、勝利の喜びのほうが遥かにまさっていた。スピリットの知恵と純粋さは、すべての人が持ち得るものであることを、彼はそのとき知ったのだった。わずか数か月で、彼は一人の男を絶望と自殺という暗い穴の中から、スピリットの歓喜へと引きあげ、取り戻した。さらにグランドファーザーは、自分の教えた内容によって、モーゼがもともと持っていた信仰が、彼の中で価値を失うこともなく、むしろその信仰をさらに強化し、啓発できたという事実も確認できた。こうしてグランドファーザーは純粋を求める自分の哲学が、すべての人に機能するものであることを知った。なぜなら、それはすべての人が知っているはずの哲学であり純粋さであり、何より必要とされる「再生可能な成果」を生み出すものであるからだ。グランドファーザーはこのとき、それからの長い年月、自分が何を為すべきかをはっきりと悟った。学んだことの純粋度をさらに高め、すべての哲学や宗教を一つに結ぶ、多くの共通の糸を探し求めなければならない。深遠な真理、そのシンプルな純粋さを探し求めなければならないのだ。

第2部

知恵

私がグランドファーザーに出会ったとき、彼はすでに人生の六十三年間を、シンプルで純粋な真理を探し求める放浪の旅に費やしていた。彼は出会ったばかりの私に、即刻スピリットの道について教え始めた。実際、私が彼の実の孫であるリックと一緒に、彼から最初のレッスンを受けたのは、私が彼に出会った最初の日、しかも出会ってから一時間も経たない中でのことだった。グランドファーザーにとってスピリットの知恵は他の何よりも大切なものだったが、彼はそれを決して強要せず、スピリチュアルな教えに我々が自然に入っていけるよう気づかっていた。レッスン開始早々、彼は我々をスピリットのパワーへと導く媒体として、自然の知恵と、サバイバルの技術と、トラッキングと気づきを用いた。彼が教えた身体的スキルはどれも、とくに気づきのスキルは、深遠なスピリチュアルな色調と、深い哲学的な意味合いを帯びていた。実際私は、グランドファーザーに教えられたスキルの中で、スピリットに関する重要な教えを含まないものは、何一つ思い出せない。

さらに重要なことは、グランドファーザーはスピリチュアルなスキルを絶対に複雑化しなかったということだ。そもそも、彼のヴィジョンは、基本的で純粋な真理を見つけることだけではなく、その真理を単純化することだったのだ。リックと私がその後遭遇したいかなる複雑さも、すべて我々自身の行為が生み出したものだった。リックも私も、道を求める多くの人々と同様に、スピリチュアルな真理というものが、それほどシンプルで自由なものとは思っていなかったし、その真理を自分のものとするためには苦しまなければならず、苦しみを伴わなければ、それ自体、パワフルなものにはなり得ないと思っていたのだ。さらに、世界のおもだった宗教や哲学の多くが、実際この考え方に基づいて、そのごとく実践しているということにも、二人は気づくようになった。こうした宗教や哲学の指導者たちは、スピリチュアルな喜びに至るためには、人は苦しまなければならないと信じ、さらにそれを弟子たちにも信じさせているのだ。グランドファーザーは、こうしたスピリチュアルな世界の指導者たちの中には、自分たちの宗教的な地位や能力などが脅かされるのを恐れて、一般大衆を真理から遠ざけるための手段として、困難や苦しみというものを利用している人も多く見られると言っていた。

本書の第二部は、グランドファーザーがどのようにしてリックと私を、彼が表明する基本的かつシンプルな真理の理解へと導いたのか、それについて解説するものである。彼が何を教えようとしても、どんなにシンプルにしようとしても、リックと私はその教えを複雑化しようとし、彼は常に、我々二人があまりに難しく考えすぎていると警告した。さらに、我々は何かをマスターしても、また再びそこに自分たちの宗教上の松葉づえや玩具を加え、複雑化しようとするのだった。こうしたことは、グランドファーザーをときにはがっかりさせたはずだが、彼はそれを態度に表すようなことは決してせず、常に聖人のような忍耐を維持していた。彼は十分な情報だけを我々に与え、そのあとは我々自身が試練や失敗を乗り越えながら、最終的な真理へと至るように導く、まさにコヨーテ先生だった。我々が成功や失敗を重ねてこそ、ものごとをより深く学んでいけることを彼は知っていたのだ。そうした歩みの末に我々はいつも結局のところ、シンプルな答えにたどり着くのだった。

7　グランドファーザーの聖なる沈黙

グランドファーザーが最初にしなければならなかったことは、リックと私を現代社会の意識から、原野の純粋な世界に移動させることだった。グランドファーザーは言葉を無駄使いしたり長々しい説明をしたりする人ではなかった。そうする代わりに、彼は学ばせたいことについて、実例をあげて明らかに示すか、あるいは、まったく関係のない何かを通して、その学びへと我々を導くという教え方をした。グランドファーザーから受けた最初のレッスンの一つは、私が彼に初めて会ったその日に受けたものだ。彼のすべてのコヨーテ教育と同様に、スピリットの道に関するこの最初のレッスンは、あまりにも遠大な意味を持つものだったために、普遍的なものとして私の中に生き続けている。今でさえ私は、この最初のレッスンから大切な何かを学び続けていて、自分が何かまちがったことをしているとか、あるいはスピリチュアルな実体と断絶していると感じるのは、この最初のレッスンを忘れているときなのだ。私が学んだその最初のレッスンは、ものごとをどのように見るか、ものの見方についてだった。

グランドファーザーとリックと私は、最初の一日をずっと一緒に過ごした。グランドファーザーのレッスンの序論はすべて、あっという間に終わったが、その後リックと私は、自分たちに与えられた時間を、グランドファーザーに多くの質問をしたり、彼の放浪の物語を聞いたりして過ごした。リックと私はグランドファーザーの話す言葉に心を奪われ、くぎづけになった。グランドファーザーは、ただ記憶をたどって思い出を語るのではなく、実際にそれを再度体験しながら語っているようだった。彼は言葉で絵を描く術を心得ていて、彼が自ら歩んだ道について実感を込めて語るのを聞いていると、聞き手はいつの間にか彼が抱いたものとまったく同じ感情を抱き、彼が見たものとまったく同じ風景を見ながら、その物語の中に入り込んでしまうのだった。私はとくに、グランドファーザーの鋭い気づきについての話や、彼がどのようにして、たいていの人が見落としてしまうようなことを感知できるのか、ということについて強い関心を持った。彼は自然に対して、ふつうの人とは異なる独特の知覚と独特の意識を持っているように見えた。三人で一緒に短い距離を歩いたが、そんなときにも彼は、リックと私が見落としている数えきれないほど多くのものを、取り出して見せてくれた。私はグランドファーザーのこの能力に心を奪われ、彼がそんなにも簡単にやってのけることを、自分もやってみたいと切実に願うようになった。

私はおどおどしながら彼に尋ねた。おどおどしていたのは、グランドファーザーにはまだ会ったばかりで、何かをお願いするのも畏れ多いと思っていたのが主な理由だ。彼がどのようにして、それほど多くのものを、それほど簡単に見ることができるのか、時間のあるときに教えてほしいとお願いしたのだ。彼は私の顔を見ながらにっこり笑い、「川の畔に行って静かに座り、その場所を深く見つめてみなさい。ただ、心の中の深いところから見てみることも大切なのだよ」と言った。深くという言葉で、彼が何を意味したのかもわからないまま、私は川のほうに歩いて行って、言われたとおりに、その畔に座った。私は身動き一つせず、注意深く静かに座ったまま、川の周りの風景を真剣に見回し、さらに川の中までのぞき込むようにじっと見つめた。おそらく私はそこに一時間以上座っていたと思う。だが、私が見たのは泳ぎ回る数匹の魚と、一匹の小さなカメと、数羽の鳥だけだった。私は自分の観察力のなさが腹立たしく、うんざりしてきた。グランドファーザーは少し前に三人で短い散歩をしたときに、リックと私にたくさんのものを見せてくれたが、それとはあまりに大ちがいだった。

あまりに多くのものを見落としていたような、何か失敗してしまったような気がして、私は自分自身にとことんがっかりし、グランドファーザーのキャンプに戻ろうと決めた。立ちあがって、ふと後ろを見ると、私からわずか数フィート離れたところに、グランドファーザーが座っていた。私はあまりに驚いて、身体は文字どおり震え、うろたえて、あやうく息が詰まりそうになった。彼は満面に笑みを浮かべながら、自分のそばに来て座るようにと私を手招きした。そのあと彼は私が見落としていたものを一つ一つ私に示して教えてくれた。彼はまず、目の前を行ったり来たりしているマスクラット（訳注：米国やカナダの水辺に住むハタネズミ亜科の齧歯動物）を指さした。次に背の高い木の上でおとなしく眠っているアライグマを指さし、さらに別の木の上で、まるでその枝の一部になりきったような恰好で穏やかな顔のまま眠っているメンフクロウを指さした。また、彼はいくつかの巣を指し示したが、どの巣にもひな鳥がいた。さらに、遠くのほうに一頭の雌鹿と彼女の小さな子鹿が草を食んでいるのも見せてくれた。この作業は休憩なしで一時間以上も続いた。私は言葉を失うほどの驚きと、やや退屈な気持ちとの板挟み状態になっていた。

　グランドファーザーはやっと、指さすことをやめた。指さして示すものがなくなったからではなく、私に対するやさしさからだった。私は彼に尋ねた。なぜ彼にはこうしたものすべてが見えるのに私には見えないのかと。彼はやさしい笑みで答えてくれた。「きみはね、グランドサン、きみは目で見ているが、心で見ていない。きみは白人の目と社会の心《マインド》で見ている。こういったものを本当の意味で見るには、きみのスピリチュアルな心、つまり、純粋な心で見なければならないし、原野の目で見なければならないのだよ。見えないのはきみのせいではない。きみがずっと肉的な心《フィジカル・マインド》を使うように訓練されてきているからなのだ。きみの肉的な心は自然の壮大さを見ることができない」

「それじゃあ、僕はどうしたらその原野の視力を使えるようになるの？」と私は尋ねた。

「私は今、きみの中に種を蒔いただけなのだよ。きみはいつか私が言っているマインドの純粋さについて理解するようになる」グランドファーザーはそう言って、私に考える時間を残すように立ち去った。

　グランドファーザーが語った純粋な心《マインド》で見るということの意味を、私が理解し始めたのは、それからほぼ六か月も経ってからのことだった。それまでも何度か、グランドファーザーはその純粋な心について語り、そして何度か、純粋な心とはすなわち、スピリチュアルな心だと言ったが、依然として私は、本当の意味でそれを理解できていなかった。人間は肉体の部分とスピリットの部分の二元性を持った存在だとグランドファーザーはたびたび言っており、さらに、現代人は完全に肉体に生きていて、そのスピリットは委縮しているか、せいぜい良くても瀕死の状態にあると、そういった内容のこともそれとなくほのめかしていた。だが私は、その純粋な心とはどういうものなのか、それについてもはっきりは理解できず、ましてや、そこに到達するにはどうすればいいのか、まったく見当もつかなかった。グランドファーザーは例のごとく、決して答えは与えてくれず、ほんの小さなヒントを与えてくれるだけだった。彼はそうしながら、私を純粋な心についての最終的な理解へと導いてくれていたのだが、私はそれにまったく気づいていなかったのだ。こうしてふり返ることで、今の私にはっきりわかることは、誰も、純粋な心という概念を他の人に教えることはできないが、純粋な心にたどり着くように導くことはできるということである。

私が純粋な心についての強烈なレッスンを受けたのは、私の二度目のヴィジョン・クエストのときだった。最初のヴィジョン・クエストは、グランドファーザーに出会ってから六週間ぐらいの時期に行っていた。この二度目のヴィジョン・クエストへの出発も、私がグランドファーザーを知ってからわずか六か月しか経っていない時期だったが、私はすでに、彼自身と彼のやり方について、親近感をもって深く理解し始めていた。グランドファーザーは、私の最初のヴィジョン・クエストはとても立派なものだったと言ったが、私自身は、自分についてのいくつかの洞察は得られたが、価値あるものは何一つ得られなかったと感じていた。私がそれを口にすると、グランドファーザーはその理由について、ヴィジョン・クエストをスピリチュアルな意味で理解することを私が拒んでいるからだと言った。私はまだ肉的な心の意識でそれを理解していると。二度目のヴィジョン・クエストの出発にあたり、私は十分理解を深めたし、今回はもっと実り多きものになるだろうと考えていた。ところがグランドファーザーは、ちがった形で私に警告したのだ。

私が二度目のヴィジョン・クエストに出発する前夜、グランドファーザーは、私を座らせて言った。「きみは純粋な心、すなわちスピリチュアルな心をとおして見たり理解したりすることを学ばなければならないのだよ。ヴィジョン・クエストに出かけるとき、あるいは自然界を理解しようとする際に、肉的な心に引きずられると、肉においてもスピリットにおいても盲目になる。ものごとを純粋に見ることを学ばなければならない。そうすることによって初めて、きみは自然界とスピリットの世界を完全に理解できるようになる」

この言葉に送られて、私は大いなる期待に胸ふくらませつつも、その一方で自信喪失にさいなまれながら、ヴィジョン・クエストに出発した。私はこのクエストが、最初の探求《クエスト》と同じようなものになることをとても恐れていた。最初の探求《クエスト》は、退屈と自己不信に満ちた長い拷問のような期間だったのだ。私は二度目のヴィジョン・クエストのために選ばれた区域に向かって歩きながら、ヴィジョン・クエストは本当に自分のためになるのだろうかとか、自分は何らかのヴィジョンに値するのだろうかなどと考えていた。そもそもこれは、アメリカ先住民の聖なる風習であって、自分は白人なのだしなどと、そんなことまで考えていたのだ。

二度目のヴィジョン・クエストの最初の二日間は、一度目のときには味わうことのなかった地獄に私を突き落とした。私のマインドは働き続けていて抑えがきかず、死にそうなほどの退屈と不快感でいっぱいになりながら、私はただただそこを出て、探求《クエスト》をやめたかった。だが、それはあり得ない選択だった。なぜなら、私は面目を失いたくなかったし、おそらく見ることになるリックやグランドファーザーの嘲笑や落胆の表情に耐える自信などなかったからだ。そもそも、リックはもうすでに数日前に、二度目のヴィジョン・クエストを、見たところ楽々と終えているのだ。こうして私はまさに地獄にいた。二日目の夜遅く、私は断続的な眠りの中でしばしば目が覚めた。目が覚めるたびに、ヴィジョン・クエストをやめてキャンプに戻ろうという思いがますます強くなっていた。この時点ではまだ私は、人がどう思うかとか、自分の弱さに対して自分自身が浴びせるであろう嘲笑とか、そういったものを無視することはできていなかった。だが、最後に目覚めたとき、私はこうしたプライドを飲み込み、完全に抑えこんで、朝になったらそこを出ようと決断した。

　目覚めると壮大な朝焼けの中だった。自然はそれまで私が見たことのない強烈な活力に満ちあふれて躍動していた。あらゆるものが大地のリズムに合わせて踊り、動いているように見えた。探求《クエスト》をやめて引きあげるために、わずかな持ち物をまとめ始めたとき、私は今回の出発の直前にグランドファーザーが言った言葉について考え始めていた。純粋な心というその言葉が、私の心臓のあたりをトントンとノックし始め、それがあまりにしつこいので、私は自分が荷物をまとめにかかっていたことさえ忘れてしまっていた。グランドファーザーがこの「純粋な心《マインド》」という言葉で何を伝えようとしていたのか、まったく見当もつかなかったが、その秘密は彼が語った言葉の中のどこかにあるにちがいないと私は考えた。ヴィジョン・クエストそのものさえ忘れて、私は絶景の中をぶらぶら歩き始めた。ど歩きながら、純粋な心という言葉の意味について考えることに、完全に没頭していた。

のくらいの時間、そうして歩き回っていたのか、自分でもわかっていなかったが、かなりの時間が経過していたのは確かだった。純粋な心について考えることにあまりに没頭していたため、他のことはいっさい、自分がどこにいるのかについてさえ、意識しなくなっていた。

私はいつの間にかキャンプの泳ぎ場に近い静かな池の畔に来ていた。考えをまとめようと思い、そこに腰をおろした。グランドファーザーの純粋な心という言葉が何を意味しているのか、依然としてそれだけを考えながら、池の静かな水面をじっとのぞき込んだ。水があまりに静かなので、広大な空と池の周りのすべての風景が、透明な水にくっきりと映し出されている。その映し出された風景があまりに完璧なので、私はまるで鏡の中をのぞき込んでいるような感覚になっていた。だがそのとき、かすかな風が水面を揺らし、鮮明だったイメージは無数の破片になって砕け散り、瞬時に消え去った。映し出されていた風景は跡形もなく失われ、波立つ水面だけが残った。そのときだった。突然、「考えること」、つまり思考という言葉が、私の頭の中に打ち込まれたのだ。私は驚きと勝利感で思わず跳びあがった。グランドファーザーが純粋な心という言葉で何を言いたかったのか、ついに私はそれを理解したのだ。あまりに驚き、あまりに圧倒され、嬉し涙が込みあげた。

純粋な心についてのレッスンは、こうして、澄んだ水を通して私に示されたのだった。純粋な心とは、すべてのものがそのまま純粋に映し出される静かな池の水面のようなものなのだ。論理的な心が、思考を通して分析や定義や評価や意識散漫のもとなどを持ち込むと、池の静かな水面は崩れ、映し出される自然のクリアなイメージも破壊される。私はそのときはっきりと理解した。グランドファーザーのように自然界を深く見るためには、そして最終的にスピリットを見るためには、そういう純粋なマインドを持たなければならないのだ。論理的な心がもたらすすべての意識散漫は、不明瞭さを生むだけであり、自然とスピリットの純粋なイメージを完全に破壊してしまうのだ。この悟りを得た瞬間、私はヴィジョン・クエストの区域から完全に外れた場所に来てしまっていることに気がつき、急いでそこに戻った。私は非常にパワフルで深遠なヴィジョンを与えられたことを確信し、クエスト区域での残された時間を、今回学んだことを完璧に理解するために使うことにした。

ヴィジョン・クエスト第四日目が終わる頃、私はグランドファーザーのところに戻って、自分が学んだことを彼に報告したいという思いを抑えられなくなった。キャンプに戻ったとき、私は興奮のあまり体をぶるぶる震わせていた。グランドファーザーは私に話す間も与えずに口を開いた。「それで、グランドサン、きみはついに純粋な心の知恵について学んだのだね。純粋な心とはすなわちスピリットの心のことだ。それは我々を自然のスピリットへ、そして何より、スピリットの世界へと導き入れてくれるものだ。それは我々が持つ、もう一つの心だ。私がいつも言っているように、我々は肉体とスピリットの二元性を持つ存在だ。人間はこのように、肉的な心を持つ一方で、肉の外側の領域に住むスピリットの心を待っている。きみは今、そのスピリットの心に触れたのだ。あらゆるスピリチュアルなコミュニケーションはスピリットの心の静かな水をとおしてやってくる。肉的な心が働いているときは、スピリットの発信するメッセージは、せいぜいあいまいで不明瞭なものとなるか、まったく我々に届かないものとなる。そういう理由で、この純粋な心、すなわちスピリチュアルな心は大事に育てられなければならず、肉的な心と同等にパワフルなものにならなければならない。そして最終的に、人生をスピリチュアルに生きていきたい人においては、スピリットの心が優勢な心とならなければならないのだ」

私の返答を待たずに、グランドファーザーは続けた。「きみはスピリチュアルな心、すなわち純粋な心《マインド》の知恵を学んだが、次に、この心についてよく理解することと、さらに、この心を用いてコミュニケーションをとる方法について学ばなければならない。きみが自然やスピリットの声を聞くのは、この純粋な心を通してであり、この自然やスピリットの世界にきみの声を届けるのも、この心を通してなのだ。だが、きみはまず、この肉を超えた世界について理解しなければならない。なぜなら、それを理解していないと、自分がどこに向かっているのか、どうしたらそこにたどり着けるのか、わからなくなるからだ。純粋な心を理解したら、次に、きみは肉体とスピリットをつなぐ手段としての乗り物、つまり、懸け橋について学び、それをマスターする必要がある。きみは自分が持つ肉の牢獄と、その向こうに存在する広大な領域との間を行き来する方法を知らなければならないのだ。そこで今、きみに残されたなすべきことは、これらの世界を理解し、その世界との自由な往来とコミュニケーションの仕方を知り、最終的にはそこでの活動の仕方を知ることだ」

「でも、これらの世界とは何なの？　どこにあるの？」と私は尋ねた。

グランドファーザーは言った。「現代人は一つの島のようなものなのだ。いくつもの環の中にある一つの環だ。人間は自分の考えやこだわりや、大地を離れた生活がもたらす制限によって、自分を取り巻く外側の環から切り離されている。今の人間の環、すなわち自己という島は、論理の場であり、『私』というエゴであり、肉的な自己だ。それが今日、人間が自ら住む場所として選んだ島であり、そうすることによって、人間は自分のための牢獄を創りあげた。この牢獄の壁は厚く、疑いと論理と、さらに信念の欠如というもので固められている。自分の外側をとりまくもっと大きな無数の環との隔絶は、人間を窒息させ、生命というものを明確にはっきりと、かつ純粋に見ることから遠ざけている。それはまさに無知の世界、肉が唯一の現実であり唯一の神であるという世界なのだ」

グランドファーザーは続けた。「人間のエゴという島、つまり人間の牢獄だが、その牢獄を越えた向こうには、〝すべてのものに生けるスピリット〟の世界、すなわち、すべてのものが持つ命の力の世界が広がっている。そこは人間がすべての創造物と交信することができ、創造主に触れることができる世界であり、人間が持つすべての本能と、もっとも深いところにある記憶と、心と体をコントロールする力と、人に肉を越えさせる橋、そういったものを内蔵した命の環の世界なのだ。それは人間にとっての宇宙を広げ、人間を大地につなぐ世界であり、何よりも、人間をハイヤー・セルフ、すなわちより高い自己と、スピリチュアルな歓喜に導く世界なのだ。

この命の力の環をさらに越えた向こうに、もう一つの環、一つの島がある。それはスピリットの世界だ。人間はその世界にも生きている。なぜなら人間のスピリットは、スピリットとしてその地を歩くからだ。この世界で人間は、ある瞬間肉体で歩き、次の瞬間に再びスピリットとして歩くという二元性を、自身の中に見出す。そこは肉的な目には見えない永遠の世界であり、生も死も、時と場所も存在しない。そこはすべてが可能な世界だ。人間が自己を超えて地球のすべてのものと融合し、スピリットと融合する場所だ。そこは創造主と創造の持つ無限のパワーにもっとも近い場所だ。この場所のさらに向こうは、すべてのものの意識が存在する世界であり、それは創造主の前に置かれた最後のパワーの環となっている。

自己という島に生きている人間は、本当の意味での人生のごくわずかな部分しか生きていない。人間はエゴと思考の牢獄という障壁を越えて、創造主にたどり着かなければならない。すべての島、すべての環に橋をかけなければならない。それぞれの世界が互いに理解されなければならず、絶対的で純粋な『ワンネス』へと統合されていかなければならない。そのとき、そこには内的次元も外的次元の別もなく、自己の分裂もなく、ただ人間が瞬時にすべてのものと一体となる純粋なワンネスがあるだけだ。このいくつもの世界の融合においてこそ、人間はすべてを知って、人生の深い意味を生きることができる。人間はすべてのものの中に生き、すべてのものは人間の中に生きる。そのときのみ、人間は神に触れるという希望を持ち得るのだ。

現代人はエゴの向こうに存在しているこれらの世界、これらの環を知ることができない。論理的な心《ロジカル・マインド》は人間にエゴや肉を越えた世界に羽ばたくことを決して許さない。なぜなら、エゴや肉こそが論理的な心の居場所であり安心できる場所であるからだ。現代的思考は魂を閉じ込める牢獄であり、人間と人間が持つスピリチュアルな心の間に立ちはだかる。論理的な心は絶対的信念や純粋な思考というものを知らない。なぜなら、論理は論理を食して肥大化し、認識できないものや肉によって証明されないものを受け入れないからだ。このようにして現代人は、自分自身と自分のスピリットのために牢獄を創りあげた。なぜなら彼は信仰心を待たず、思考の純粋性に欠けているからだ。信仰心は証拠や論理を必要としないが、現代人は信仰心を持つ前に証拠を求める。こうして、現代人は決して壊れることのないサイクルを創りあげた。なぜなら、証拠が必要なら、信仰心は存在できないからだ」

私はグランドファーザーが語った内容について、懸命にじっと考え込んだ。彼の話の内容はぼんやりとしか理解できなかったが、私がもっとも差し迫って彼に尋ねたかったことは、どのようにして、そういった肉を越えた世界にたどり着けるのか、そこで何ができるのかということだった。グランドファーザーはいつものように、私が尋ねもしないうちから私の質問を知っていて、答えた。「純粋な心は世界中のすべての宗教や哲学や信条体系が持つ共通の真理の一つなのだよ、グランドサン。人は純粋な心の状態に到達できたときのみ、スピリチュアルなものに近づき、最終的に神に近づくことができる。したがって、純粋な心、スピリチュアルな意識がすべての出発点になる。今日の問題は、現代人がどのようにして、その純粋な心に到達できるのか、それを知らないということだ。現代人の中で優勢に立つ肉的な心が、せいぜい、スピリットの世界のぼんやりとした風景を、ほんの一瞬垣間見させてくれるが、その景色は腐っていて役に立たない。そこで、現代人は優勢に立つ論理的肉的な心《ロジカル・フィジカル・マインド》を封じ込めてスピリチュアルな心を開くために、あらゆる類の複雑な教義や儀式を考案したのだ。だが、例のごとく、これらの複雑極まりない教義や儀式が、さらに人間の混乱を深め、スピリットの世界とのあらゆるコミュニケーションをゆがめてしまった。

　私が『聖なる沈黙』と呼んでいる橋、つまり乗り物がある。それは人をスピリチュアルな心の究極の純粋さに導き、スピリットの世界との明瞭なコミュニケーションの扉を開くのみならず、彼を肉の島を越えた向こうにあるスピリチュアルな世界へとはこんでくれる。

この聖なる沈黙こそ、肉的な心と肉に属するすべてのものを封じ込めて、肉を越えた領域に生き、そこで活動できるように我々を導くものなのだ。純粋な心はあらゆる宗教や哲学に共通する真理であるから、聖なる沈黙は共通の基盤となってくる。だが、聖なる沈黙がこれらのすべての宗教や哲学や信条体系が持つものとまったく異なっているのは、そのアプローチの方法と実行の仕方だ。私が聖なる沈黙と呼ぶものは、あらゆる哲学に見いだされるが、別の言葉で呼ばれている。メディテーションすなわち瞑想という言葉だ。あらゆる複雑化されたものの中で、唯一これだけが、なんらかのかたちで、聖なる沈黙と基本的に同じものを維持している。これはかつて、まちがいなく、スピリチュアルな世界への乗り物であり、懸け橋であり、あらゆる宗教や哲学の共通の基盤だったのだ」

「しかしながら」と、グランドファーザーは続けた。「瞑想は何世紀も経つうちに、あまりに複雑なものとなって歪められてしまった。それはもはやスピリチュアルな世界に人間を人間をはこぶ乗り物ではなく、最終結果となってしまったのだ。もはやダイナミックな動きを持つものではなく、ほとんど体を動かさずに行う、有用性に乏しいものとなった。たしかに、瞑想のさまざまなかたちを用いれば、肉を越えた世界に人をはこぶことはできる。だが、せいぜいそこまでが限度なのだ。そこからさらに進み、その世界で生きて、活動することはできず、そのため、その世界にリアリティはない。こうして瞑想は、非常に非効率的かつ歪められたやり方で、スピリチュアルな世界を、そこから何が発信されているのかもつかめないままにのぞきこむ、一つの方法でしかなくなった。さらに、現代の瞑想の形の複雑化によって、純粋な心さえも、その乗り物自体の複雑化によって置き去りにされてしまった。現代の瞑想は、それ自体が最終結果であり、常に座った状態で行うものであるため、日々刻々と行えるものではない。たとえ誰かが現代の瞑想の最終結果をとおして、こうした肉の外側の世界に到達したとしても、彼はそこにとどまることはできず、肉の現実に戻ってこなければならないのだ」

「きみが何か一つの瞑想を取りあげて研究してみれば」とグランドファーザーはさらに続けた。「瞑想は四つの基本的な要素からなっていることがわかるはずだ。第一に心地よさがなければならず、第二に身体的にも精神的にもくつろぎを与えられるものでなければならず、次に、外部から入る意識散漫のもとを遮断するため、完全な受身の姿勢が求められる。そして最後に、絶対的な集中ポイントを持たなければならない。集中することによって肉的な心がやがて消え去り、スピリチュアルな心の純粋さが浮上して鮮明になり、優勢になる」ここで、グランドファーザーは鬼と髪の毛の話をしてくれた。その話を聞いて、私は世界の多くの宗教が、なぜ同じものを求めていながら、こんなにも互いに異なっているのかについて、やっと理解することができた。その理由は、彼らがそれぞれ異なる髪の毛を用いているからなのだ。儀式や聖堂やドラミングや踊りやその他あらゆる種類のものを、彼らは「髪の毛」として用いている。私はすべてがつながってきたと感じた。なぜ人間は明白で単純なものを複雑化しようとしてきたのかがわかったからだ。人間の生活が複雑化したものへと変化するにつれて、純粋な瞑想を得るための方法もまた複雑化し、最後には実現不可能なものとなってしまった。こうして、複雑化がスピリチュアルな世界への乗り物を歪め、最終的には真理に至る道をも歪めてしまい、瞑想そのものが最終結果となってしまったのだ。

グランドファーザーはそれから、彼の瞑想、つまり聖なる沈黙の形式について説明をしてくれた。それは彼にとって、そして結局私にとっても、もっとも簡単でもっとも純粋なやり方だった。聖なる沈黙はまさに、文字どおり乗り物そのものだった。グランドファーザーは言った。「聖なる沈黙はシンプルで純粋なものだ。複雑さをまったく持たないため、ダイナミックな、動く乗り物のままでいられる。宗教的な松葉づえや、玩具や髪の毛も必要としない。なぜなら、そういったものは我々の内面に見つけることができるからだ。したがって、自分の外にある何ものにも頼る必要がなくなる。瞑想の最初の二つの要素である心地よさとくつろぎは、その人の信仰によって異なってくる相対的なものだ。また、心地よさとくつろぎを得るのに、必ずしも人は横になったり、座ったりする必要はない。きみは歩いているときや遊んでいるとき、あるいは誰かと話をしているときに心地よさやくつろぎを感じないかね？　それと同じことが、受け身の姿勢についても言える。きみが自然界というものに集中したり、自分のマインドの純粋さに集中したりするときに、わざわざ受け身の姿勢をとる必要はないし、自分自身のスピリチュアルな心以外に、宗教的な松葉づえや玩具を用いる必要もない。そういうわけで、有用性の乏しい現代人の瞑想とはちがって、聖なる沈黙は動きながら、毎日毎秒の単位で行えるダイナミックなものだ。聖なる沈黙はまた、肉を越えた世界へと我々をはこぶ乗り物となり、いつでも簡単に、そこで生きることを可能にしてくれる。聖なる沈黙は我々を肉体とスピリットの二元性へ、究極のワンネスへとはこんでくれる乗り物なのだ」

この時点で私は、私の人生においてこれほど何かを切望したことはない、と言い切れるほどの熱心さで、聖なる沈黙について学びたい、という気持ちでいっぱいになっていた。だが、グランドファーザーはこうしたことにおける彼なりの考えに基づいて、そこから先に進んで、その道、その乗り物である聖なる沈黙について教える前に、蒔いた種がしっかりと我々の中に根をおろすことを願っていたのだ。グランドファーザーと私が、人間の持つ複数の世界と聖なる沈黙について、初めて会話を交わしてから数週間が過ぎ、これらの世界に関する私の知識と理解は、日に日に深まっていた。我々は肉の牢獄の中で生きることをやめ、二度と再びそこへ戻ってはならないのだ。私はそれをはっきり理解した。我々は〝すべてのものに生けるスピリット〟の世界に辿り着かなければならず、そこに住まなければならない。その新しい場所、人間がいるべき本来の場所から、我々はその時々の状況が指示するままに、一つの世界からもう一つの世界へと移動することができるのだ。そういったことに思いをめぐらしていたある日、私が催促したわけでもないのに、グランドファーザーはリックと私を聖なる沈黙へと導いてくれたのだった。

リックと私は初めグランドファーザーが何をしているのかわからなかった。リックも私も、気づきのもう一つ別のレッスンだと思っていたのだが、二人が最終的に見せられたのは、初めて目にする新しい実在の世界だった。グランドファーザーは、聖なる沈黙へと導くにあたって、まず我々を純粋な心へと導いてくれた。純粋な心については、リックも私も頻繁に練習していて、すでに第二の天性のようになっていた。グランドファーザーはそのあと、我々にフォックス・ウォーク、つまりキツネのように膝をまげてゆっくりとした慎重な歩調で歩くよう促した。そうすることで、体の中からあらゆる緊張がほぐれて、抜け出ていくのだ。次に我々は、頭の中からあらゆる思考を追い出しつつ、周辺視力（訳注：ある一点を凝視したとき、その周囲の部分を見る機能で、色覚は弱くなるが、弱い光を見る力はかえって強いと言われる）を最大限に用いて、はるか遠方の風景を凝視した。すると突然、信じられないことが起こった。物理的な実体としてそこにあった風景が、少しずつ変化してきて、みずみずしく生き生きとした、まったく新しいものに見えてきたのだ。こうしてリックと私は、それまで一度も目にしたことのないものを見て、体験したことのないことを体験し始めたのだった。創造物のすべてが我々と直接交信しているように感じられ、大地のスピリットが我々の魂そのものと直接つながった。リックと私はさらに、自分の意識のフィジカルな領域の外側で、動いている何かを感じ始めた。我々の知覚のすぐ外側にある、物質的な形を持たない世界を感知し始めたのだ。それは物理的な自然界と同様に、ダイナミックに躍動する世界だが、限りなく異質な世界、すなわちスピリットの世界だった。リックと私は衝撃を受けて言葉を失い、その新しい世界のあまりの美しさに圧倒されて、ただおいおい泣いた。

それはまだ出発点にすぎなかった。グランドファーザーはその後何年もかけて、我々がこれらの自己を超えた世界で、どのようにして活動していくのかということについて教えてくれたのだ。彼は我々が肉体において一人の人とコミュニケーションをとるように、自然界やスピリットの世界とコミュニケーションをとる方法を教えてくれた。我々はスピリットの旅の仕方を学び、現代人の知覚範囲を越えた外側に、果てしなく広がるスピリチュアルな領域を探検する方法を学んだ。我々は奇跡を起こし、言葉なしでこれらの世界を理解し、肉の世界や人間による多くの雑音があったにもかかわらず、毎日継続的に、肉体とスピリットの境界線を歩き始めた。結論として、すべてはとても簡単なことだった。我々はなぜ人間がことを複雑にする以外に何もせず、複雑化することによって、この知恵を永遠に手の届かないところへと追いやったのか、まったく理解できなかった。こうして我々はついに、グランドファーザーの世界に到達したのだった。

何よりよかったのは、グランドファーザーが我々に何も証明する必要がなかったことだった。我々自身がその世界に生きてみて、これらの世界についてグランドファーザーが語ったすべてが真実であることを、まず自分自身に証明することができた。そのことが、もっとも確かな証明となったのだ。誰かが奇跡を起こしたり、あるいはそれについて話したりするのを見たり聞いたりすることがあっても、我々はその奇跡を起こした人は何か天賦の才能を与えられているにちがいないと考えがちだ。だが、私は実際にそれを行い、その奇跡を自分の生活に組み入れるのに、論理的な説明や科学的証拠などを必要としなかった。説明できようができまいが、私はそれが自分に機能するものであることを知っていた。

それが本物だったからだ。

8　インナー・ヴィジョン

リックと私は、グランドファーザーがさらに次のことを教えてくれるまでの何か月もの間、聖なる沈黙という乗り物を使いこなす練習をしていた。グランドファーザーは我々が自分のしていることを正確に理解しているかどうかを確認し、人間の島々と彼が呼んだ深遠ないくつもの世界を、我々が実際体験しているかどうかを確認したかったのだ。何か月もの期間が過ぎ、これらの世界への旅を頻繁に重ねて、私はそれぞれの世界をしっかりと理解し、必要に応じて、これらの世界に自由に入ることができた。グランドファーザーは我々が利己の世界という牢獄に入ったり、そこで生活したりすることを断じて望まなかったが、私はやっとその理由について理解するようになった。その世界では、人間は本当の意味で生きてはおらず、そこを越えた外側にあるすべての世界から切り離されて、真空状態の中で暮らしている。この現代人の肉的な心《フィジカル・マインド》と肉体の牢獄には、肉体のみが存在し、人生は決して満たされることはなく、本物でもなく完成もしないのだ。

さらに私は、〝すべてのものに生けるスピリット〟、すなわち命の力の世界についても理解した。これこそが、本来人間が住むことになっていた場所、真実で純粋な意識の状態であることを本当の意味で知ったのだ。この命の力の世界で、我々人間は自然界の一部となり、その声を理解する。人間は自分の体についても理解を深めてコントロールできるようになり、〝すべてのものに生けるスピリット〟との親密な調和の中で暮らすことができるようになる。こうして人間は自然の一部となり、自然は人間の一部となって、内的次元や外的次元の別もなく、自己の分裂もなく、ただ、グランドファーザーの言う、意識のワンネスだけがあるのだ。人間はこの世界に住み、自然と人間のマインドは一つ、ハートも一つであることを知る。人間は真に活力に満ちて生きる、大地の子となるのだ。

リックと私はスピリットの世界についても学んだ。二人してその世界に入ることもできたし、スピリットの世界における原理をどのように理解するかについても学んだ。この世界にはスピリットたちの広大な領域があることもわかった。一部のスピリットたちは、肉の現実世界に相似者を持っているが、それより圧倒的な数のスピリチュアルな存在が、肉の現実世界に、実体的つながり、あるいは基地を持たないかたちで存在している。これらは、フィジカルな目には見えない永遠の世界、我々がそれまで想像していたものとはあまりに異なる広大な領域に住むスピリットたちだ。それは我々を魅了する世界だったが、同時に、恐怖に震わせる世界でもあった。なぜなら、我々はその世界が持つパワーについては十分に理解していなかったからだ。我々は二人とも、恐怖にかられつつも、興味をそそられ、好奇心でいっぱいになりながら、その世界に入って行こうとしている子供だった。しかしながら、探求の数か月が過ぎても、グランドファーザーは、そのスピリットの世界を越えたさらに向こうに我々が行くことを許さなかった。それはシャーマンの世界であり、その世界に入る前に、しっかりと理解しておかなければならないことがあると彼は言った。

グランドファーザーが基本的な聖なる沈黙について我々に教えてくれてから何か月も経ったある日、彼は我々にさらに進んで何かを教え始めた。リックも私もこれ以上教えてもらうことは何もないだろうと思っていたので、とても信じられない思いだった。聖なる沈黙の世界は、十分すぎるように思えたし、まだ我々が自在に扱えるものでもなく、ましてや完全に理解することなど、まだまだほど遠く感じていたからだ。グランドファーザーはリックと私を座らせ、話し始めたが、その問題提起は我々二人をすっかり考え込ませてしまうものだった。「きみたちは今、肉的な心と肉体の牢獄の外側にある人間の世界を理解し始めている。だが、きみたちに今できることは、それらの世界を見ることだけだ。きみたちはそれらの世界の不思議さのすべてに衝撃を受けているが、彼らの声を聴く方法も知らず、彼らが何をきみたちに伝えようとしているのかさえわかっていない。きみたちがこうした世界に入るときも、ヴィジターつまり客として入っているにすぎない。きみたちは彼らとのコミュニケーションの仕方を知らず、彼らがきみたちに向かって何かを発信していることさえ知らない。

今、私がきみたちに教えなければならないことは、どのようにして、これらの自然とスピリットの世界が発する声に耳を傾け、それを理解するか、その方法についてだ。それがわかれば、きみたちはこうした世界をドア越しに覗くようなことはなくなるはずだ。そのドア、そのベールを開けて、そこから歩み入り、理解するということができなければ、きみたちは永遠にこの世界の外側にいて、この世界と分離した状態のままになる。きみたちは、この世界の一部となって、この世界が持つパワーの中で活動することを学ばなければならない。簡単に言えば、きみたちはこの世界に到達したが、この世界に話しかける方法を知らず、この世界がきみたちに話しかけてきても、それを理解することができないということだ。きみたちが彼らの言語を理解し、自分たちの望むことを彼らに伝えない限り、スピリチュアルな世界は永遠に手の届かない、永遠の謎で終わってしまう。きみたちが学ぶべき最初の課題は、どのようにしてスピリットの世界の声を聴き、最終的にそれを理解するか、その方法について知ることなのだ」

グランドファーザーは正しかった。我々はこれらの肉を越えた世界を訪れてはいたが、そこで活動したり、彼らと交信したりすることはできなかった。我々はこれらの世界を、水槽のガラスを通して、魚が泳ぐのを見ているような、そんな感覚で見ていたのだ。魚が彼らの水の世界で動きまわっているのを見ることはできたが、我々自身はその世界にはいなかった。なぜなら我々は自分自身の居場所を離れず、依然として距離を保っていたからだ。水の中に入ることによってのみ、我々はその世界の一部になれるのであり、魚の言葉を学ぶことによってのみ、彼らが我々に何を伝えようとしているのかを理解できるようになるのだ。こういったコミュニケーションがまったく欠けていたことは明らかだった。我々はもはやこれらの世界に入るだけでは満足できず、そこでのコミュニケーションの仕方を学ぶ必要があった。そうしなければ、聖なる沈黙は、ほかのすべての瞑想と同様に、単なる最終結果となってしまうのだ。我々は聖なる沈黙を強力なものとするために、それを動的で互恵的なものにしなければならなかった。

　我々がグランドファーザーに尋ねるべき質問の内容ははっきりしていた。どのようにして自己を越えたこれらの世界と交信する方法を学べるのか、そして、そこではどういった言語が使われているのか、この二点についてだった。自然やスピリットの世界は人間が話す言葉を理解せず、ただ、心《ハート》の言語だけを理解するということを、私はグランドファーザーから何度も聞いていた。だが、その心《ハート》の言語とはいったい何なのか。まちがいなく、その心《ハート》の言語は万民共通の普遍的なものでなければならないはずだ。地球上のすべての人々が大地の声とスピリットの声を理解できなければならないのだから。そう考えた私はすぐ、その言語は人間の発する言葉の中にはなく、論理的な心《ロジカル・マインド》のいかなる用語によっても定義されるものではないことがわかった。その言語はもっと深く、もっと普遍的な性質のもので、すべての人が知っている概念であるにちがいない。しかし、その概念とは、その言語とはいったい何なのか。これは私がかなり長い間格闘した問題だった。私にとって、こうした人間の外側にある世界や領域を訪れるだけではもはや十分でなかった。なんとしても、彼らと実際にコミュニケーションをとらねばならない。私は真剣だった。

今ふり返ってみると、なぜグランドファーザーが、このダイナミックなコミュニケーションについて、そんなにも長い間教えてくれなかったのか、私にはよくわかる。彼は聖なる沈黙という懸け橋、つまり乗り物を、我々が容易に、しかも効果的に使うことができるかどうかを見きわめたかったのだ。我々が聖なる沈黙を通して、肉体と論理的な心を越えた世界にたどり着き、ほとんどの人がその人生において見失ってしまっている、その光り輝く実体を、自分の目でしっかりと見きわめることを願っていたのだ。さらに彼はリックと私が、何としてもこれらの世界と交信してみたいという思いを次第につのらせていくことを願い、そしてついに彼らと交信せざるを得ないというレベルまで、我々をはこんでくれていたのだった。リックも私も、これらの世界にたどり着くだけでは十分でないことを、自分で悟らなければならなかったし、もっともっと多くのことを、知らなければならなかったのだ。これらの世界と交信し、これらの世界を理解するにはどうすればいいのか、リックと私はグランドファーザーに何度も尋ねたが、そのたびに彼から返ってくる答えは、非常にあいまいでぼんやりとしたものだった。彼はただ簡単に、きみたちにはまだ準備ができていない、なぜなら、もしコミュニケーションの仕方を知ったとしても、はっきり理解することはできないからだと言うだけだった。はこばれてくる情報は理解不能で役に立たず、その結果、ただ我々を混乱させるだけになるというのだ。

私はグランドファーザーがしばしば口にするこうした世界とのコミュニケーションについて、あれこれ思いめぐらすようになった。その言語が言葉によるものでないとしたら、いったい、それはどういった類の言語になるのか。考え得る方法として、私はさまざまなかたちでの複雑なコミュニケーションのとり方をイメージしてみた。もしコミュニケーションが、踊りやチャント、歌、儀式、伝統、あるいは、ヴィジョン・クエストのような複雑な宗教的慣習など、そういったものを通して行われるとしたら、と考えてみたが、そこで再び、グランドファーザーがいつも言っているシンプリシティつまり、単純でなければならないということを思い出し、結局、これらの複雑なものはすべて失格となった。私は真剣に思いを巡らせたが、有用かつ納得のいくコミュニケーションのかたちを思いうかべることはできなかった。ひょっとすると、そのコミュニケーションのとり方があまりに単純であるために、私は完全にそれを見落としているのではないか。複雑化して交信しようとする、私自身の我欲に邪魔されているのではないか。私はそんなふうに考えはじめた。そして私はついに、この単純さというものの中に、答えがあるはずだという結論に達した。

なぜならグランドファーザーが、それはとても単純なもので、すべての人々に開かれたものだと言っていたからだ。

そしてある晩、焚火を囲んで座っていたときに、グランドファーザーはついに、我々がずっと考えてきたことについて、驚くほど単純な答えを明らかに示してくれたのだ。それがあまりにも単純なものだったため、気づかなかった自分がなさけなかった。彼は言った。

「人間の肉を越えたこれらの世界、すなわち、〝すべてのものに生けるスピリット〟精霊の島やスピリットの世界、そしてシャーマンの領域は、人間の話す言葉で我々に語りかけることはなく、心《ハート》の言葉でのみ語りかけてくる。これらの世界は、人間の言葉や論理的思考を知らないが、ただ、心《ハート》を通してのみ完璧に伝えられる言語で関わりを持ってくるのだ。まず、我々はこれらの世界に入り、そこで彼らがメッセージを発信してくるのを待たなければならない。そのときはあらゆる論理的思考を手放して、率直で純粋な気持ちで待たなければならない。なぜなら、我々がこれらのメッセージを理解する可能性を持ち得るのは、純粋な心、すなわちスピリチュアルな心を通して、それを試みるときだけなのだから」

私はグランドファーザーの言っていることを、はっきりと理解した。これらの世界とコミュニケーションをとり、その内容を理解するためには、我々はまず、その発信源となっている場所に行かなければならない。また、観念的な言葉といった論理的思考が、コミュニケーションを妨げることのない、静かな水、すなわち純粋なスピリチュアルな心の状態に我々自身がなっていなければならないということも理解できた。そもそも、自然とスピリットの声は、思考がざわめく論理的な心を通過することはないのだ。そうした論理的な心が引き起こす意識散漫は、真理を歪めるだけなのだ。だが、私の中にまだ疑問は残っていた。これらのコミュニケーションはどのようにして我々に届くのか、そして最終的にどうすれば我々はそれを理解できるのか。グランドファーザーはそのとき、口を開いた。

「人間世界でコミュニケーションをとるためには、我々は肉的な心《フィジカル・マインド》で聴いて理解しなければならないが、地球やスピリットの声を聴くときは、我々のスピリチュアルな心が持つ純粋さで聴かなければならない」

「でも」と、私はグランドファーザーに言った。「グランドファーザーがいつも言っていたけど、スピリチュアルな心や地球の声は人間の言葉を理解しないし、それを話すこともしないのでしょう？」

「そう、そのとおりだよ、グランドサン」と彼は言った。「彼らは我々にちがった言語で話しかけてくる。ずっと昔から知られてきた言語なのだが、今優位に立っている論理的な心によって牢獄に追いやられ、隠されてしまっている言語だ。論理的な心は今、現代人によって大切に育てられて肥大化しながら、神のように大事にされている。そうだよ、グランドサン、スピリットと自然が語る言語は、人間の言葉と同様に、パワフルで理解しやすいものだが、人間の言葉とは異なるかたちで我々に届くのだ」グランドファーザーは続けた。「それは、ヴィジョン（幻）、夢、サイン、シンボル、感情、感覚という言語だ。この言語が無視され、我々の内面の奥深くに埋められ、収監された状態にあるのは、論理的な心が優位に立っているからだ。スピリットと自然が伝えてくるこうした言語が浮上してくると、その瞬間に論理的な心が素早くそれを粉砕し、子供じみたたわごとと言わんばかりに退ける。そこで、この自然とスピリットが語る言語に、我々の論理的な心と同等のパワーと影響力を持たせるために、この言語をより浄化し、もう一度、我々の生活の中で優位に立つものに押しあげること、それが我々の探求《クエスト》となる」

グランドファーザーの言葉が、夜の静寂の中に吸い込まれるように消えていったとき、彼がスピリットと自然の語る言語として挙げた感覚というものについて、私は考えていた。そういった感覚に襲われても、取るに足らない子供じみたものとして片づけ、無視していたことがたびたびあったことも思い出した。私はさらに、あまりに多くの教師たちが、生徒たちの中にあるこうした深い内面から来る感覚を、まったく考慮に入れず無視していることも思い出した。そしてさらに、一般社会もまた、こうした内面からの声にはまったく信頼を置かず、その声に光をあてようとする人間を、可能な限り嘲笑するということも思い出した。そのとき私があらためて知ったことは、これらの声はまったく本物であり、現代人が唯一納得できるコミュニケーション手段として考えている言葉や概念よりも、ずっとパワフルなものでさえあるということだった。グランドファーザーは、これらのヴィジョン、夢、サイン、シンボル、感情、感覚は本物で、納得できるものであり、多くの場合、人間の言葉以上にパワフルで、真実を伝えることが多いと言っていたのだ。それを聞きながら、ある理由で私はとても気分が良かった。と言うのも、私はそれまで生きてきた中でずっと、「私の直観」と自分で呼んでいたものを、とても大事にしてきたため、教師たちや周囲の人々に、叱られたり嘲笑されたりすることが多かったのだ。グランドファーザーの言葉で、そういうときの私はまったく正しかったということがわかったのだった。

それから私は、私の父に起こったある出来事について思い出した。それは、「インナー・ヴィジョン」に従うことの大切さについて、私に証してくれているような出来事だった。私が幼かった頃、私の家庭はつつましく質素な生活をしていた。父は地元の家内工業型のクリーニング店で一日十六時間近く働いていた。一日中熱い機械のそばで働かねばならなかった父が、汗だくになったまま疲労困憊して帰宅する姿を私は覚えている。父の労働条件が長くきついものだったため、平日はめったに父の姿を見ることはなかった。せいぜい夕食の時間に戻ってくることがあっても、たいていは再び仕事に戻っていった。こうしたすべての重い労働に対して、その経済的見返りはあまりにも足らなかった。ときには何週間も賃金が未払いになったり、支払われたとしても、それはかろうじて、我々家族を貧困のレベルに落ちることから、わずかに持ちこたえさせる程度のものだった。子供だった私はただ単純に、こんなに働いていながら食べ物を手に入れるのが精いっぱいという、このあり方が理解できなかった。それに比べて、純粋なサバイバルは、まるでエデンの園で生活するようなのんきなものだったからだ。人はいったいどうしたら、原野の純粋さと単純さの中で生きることよりも、工場で働くことを選べるのか、私はそれが不思議でならなかった。

それはさておき、私は今、私の父と母が夕食のテーブルにつきながら、長時間にわたって、その当時の私には理解できない何かをめぐって、話し合っていたある夜のことを思い出している。父は母に、何かのビジネスをしている知り合いが、自分に共同経営の話を持ちかけてきたと言い、この共同経営権を得るためには、今持っているすべての金を投資し、おそらく、家も再抵当に入れることになると言った。私は父の話を聞いていた母の顔に深刻な表情が走るのを見た。たいていの人が、この新しいベンチャー・ビジネスはおそらく失敗すると思っていると父が言ったときには、母の表情の深刻さはさらに増した。それは、父がそのビジネスの共同経営に投資したら、すべてを失う可能性があるということを意味していたからだ。二人はこの件で言い争うことはなかったが、夜遅くまでずっと話し合っていた。母はこの話を受けたほうがいいとは決して思わず、父はこのチャンスを逃したくないと思っていた。こうして二人はどうしようもないジレンマに陥っていたのだ。

翌日の朝食時、父と母は共同経営権購入についての話し合いを再開した。そのときは二人とも、この話には大きなリスクを払うほどの価値はないだろう、なぜなら、そのビジネスは、失敗する可能性が高いからとのことで意見が一致した。ところがその日、父は仕事に出かける直前、母に向かって、自分はこの取引を断るが、自分の直観は、この新しいビジネスを受け入れなさいと言っているのだよという一言を発したのだった。「私の直観はそれを受け入れなさいと言っている」というその父の言葉を私ははっきり覚えていて、長い間それは頭に残っていた。グランドファーザーは「インナー・ヴィジョン」はどのように働くのかということについても我々に教えてくれたが、私はそれを知った立場で、あの日のことを振り返ってみて、父はあの日、共同経営の話を受け入れないという「インナー・ヴィジョン」も見ていたのだということがあらためてわかった。あとで知ったことだが、もし、父があの共同経営権を買っていたら、父は一年だけ働いて、残りの人生を引退生活でのんびり暮らすことになっていたはずだ。最後にその共同経営権を買った人はわずか数年で何百万ドルも稼いだのだ。

私がグランドファーザーにこの話をすると、彼は言った。「きみのお父さんのその直観は、彼がそれに従って行動しなかった一つのインナー・ヴィジョンだ。わかるかな、グランドサン、きみが住んでいる社会は、そういったものの考え方や感覚を許容しない。だれもがきみのお父さんに、その新しいビジネスはまずまちがいなく失敗するだろうから、その共同経営の話は受け入れるべきではないと言っていた。だが、お父さんの内面のどこか深いところで、これは一生に一度あるかないかのチャンスだということを知っていて、それは正しいことだと感じていた。彼が感じ取った直観は正しかったのだが、彼の論理的な心がそれを粉砕し、それを無視した。彼は自分の心に聴かずに論理的な心に聴いた。だがきみのお父さんは、自分の直観を本当の意味では信じることができなかったのだから、その意味で、彼は正しい決断をしたと言える。直観というものが信じられるためには、その直観は純粋なスピリチュアルな心からやって来なければならない。そうでないと、それは歪められ、何度も誤って解釈されるようになる。現代社会が直観を用いることを軽蔑する理由はそこにある。結局は、そういう直観はフィルターとしての論理的な心に信用されないということなのだ」

グランドファーザーはそのとき、我々に厳しく警告した。「インナー・ヴィジョンは自己の利益のために用いられてはならない。なぜならそれは、『スピリットの闇の領域』への一歩になるからだ。インナー・ヴィジョンは、自分の利益のからまない、自分以外のことに対してのみ用いられるものだ。きみたちは決して、自分の関係することがらに関して、インナー・ヴィジョンに答えを尋ねてみようなどと、考えることすらしてはいけない。インナー・ヴィジョンに尋ねてもいいのは、自分以外の人々や母なる地球を助けようとする場合に限られる。もしもスピリットの世界や、〝すべてのものに生けるスピリット〟の世界が、きみたちの個人的な恵みのために、きみたちと個人的レベルでコミュニケーションをとる必要がある場合は、これらの世界のほうからきみたちのところにやってくるはずなのだ。彼らはきみたちの個人的要望に応えてやってくることはできない。自己が入り込むと、コミュニケーションに明晰さが失われ、邪悪なる方向へと傾いていく可能性が生まれる。しかし、コミュニケーションが予期せぬときに突然、頼んでもいないのにやってきて、それが結果的にきみたちの益となる場合、それは善なるものだ」

これはその当時のリックと私にとって、とても難解な考え方だった。それならば、インナー・ヴィジョンを、いつ、どのようにして用いるのか、私にはまったく見当がつかなかった。もし、インナー・ヴィジョンによる言語を自分のために使うことができないというなら、どうやって学ぶことができるのか？　結局、すべての知識は、ヴィジョン、夢、サイン、シンボル、そして感覚というインナー・ヴィジョンのエッセンスをとおして得られるものではないのか？　知識の探求というのは実際、自分のために行うものではないのか？　私がそんなことを考えていたちょうどそのときだった。グランドファーザーはまるで私の考えを読んでいたように突然口を開いた。「インナー・ヴィジョンはわれわれの先生だ。我々が知識というものを見るとき、二通りの見方がある。その知識が自分のため、自分の優越感を保持するためだけに用いられる場合、それは悪い薬すなわち毒薬となり、その知識が、他に分け与えられ、他の人々を助けるために用いられるなら、それは良薬となる。後者の姿勢こそ、きみたちがインナー・ヴィジョンに尋ねるときに必要となる条件だ。こうして、きみたちの最終的な動機が、インナー・ヴィジョンのパワーを決定することになる」

コミュニケーションについての最初のレッスンは、私にとって非常に重要なものだった。なぜなら、その頃、私は肉を越えた世界に完全に入ることができるようになっていたからだ。コミュニケーションはヴィジョン、夢、サイン、シンボル、感覚、そして直観というインナー・ヴィジョンの言語をとおしてやってくることも理解できた。だが、私は困惑していた。なぜなら、これはあくまでも一方通行のように思えたからだ。これらの外側の世界は、我々に何らかのメッセージを発信することができるが、我々の側からこれらの世界に発信することができないのだ。我々はその世界にいて、彼らのメッセージを理解することはできる。だが、我々が彼らに伝えたいことを伝えることができない。私は自分たちがまだ答えの半分しか学んでいないことを知っていたが、同時に、グランドファーザーは我々がインナー・ヴィジョンをしっかりマスターするまで、それ以上は明らかにしてくれないことも知っていた。それが彼のやり方だったし、我々も準備ができるまで、それ以上のことを尋ねはしなかった。

9 パワーの変容

その後に続いた数か月の間、グランドファーザーはスピリットの世界について、それ以上は何も我々に教えてはくれなかった。ヒントすら与えてくれなかった。そうはせずに、彼は何かが起こるのを、外的なことがらではなく、我々の内面の奥深いところで何かが変わるのを待っているようだった。彼は我々が対処できる範囲を越えて教えることを、絶対に避けて慎重を期していたのだ。今思い返してみれば、その気持ちがよくわかる。我々がなんら制約を受けずに混乱もなく、次のステップに進むためには、インナー・ヴィジョンの秘密についても、自然とスピリットの世界が発するスピリチュアルな声を聴く方法についても、完全に理解し、さらにインナー・ヴィジョンとのコミュニケーションにも熟達していることが必要であり、グランドファーザーは、それをしっかりと確認したかったのだ。彼は我々がまず、自分の意識の中に明確な問いを持ち、答えを必要とする状態になるのを待っていた。我々自身がまだよく理解できていない事柄について答えを与えるのは、彼にとって無意味なことだったのだ。

そのあとの数か月間、リックと私はもっぱらインナー・ヴィジョンに取り組んでいた。我々が最初に気づいたことは、インナー・ヴィジョンによるいかなるコミュニケーションも、我々に届くためには、論理的肉的な心《ロジカル・フィジカル・マインド》を静めなければならないということだった。インナー・ヴィジョンは論理的な思考というフィルターを通過するものではないのだ。なぜなら、そもそも、インナー・ヴィジョンが実際に論理的な心に認識され受け取られたとしても、論理的な心はそのコミュニケーションを歪めるだけであるからだ。我々はまず、心《マインド》の純粋さ、すなわち思考が存在しないというその場所にたどり着こうとして悪戦苦闘した。それは何週間にも及ぶ闘いで、一時的にその純粋さを確保しても、また失うという繰り返しだった。我々はそもそも、グランドファーザーが頻繁に口にする純粋な心《マインド》というものが、いまひとつよくわかっていなかったのだ。グランドファーザーが我々に獲得してほしいと願っていたものを、本当の意味で私が理解したのは、私の二度目のヴィジョン・クエストの真っただ中においてだった。

私が二度目のヴィジョン・クエストの準備をしていたとき、グランドファーザーは私を座らせ、本当に準備すべきことは何かについて話してくれた。私はその数か月前に最初のヴィジョン・クエストを終えており、二度目の探求《クエスト》をとても楽しみにしていたのだが、その一方で、この二度目の探求《クエスト》から何も学べないまま終わるではないかという不安に駆られてもいた。私に関する限り、最初のヴィジョン・クエストは、グランドファーザーがしばしば口にする壮大なヴィジョンを私の前に示したわけでもなく、私はただ、ささやかで大切な洞察を得ただけだった。グランドファーザーは私の最初のヴィジョン・クエストは非常にパワフルだったと言ったが、私は同意したくない気持だった。本物のスピリチュアルな出会いがなかったからだ。グランドファーザーが壮大なヴィジョンは小さなものの中に現れると言っていたにもかかわらず、私が探し求めていたのは、文字どおりの壮大なヴィジョンだった。

グランドファーザーは私がヴィジョン・クエストに対してあまりに多くを期待しすぎていると言った。いかなる種類の期待も持たず、行く道に現れる多くの小さなことにまっすぐ開いていなさいと言ったのだ。私は彼の言うことを聞いてはいたが、自分の期待や恐れを手放すことを、どこかでかたくなに拒んでいた。私は壮大なヴィジョンを単純に期待していたが、同時に、二度目の探求《クエスト》が最初のものと非常に似たものになるのではないかという恐れも抱いていた。グランドファーザーは私が探求《クエスト》に出発する直前に、きみはいかなるヴィジョンも、大きいものであれ小さいものであれ、それを理解するためには、信念と「純粋な心」を持たなければならないと言った。私は彼が信念と言ったときに、何を意味しているのかはもちろんわかったが、「純粋な心」という言葉で何を意味しているのかはわからなかった。探求《クエスト》区域に向かって出発したとき、私はこの言葉はさほど重要なものとは思っていなかった。

探求《クエスト》区域で過ごした第一日目は生き地獄のようだった。時間というものが存在しないような世界で、まさに最初の探求《クエスト》とまったく同じ退屈と苦痛に引き戻され、最初の探求《クエスト》と二度目の探求《クエスト》が切れ目なく続いているように思えてきた。私はあっという間にすさまじい苛立ちと怒りでいっぱいになった。この探求《クエスト》の悲惨さが私のマインドをがんがんとたたき始めた。私は四六時中、引きあげるかとどまるかの二者択一に迫られた末に、ついに、ヴィジョンを得ようが得まいが、四日間だけ探求《クエスト》地域にとどまろうと決意した。どういうわけか、なんらかのかたちで、私は自分自身を罰したかったのだ。まるで二つのまったく異なる民族、二つの心《マインド》が私の体の中に住んでいるような感覚だった。一方が他方に、苦痛と否定をとおして大いなるレッスンを与えようとしていた。そのとき、私が理解できていなかったことは、存在の二つの側面、すなわち肉体とスピリットという二元性を、自分が識別し始めているということだった。

探求《クエスト》の二日目も、私の苦痛と挫折感は一向に弱まることなく、むしろ確実に深まり、悪化していた。ここにおいても私は二つの自己が存在するという感覚をますます強く感じとっていた。私の半分はこのヴィジョン・クエストにとどまりたくないと思っていて、もう半分はなんとしてもそこにとどまりたいと思っていることが、はっきりわかるようになった。ときどきその二つが私の中でまるで激論を交わすように、直接対決しているようにも感じられた。そうは言っても、いつも肉の自己のほうが強くて口も達者であり、もう一方のほうは、ただひたすらインナー・ヴィジョンのパワーを通して発信しているようだった。一方は、私にここを引き揚げなさいとがみがみ責めたて、もう一方は、ここにとどまって、探求《クエスト》を最後までやり通すことによって得られる心地よい感覚を送ってくるだけだった。この厳しい対立が私の選択を難しくした。だが、探求《クエスト》が進んで行くにつれ、とどまりたいという自己が次第に強くなってきて、もう一つの自己を弱めていくようになった。

二日目の午後遅くには、その場を引きあげたくなる発作の回数はだいぶ少なくなってはいたが、それでも私の中には自己不信の思いがつきまとい、退却についての問答が執拗に繰り返されていた。それまでほど強烈ではないにせよ、ひとたび自己不信の思いがマインドに忍び寄ってくると、私は再び、そこから立ち去りたいという、さらに強い思いに駆りたてられるのだった。すると、もう一方の自己が戻ってきて、自然の美しさと、探求《クエスト》のパワーと、そこにとどまって探求《クエスト》を完遂することの必要性をもって、私を圧倒するのだ。そうこうして二日目の夕方になり、私は再び考え始めた。この二日間、ヴィジョンの道においてはまったく何も与えられていないし、周囲のすべてのものに対するほんのかすかな洞察すら与えられていない。その事実について考え始めたのだ。私はそれから夕方の間ずっと通して、さらに夜更けまで、ここを去りたいという思いと再び闘っていた。この闘いは眠りの中まで続いた。

　三日目の朝、私は何かが起こるのを待つような、わくわくした不思議な感覚の中で目覚めた。だがそれも束の間、再び気の遠くなるような単調さが数時間も続くうちに、私はまたすべての希望を失い、前日の絶望的な感覚に引き戻された。だが、そのときだった。なぜか私はグランドファーザーが私の出発前に語ってくれたことすべてについて、真剣に思いをめぐらせ始めた。彼が私の最初のヴィジョン・クエストについて話してくれた内容や、私が持つ期待や信念についての忠告を思い出し、とくに、彼が言った「心《マインド》の純粋さ」について、深く考えこんだ。私はこの「心《マインド》の純粋さ」以外のことについては簡単に理解できた。私が持つ期待が、ヴィジョンの示す洞察の前に立ちはだかってしまうことや、信仰心や信念についてもよく理解できた。だが、グランドファーザーが、この純粋な心《マインド》という言葉で何を言いたかったのか、それが理解できなかった。純粋な心という概念は私の理解をはるかに超えていたが、とにかく重要なものにちがいないと私は感じ始めていた。

　私の頭の中は、純粋な心という概念と、それが明らかに重要なものにちがいないという考えでいっぱいになってきて、ヴィジョン・クエストのことはすっかり忘れてしまっていた。いつの間にか、絶景の中をぶらぶら歩き始めていて、自分が今どこに向かい、何をしているのかについてさえ、まったく頭になかった。ヴィジョン・クエストについてさえ何も考えず、ただ純粋な心について思いめぐらすことに完全に入り込んでいた。いまや、この純粋な心の重要性は疑いようもなかった。なぜなら、私はそれ以外のことについて何一つ考えることすらできなくなっていたからだ。ともかく、重要であるにしろないにしろ、それは私の頭をどんどんとたたき続け、他のことはいっさい考えさせてくれない。いつの間にか私は、我々のキャンプの泳ぎ場に近い、静かで小さな池のほとりに座っていた。私はそこに数時間座ったまま、純粋な心についてじっと考えていたのだが、何の答えも得られず、探求区域からさまよい出てきてしまっていることにさえ気づかなかった。

私は長い間、池の静かな水面をじっとのぞき込み、そこにくっきりと映し出された周囲の風景と空の完璧な映像を見て楽しんでいた。だがそのとき突然、かすかな風が吹いてきて水面を動かし、完璧だった映像を、ゆらゆらと揺らして無数の破片とし、しまいには粉々にして葬り去った。そこに残ったのは揺れて波立つ水面だけだった。そのとき私の頭に、どこからともなく「考えること」すなわち思考という言葉が浮かんできた。それはまるで、雷に打たれたような感覚だった。私はついに、グランドファーザーが純粋な心という言葉で何を意味していたのかを理解したのだ。純粋な心とは、自然が完璧に映し出される、静かな池の水面のようなものなのだ。明瞭さが失われるのは、論理的思考という風によって、その静かな水面が歪められるときだけだ。私は即座に悟った。この純粋な心こそ、グランドファーザーが我々に獲得してほしいと願っているものなのだ。なぜなら、大地やスピリットとのコミュニケーションは、純粋な心の静かな水面を通してのみ、混じり気なく純粋に、制約も分析もなく、実現するものであるからだ。

この啓示とも言うべき衝撃の発見の直後、私は探求《クエスト》区域から離れ出てしまっている自分に気がついた。急いでそこに戻る途中、私は区域を離れることで、探求《クエスト》に関する古代からの掟を破ってしまったことについて心配し、そのためにグランドファーザーか、あるいはスピリットたちに罰を与えられるのではないかと心配していた。だが、途方もなく偉大な答えを見出したという喜びが大きかったため、いつの間にかそれらのすべての心配や悩みの影は薄くなっていた。私にとってそれは、望み得るいかなるヴィジョンよりも偉大な贈り物だった。あまりにもパワフルなレッスンを受け、純粋な心が持つパワーについてのとてつもない理解に導かれたのだ。一刻も早くクエスト区域に戻り、たった今発見したことのもっとも深い意味と、それが生み出すものについて突きとめたかった。私はあまりに嬉しくて、文字どおり跳んで弾んで探求《クエスト》に戻っていった。

探求《クエスト》に戻って落ち着いた私は、自分に与えられたものについて、完璧に理解し始めた。私はすべてのスピリチュアルなコミュニケーションを、純粋で制約を受けないものにするのは、純粋な心のパワーであることを知った。そして論理的な心はそのコミュニケーションを妨げる障壁あるいはフィルターであることもわかった。論理的な心は、分析したり定義したり言語化したり、なんらかの説明を加えたりする必要が生じたときには必ず活発になり、純粋な心を無視し、牢獄に閉じ込めてしまうのだ。じっと座りながら、こうしたことを考えていた私は、自分の中にある二元性をより深く自覚し始め、純粋な心と論理的な心は、ほぼ二つに分離した存在であることを理解した。一方が活発なとき、他方は眠っているか、無視された状態にあるのだ。私はまた、論理的な心がなぜこんなにも優勢で、相手を抑え込む力を持っているのかについても、徐々にわかってきた。結局、社会が我々に大きく育ててほしいのは、この論理的な心のほうなのだ。こうして、甘やかされた子供のように、社会によって絶えず食べ物を与えられる論理的な心は、スピリチュアルな心を覆い隠し、窒息させていくのだ。

私がヴィジョン・クエストから戻ると、グランドファーザーは私が純粋さについてのヴィジョンを受け取ったことを、非常に喜んでいるようで、それは彼が心から待ち望んでいたことのようだった。その後の数週間、彼は私に問いかけることはせず、ただ、純粋な心についての深い意味と、その用い方について教えてくれた。私はこの純粋な心は歩いているときにも使えることに気がつき、ほどなくして、人と会話しているときでさえ使えることが分かってきた。日が経つにつれて、私の純粋な心はさらに強力なものとなり、さらに純粋なものとなった。そして私はますます、自分の中にまったく異なる二つの自己があり、二つの存在の場があり、確実に二つの心があることを実感していた。フィジカルな体と論理的な心は同時に存在するが、同じように、スピリチュアルな体とスピリチュアルな心も同時に存在していて、双方とも互いに平等な関係になりつつあった。グランドファーザーの教育における唯一の野望は、このスピリチュアルな存在を強化することにあるように見えた。

私はこの心の純粋さ、つまりグランドファーザーの言うスピリチュアルな心を堅持することによって、自然界やスピリットの世界との、より強くより純粋なコミュニケーションが実現できることもわかった。日が経つにつれて、私はこうした肉を越えた外側の世界からやってくる壮大なコミュニケーションを感知するだけでなく、もっとかすかでひそかな発信をも感知できるようになった。こうしたかすかなものでさえ、伝わり方はとても明瞭で伝えてくる内容は奥深いものだった。しばらくすると、私は自分の意識を思いのままに切り替えることができるようになった。私は肉的な心と肉的な体を通してものを見て、次の瞬間に、スピリチュアルな心とスピリチュアルな体を通してものを見ることができた。日ごとに、自己のデュアリティ、すなわち二元性の意識は、より強く、より明確に、より純粋になっていった。この心の浄化に伴って、インナー・ヴィジョンが、いかなる思考にも劣らない重要性を持つレベルまで強化された。

だが、日が経つにつれて、私は再び、自然とスピリットの世界とのコミュニケーションにおいて、無力感を味わうようになっていた。残念ながら、インナー・ヴィジョンが一方通行であることが明らかになってきたからだ。私はスピリットの呼ぶ声をはっきりと聴き、はっきりと感じとることはできたが、私のほうからその世界に話しかけることができないのだ。私には彼らに伝えたいことや尋ねたい質問もたくさんあった。そのため私は強烈な欲求不満状態に陥るようになった。グランドファーザーは私のそうした状況を知っていたにもかかわらず、私からの多くの質問にも答えてはくれず、ただ、私のスピリチュアルな心の純粋さをさらに深めることに専心していた。私は彼の意図を察知した。彼は先に進める前に、私があるレベルの純粋さに到達することを望んでいたのだ。心の純粋さは、私が初めに感じとっていたよりも、はるかに重要なものだった。私はあらためてそれに気づかされた。

そしてついにある朝、私がまったく予期していないときに、グランドファーザーは私を座らせて、肉体とスピリットの間のコミュニケーションについて話し始めた。彼は言った。「きみは聖なる沈黙のパワーについて学んだ。今きみは聖なる沈黙が自然とスピリットの世界への懸け橋あるいは出入口であることを理解している。聖なる沈黙は動的なものであり、身体を動かさずに座って行う静的なものではない。現代の宗教における瞑想は、それ自体が目的化した単なる最終結果となってしまっているが、それとはちがって、聖なる沈黙は自然とスピリットの世界という外側の世界への自由な通路だ。きみはこうしたことを理解している。さらにきみはインナー・ヴィジョンのパワーについても学んだ。インナー・ヴィジョンは、我々の見る夢、ヴィジョン、サイン、シンボル、感覚などをとおして、我々に発信してくる。聖なる沈黙とインナー・ヴィジョンを強化し、権能を与えるためには、きみ自身が純粋な場所から来ていなければならず、そのために、純粋な心、つまりスピリチュアルな心を用いなければならないことを、きみは理解している。

ここで私は、自然界やスピリットの世界に、きみの感覚や質問やその他の伝えたいことを、どのようにしてはこぶのかについて、きみに教えなければならない」とグランドファーザーは言い、私がいちばん聞きたかったことについて話し始めた。「我々は地球やスピリットとコミュニケーションをとる場合、インナー・ヴィジョンの言語の用い方と同じ方法を用いなければならない。自然とスピリットの世界は人間の言葉を理解せず、心《ハート》の言語のみを理解する。これらの世界が、インナー・ヴィジョンをとおして我々に発信してくるのと同じやり方で、我々は彼らに対して発信しなければならない。つまり、我々は彼らへの要求や質問や願望などを、ヴィジョンや夢やサインやシンボルや感覚という言語をとおして伝えなければならないのだ。これが、外側の世界に我々が伝えたいことを伝える唯一の方法だ。彼らはこれ以外のいかなる言語も理解しない」

私はグランドファーザーが話してくれた内容を考えれば考えるほど混乱し、消耗しきっていた。自然とスピリットの世界が、どのようにして我々に発信してくるのか、それについては私も完璧に理解していた。だが、いったいどうやって、ヴィジョンや夢やサインやシンボルや感覚を、彼らと同じようなダイナミックなやり方で用いることができるというのか。どうすればそんなことが可能になるのか。それは私の理解をはるかに超えていた。

そもそも、ヴィジョンや感覚は言葉を持たないのだから。ここまでですでに、私はこれらのものをどんなふうにすればコントロールできるのか、まったく見当もつかない状態にあった。このコンセプトはたしかに理解できた。だが、それを使いこなす具体的な方法はまったく見えてこない。また私はこのコンセプトに興奮を覚え、受け入れもしたが、同時に、それはとても複雑なものになるのではないかと感じていた。心《ハート》の言語というものを思い描くこともできなかった。そもそもヴィジョンなどというものは、我々のコントロールを遥かに超えたものとしか思えなかったのだ。

グランドファーザーはいつものように、私の次の質問を予期して言った。「きみはインナー・ヴィジョンについて学んでからずっと、自然とスピリットの世界とのコミュニケーションの問題に取り組み、奮闘してきた。これら外側の世界を見たり、その声を聴いたりすることはできるが、彼らと交信することができないということで、きみは欲求不満をつのらせ始めた。この欲求不満が複雑さを生んだ。なぜなら、きみは決して機能しないあらゆる方法を用いて、コミュニケーションを試みたからだ。その間ずっと、答えはきみの目の前に、はっきりとした単純なかたちで座っていた。きみはこうしたスピリットの領域が、きみに発信してくるその方法は理解していたが、これらの世界にきみからメッセージを発信するには、同じ方法で返さなければならないという事実を見落としていた。きみの混乱がさらなる複雑さを生み、結局きみを欲求不満へと追いやった」

グランドファーザーは話を続けた。「きみは肉的な心つまり論理的な心を敵とみなすようになり、そうすることで、この論理的な心が、スピリチュアルな心の持つ最高の純粋さときみとの間の障壁になることを許してしまった。きみはもう、論理的な心をそんなふうに見てはいけない。我々人間には論理的な心が必要なのだ。ただ、今日の人間が持つ問題は何かというと、論理的な心だけが社会の中で育てられ、理解されているということだ。そのために論理的な心は優位に立ち、スピリチュアルなものすべてを制圧する。それは論理的な心の責任ではない。社会がそのように仕向けているのだ。きみがはっきり理解すべきことは、論理的な心はきみのもっとも強力な敵であると同時に、もっとも強力な同志でもあるということだ。きみは純粋さを探し求めるときに、論理的な心を破壊しようとするが、そうではなく、ただ、それを脇に置いて、スピリチュアルな心に言葉を発する時間を与えるようにしなさい。そもそも、最初にきみをスピリットに関する事柄の探求に導いたのは、ほかならぬきみの論理的な心のパワーなのだ。きみの探求を開始したのは、きみの論理的な心なのだよ」

グランドファーザーは、自分の言葉がはっきりとしたかたちをとり、私の中に生じる質問が言葉になるまでしばらく間を置いてから、再び口を開いた。「さぁ、わかるかな、グランドサン、きみの論理的な心は、きみのスピリチュアルな心の邪魔をする場合に限って、きみの敵となるのだよ。我々は論理的な心つまり肉的な心のパワーを破壊したり小さくしたりすることを模索しているわけではなく、ただ、コントロールしようとしているだけなのだ。論理的な心は支配する立場に立ってはならず、ただ全体の一部に徹するべきなのだ。人間は肉体の部分とスピリットの部分から成る二元的存在だ。スピリチュアルな心と肉的な心が同等になるとき、我々が「聖なるワンネス」と呼ぶ状態が生まれる。そのとき我々は霊肉一体の存在となる。我々は肉体においてスピリットにおいて同時に歩き同時に理解する。それゆえに、我々はこの二つの心の一方を大事にして他方を破壊するのではなく、両者を対等な立場に立たすことに努めなければならない。また、スピリットの世界への発信を開始し、それを有効なものとするのも、我々の肉的な心のパワーなのだ」

長い時間がかかったが、ようやく、私の行くべき方向性についても、グランドファーザーが私に何を達成してほしいと願っているのかについても、鮮明になってきた。そのときまで私は、論理的な心は自分の敵であると思い込み、一歩進むごとにその敵と闘っていたのだ。私はなぜ自分が二つの別個の自己という感覚を持っていたのか理解できていなかった。その感覚は論理的な心の破壊から生み出されるはずもなく、スピリチュアルな心の光に照らされることによって生じていたものだったのだ。我々は論理的な心とスピリチュアルな心の同等性を実現するために、論理的な心をコントロールする術を身につけなければならないのだとグランドファーザーが言ったとき、私はとてつもなく大きな安心感に満たされた。それは自分がどこに向かっていくのかがはっきりわかったからでもあったが、それだけではなく、自分の論理的な心を鞭打って破壊する必要がなくなったからでもあった。それまでは、どんなに頑張っても、私は論理的な心を撃退することはできず、それが私の欲求不満の最大の原因となっていたからだ。少なくとも今は、論理的な心を大切な同志として用いることができる。

しかしながら、私は依然として、外側の世界とのコミュニケーションに関して、グランドファーザーがそれとなくほのめかすコンセプトについては、よく理解できていなかった。一つのヴィジョンが、どのようにして、論理的な心によって反転させられ、用いられて、最終的にスピリチュアルな世界や自然界に送られるのか、その点についての混乱がまだ残っていた。未解決のまま私に残されたのは、この問題についての情報だけだったが、この時点まで、グランドファーザーは、そのプロセスについて、それとなくほのめかすだけで、ほとんどこの問題を避けていた。私はグランドファーザーが話してくれた内容については、もちろん、しっかり理解していたが、彼はまちがいなく意図的に何かを省いていたのだ。その何かというのは、コミュニケーションをとる方法についてだった。そのときの私は、グランドファーザーはただ、我々が基本をしっかり理解したかどうかを確認したいだけなのだろうと思っていた。だが、それがわかっていても、私はこの問題に対する答えを渇望するあまり、またしても欲求不満に陥っていった。

再び、私が質問を発する前にグランドファーザーが話し出した。「きみのやっていることとは、現代人が何年もの長い間、行ってきたことの実例だ。きみには、すべての単純なものを複雑化し、見落とす傾向がある。きみが探している答えはとても単純なものだが、きみがあまりにがむしゃらにそれを見つけようとするため、かえって答えを見つけられないのだ。目覚めているときに見るヴィジョンや、夢、サイン、シンボル、感覚などをスピリットの世界とのコミュニケーションに用いる行為は、きみの想像力を用いるのと同じくらい単純なものだ。頭の中に絵を思い描くことができたら、その絵を鮮明でリアルなものにしなさい。実際にその絵の中にきみが存在しているかのようにリアルなものになると、そのとき、パワーが外側の世界、すなわち自然界とスピリットの世界に送られる。きみの頭の中の絵の鮮明なリアルさと絶対的信念が、その絵をスピリットの世界で機能させる。こうして、その絵は現実となる。フィジカルに現れるものは、まもなくスピリチュアルに現れ、スピリチュアルに現れるものは、まもなくフィジカルに現れるものなのだ」

私はあまりの衝撃で言葉を失った。すべてがあまりに単純だった。単純すぎたために、私はここ数か月もの間、ずっとそれを見落としていたのだ。頭に絵を描き、その絵をリアルなものであると信じるという、あまりの単純さ。これほどの単純さは信じがたいものだった。スピリットの世界や、〝すべてのものに生けるスピリット〟の世界との接触にはもっと多くの複雑さと苦労が伴うのだろうと、私ははじめからずっと思っていたのだ。唖然として口もきけない私の表情をグランドファーザーは見たにちがいなかった。私はまだ形を成していない質問を言葉にするのに四苦八苦しながら、ぶつぶつと何かをつぶやき始めていた。言葉らしきものはこぼれ出てきたが意味を成しておらず、私とグランドファーザーは二人して笑い出し、その笑いはしばらく止まらなかった。またしても私は、いつもの癖で、もっとも単純な問いを複雑化していたのだ。

二人の笑いがおさまったところで、グランドファーザーは再び話し始めた。「これはただ単純にきみの想像力を使ったり、きみの頭に絵を描いたりということではない。それをはるかに超えた大きな意味を持つものだ。きみはそうするようにインナー・ヴィジョンに導かれ、次に、自分の頭に描いたものは真実だとしっかりと疑わずに信じなければならない。頭に描かれる絵はインナー・ヴィジョンからの導きと指導に基づくものでなければならないのだ。そうすることで、きみは非常にリアルで鮮明な絵を描き出し、その絵の一部になる。その絵があまりにリアルであるために、きみはその中に存在することになるのだ。これはね、グランドサン、簡単に聞こえるかもしれないが、そういったイメージを生み出すためには多くの練習が必要となるのだよ。このイメージは多くの人にヴィジュアライゼーションつまり視覚化と呼ばれているが、この言葉は十分ではない。これはエンヴィジョニングつまり心象化と呼ばれるべきものだと私は思っている。なぜなら、エンヴィジョニングのみが、リアルなものになり得るからだ。現代人はエンヴィジョニングのスキルと、エンヴィジョニングに力を与えるために必要な絶対的信念つまり、絶対的に信じる心を失ってしまっている。だが、はるかな昔、エンヴィジョニングがあらゆる信仰や宗教の一部となっていた時期もあったのだ。

きみの頭の中にただ絵を描いてそれを見るだけでは十分とは言えないのだよ。それは現実世界の延長かと思えるほどの非常にリアルなものでなければならないが、それでもまだ十分とは言えない。きみがエンヴィジョニングの一部になるだけでは、それを自然やスピリットの世界に送信するために必要なパワーを持つことにはならず、肉の世界に何の変化ももたらさない。エンヴィジョニングを行えるようになるためには、何よりも、純粋なインナー・ヴィジョンに導かれなければならず、さらに、それを信じる絶対的な信念がなければそれは有効なものとはならないのだ。さらに、エンヴィジョンされたものは、純粋な心すなわちスピリチュアルな心によって送信されなければならない。何よりも大事なことは、きみがエンヴィジョンするものは、絶対に利己的なものであってはならず、全人類と地球にとって益となるものでなければならないということだ。同様に、きみは自分がエンヴィジョンし、肉の世界に顕現させたものを、決して自分の功績としてはならない。奇跡が起こるのは、きみのパワーによるのではなく、スピリットの世界のパワーによるのだ。きみ自体がそのパワーではなく、きみはそのパワーの懸け橋であり、器であるだけなのだから」

私はグランドファーザーが語る内容をはっきりと理解できた。エンヴィジョニングのパワーについて明確になると同時に、それは私が初めに思ったほど単純なものではなかった。また私は、複雑さというものがどこにあるのか、それもはっきり知ることができた。何かをエンヴィジョンするということは、インナー・ヴィジョンにそうすべく導かれたとしても、かなり難しいことだ。だがもっと難しいのは、絶対的信念だ。なぜなら、信念は地上世界においてもスピリットの世界においても、もっとも強烈な力を持つからだ。少なくとも、グランドファーザーが言う意味でのエンヴィジョニングを私が完成させるのは、何年も後になるだろうし、ましてや絶対的信念を獲得するにはさらにもっと長い年月を要するだろう。なぜ多くのスピリチュアルな世界の探求者たちが、この訓練を断念してきたのか、そのとき私ははっきり理解したのだ。こういった純粋さを獲得するためには、自己犠牲と、生涯をかけたコミットメントが必要となる。だが、少なくとも私は今、こうして出発点に立たせてもらったのだ。たとえどれだけ長くかかろうと、どれほど多くの失敗に遭遇しようと、私はこの探求《クエスト》に専念していこう。

私がこのようなことを考えながらグランドファーザーの言葉を書きとめていると、彼は再び口を開いて、こう結んだ。「安心しなさい、グランドサン。それほど長く困難な道ではない。最初の出発においてさえ奇跡は起こるのだ。複雑で難しいものにしようとするのは、人間の論理的な心なのだ。きみが複雑さを求めて必死になる自分を無視することさえできれば、この旅を一歩進むごとに、その単純さの中に奇跡を見ることになる。きみはどこか遠いゴールに到達するのを待つ必要はない。なぜなら、エンヴィジョニングと信念が持つパワーは、きみが一歩進むごとに、きみに現れることになるからだ。さあ行って、きみの探求《クエスト》を始めなさい。だが、常にそれを純粋でシンプルなものに保ちなさい」

第3部
道

いよいよ本章から、グランドファーザーの基本的な哲学とその教えについて述べていきたいと思う。これまでの章で私は、グランドファーザーがどのようにして、このシンプルで純粋な真理に到達したのか、さらに、彼がどのようにして、私にそれを教えてくれたのかについて述べてきた。私の願いは今、基本的な哲学コースで私が教えている内容を、ほぼ同じやり方で、読者諸氏に伝えることである。もちろん、私はあなたと直接顔を合わせて教える教え方のほうが好きだ。そのほうが、書物をとおすよりもずっと簡単であることを知っているからだ。だがそれでも、あなたが努力を惜しまず、シンプリシティ、すなわち単純であることから迷い出ることさえしなければ、あなたはしっかり学ぶことができる。ただ、単なる書かれた文字が、実際のクラスに取って代われるということはあり得ない。私がいちばん心配していることは、私が教える技術を習得した後に、あなたが何らかのかたちで、それを複雑化してしまう可能性があるということだ。複雑化すれば、あなたはグランドファーザーが長い年月をかけて単純化したものを台無しにしてしまうことになる。これはすべての人が手に入れられる単純なものだということをただ受け入れてほしい。すべての人が生まれながらにして持つ権利であり、創造主からの贈り物なのだ。

　これまで本書で述べてきた内容全体を振り返れば、結局は、ほんのわずかないくつかの真理に行き着くということがわかってくる。一つは、肉的な心《フィジカル・マインド》と肉体、スピリチュアルな心とスピリチュアルな体という真理である。人間は肉体の部分と同様にスピリットの部分を持つ二元的な存在であることを、グランドファーザーは教えてくれた。彼は肉体の世界で行われることはスピリットの世界でも行われ、スピリットの世界で行われることは肉体の世界でも行われると教え、肉的な心は我々の最大の敵であると同時に最高の同志でもあると念を押すことを忘れなかった。そもそも、スピリチュアルな心を覆い隠すのは、社会によって過度に鍛えられた肉的な心、すなわち肉の思いなのだ。グランドファーザーは肉的な心を破壊する道ではなく、この二つを同等な立場に戻す道を探求したのだ。我々がスピリットのパワーにつながろうとするときに助けてくれるのは、ほかならぬこの肉的な心なのである。

　グランドファーザーは、聖なる沈黙は世界のあらゆる宗教、哲学、信条体系の土台となるものであることを教えてくれた。人間がスピリチュアルな意識を持てるようになったのは瞑想を通してだったが、現代においては、瞑想は最終結果となってしまっている。グランドファーザーが「聖なる沈黙」という呼び方にこだわった瞑想は、自然やスピリットの意識との懸け橋、あるいはその世界への乗り物となるべきものである。それは肉体と肉的な心を退けて、自然やスピリットの世界とのコミュニケーションのチャンネルを開くものだ。グランドファーザーにとって瞑想は、何をしていても行える動的なものでなければならず、実際に役立つものでなければならなかった。スピリチュアルな探求者がどんな世界にでも自由に入っていける、純粋でシンプルなものでなければならなかったのだ。

インナー・ヴィジョンは自然やスピリットやさらには創造主なるグレイト・スピリットの声として、歴史上のある時期、世界のあらゆる宗教や信条体系に共通のものだったが、人間は肉的な心の複雑さのほうへとその関心を移し、インナー・ヴィジョンとの接触を失った。肉的な心はマインドの清らかな水を揺り動かしはじめ、自分が認識できないすべてのコミュニケーションを歪めてしまった。スピリチュアルな心を支配しようとする肉的な心の苦闘の中で、インナー・ヴィジョンは覆い隠され、多くの場合、社会そのものによって遠ざけられるようになった。人々はもはや、もっとも深いところから発せられる内なる声に耳を傾けず、むしろ論理的な心が大声でまくしたてる声の音量をさらに大きくした。インナー・ヴィジョンの声は、心《マインド》の水が静かなときにだけ聞こえるのだとグランドファーザーは教えてくれた。なぜなら、そこにスピリットの完璧なイメージが映し出されるからだと。

グランドファーザーは最後にエンヴィジョニングのパワーについて教えてくれた。インナー・ヴィジョンが自然とスピリットの声であるのに対して、エンヴィジョニングはこれらの世界に我々の願いや要望を伝えるために、我々の声を乗せる乗り物のようなものだと彼は言った。我々が発信したいことをエンヴィジョンするだけでは十分ではなく、その声にパワーを持たせるには、絶対的信念と、純粋な心《マインド》と、インナー・ヴィジョンの導きが必要であり、もっとも大事なことは、エンヴィジョニングを自分のために行ってはならず、すべてのもののために行うべきであると、彼は教えてくれた。エンヴィジョニングは歴史上、断続的にではあるが、万民に共有されていた時代もあったが、瞑想やインナー・ヴィジョンと同様に、これもまた、人間の肉の思いによって失われてしまったことを、グランドファーザーは明らかにした。

本書において、この後に続くのは、これらの純粋な真理に向かって歩む、シンプルでゆっくりとしたアプローチである。これらすべてを、ただシンプルに保つことさえできれば最高だ。また、こうしたエクササイズと技術の習得には、あなたと一緒に行う一人の友人がいてくれればとても素晴らしい助けになる。一人で行うのはかなりの困難を伴うが、あなたが勤勉であれば、それは可能だ。だが、共に行う友人の存在はあなたにフィードバックを提供し、非常に必要とされる立証システムを確立させてくれる。あなたが達成する成果について自由な議論が交わされ、それぞれが相手の成果の重要な一部となる。何より大切なことは、これらの教えは一つずつゆっくり実行してみることだ。急ぐ必要はない。

急ぐことはつらさのみを生み、ただつらいだけの行為は、それ自体が無意味なものとなってしまう。次に進む前に、それぞれのステップを確実に理解するようにしてほしい。あまりに多くのことを一度に抱え込むと、例のごとく、複雑化する危険があるからだ。

残念ながら、私はこれらのことを、グランドファーザーとまったく同じ方法であなたに教えることはできない。グランドファーザーと私が十年以上も一緒にいたという事実を思い出してほしい。たしかにグランドファーザーと私は時間的に有利な立場にいた。私が教えているクラスにおいても、時間という問題が出てくるため、グランドファーザーとまったく同じ方法で教えることは不可能だ。しかしながら、こうした時間の問題があっても、私が辿り着いた教え方の技術は、クラスで教えてきたほぼ十四年近い期間を通してずっと、誰にでもしっかりと機能し、通用している。グランドファーザーの教え方に似たこの教え方は、彼によって生み出されたものと同じ成果をもたらしているのだ。ただ一つ大きく変わったことと言えば、多くをあなた自身の練習に委ね、そこに大いなる信頼を置いているということである。地道な練習なしには、これらの教えはうまく機能しない。わたしはまた、あなたがこれらの練習を軽視することなく、開かれた心で取り組むことを期待している。これらの教えにおいては、固い信念が大きな要素となることを忘れないでほしい。

グランドファーザーがどのようにして、それを教えてくれたかのということについても、可能なかぎり、これからの章でも読者諸氏に伝えていきたい。そうすることで、私がどこでどのようにして、現代社会に生きる受講生に合う短縮したメソッドに辿り着いたのか、それについても理解していただけると思う。あなたはときどき、私のメソッドから、グランドファーザーのメソッドに変えてみたいとか、あるいは両方のメソッドを少しずつ用いたいと思うことがあるかもしれない。それがあなたにとって機能するなら、差し支えないと思う。ただ、両方のメソッドを用いてかまわないが、あなたの個人的な学習スタイルに合わせて修正を加えてはならない。これらのメソッドが生み出す強力で再生可能な成果は、あなたのコミュニケーションの力を証明する。そのことをしっかり覚えておいてほしい。私の哲学コースを卒業した数千人もの人々が示した成果によって、私はこれらの技術は機能し、まさに奇跡としか言いようのないものを生み出すことを知っている。あなたに必要とされるものは、信念とたゆまぬ練習だけなのだ。

10 聖なる沈黙

グランドファーザーは「瞑想」(メディテーション)という言葉を用いるのが好きではなかった。彼は今日の文脈で用いられる瞑想というものが、最初から最後まで、ほとんど体を動かさない静止した状態で行われていて、瞑想することそれ自体が最終結果つまり最終目的になっていると感じていた。彼は放浪の生活の中でさまざまに研究を重ねながら、人々が行う瞑想というものを観察したが、その大部分が、非常に制限された効果か、もしくはまったく効果の得られないものであることを知った。瞑想者はスピリチュアルな意識に導かれるが、そこまでが限度だった。実際、グランドファーザーが観察した限り、こうした瞑想は身体を動かしながら行う動的なものではなく、その大部分は瞑想者にゆっくりと横になるか座ることを求め、深いレベルの瞑想に入ると、瞑想者はほぼ昏睡状態に近くなるというものだった。だが、それでも、瞑想は世界の偉大な哲学や宗教において、何らかのかたちで用いられてきたものであり、グランドファーザーはその事実を積極的に認めていた。瞑想は共通の糸だったのだ。

グランドファーザーは自分の瞑想のメソッドを定義するにあたり、「聖なる沈黙」という言葉を用いた。彼は聖なる沈黙を瞑想の動的なかたちとして捉えており、行動しながら瞑想するため、日常の生活の中で行えるものとして考えていた。そもそも、座ったままのリラックスした状態でしか瞑想することができないとしたら、いったい何の役に立つだろう。聖なる沈黙は最終結果ではなく、我々を人間の外側の領域へとはこんでくれる乗り物であり、懸け橋なのだとグランドファーザーはよく言っていたが、これをスピリットの世界に入って行くために用いるだけでは十分ではないとも言っていた。リックと私はその世界で活動することも求められたのだ。聖なる沈黙は肉体とスピリットから成る二元性に我々を目覚めさせるものでもある。聖なる沈黙を行う人は、日々の活動の中で意識を変えることによって、肉的な感覚と肉的な心《フィジカル・マインド》で世界を見たあとに、スピリチュアルな感覚とスピリチュアルな心で世界を見るというようなことが自在にできるようになり、最終的に、この二つの世界を融合させ、その世界と「一つ」になる。

いわゆる瞑想と聖なる沈黙の間に大きな違いはないが、わずかでありながら明らかな違いと言えば、それは異なった方法で教えられるということだ。前者は非常に静的なものであり、後者は動的で、身体を動かしながら行い、日常生活に非常に役立つものだ。そういう理由で、聖なる沈黙へのアプローチも教育も瞑想のそれとは異なっている。聖なる沈黙も、最初は身体をやや静止して、リラックスした状態において始めるが、すぐに動的な瞑想へと入って行く。毎日練習することで、あなたは最初の二週間以内に、瞑想しながら動けるようになり、最終的には、瞑想を続けながら人と話したり、しっかり仕事をしたり、そういったことができるようになる。あなたはスピリットの世界に辿り着くばかりではなく、そこで活動することさえできるようになるのだ。

グランドファーザーの人間の島

　ここで私が最初にやるべきことは、グランドファーザーが「人間の島」という言葉で何を言いたかったのか、それを読者諸氏に明確に示すことだと思う。グランドファーザーは、人間の島は四つあると言った。「生ける死者たち」の世界は、今日の人類が閉じ込められている世界だ。そこは肉体と論理的思考の世界であり、ここでは肉のみが唯一の現実であり神である。現代人はこの肉の牢獄から脱出できずにいると彼は言った。それは脱出の方法を知らないからではなく、この世界が論理的肉的な心《ロジカル・フィジカル・マインド》にとって安心できる場所だからだ。グランドファーザーは大前提として、人間は二つのマインドすなわち肉的な心とスピリチュアルな心を持つ存在だと主張した。現代社会は肉的な心に絶えず食物を与え続け、スピリチュアルな心に対しては何もしないため、肉的な心が優勢になり、スピリチュアルな心はほとんど衰退してしまっている。また、肉的な心はいかなるパワーも諦めたくないため、スピリチュアルな思いがほんのかすかにでも出てこようものなら、それを粉砕して覆い隠すか、あるいは完全に無視するのだ。

そういうわけで、人間をこの「生ける死者たち」の地に閉じ込めているのは肉体と肉的な心なのである。人間はスピリチュアルな知恵を持たず指導も受けないため、この世界から脱出できずにいる。その上、スピリットの領域は、科学やテクノロジーを扱う現代用語で証明できるものではない。肉体と肉的な心を越えた世界は、信仰に基づく世界であり、肉的な心は信仰を知らない。なぜなら、肉的な心は、信仰を持つ前に証明を求めるからだ。このようにして人類は不滅のサイクルを創りあげた。なぜなら、証明が必要なところに信念は生まれないからだ。さらに、いまだに我々は社会全体として、スピリチュアルな心に対してまったく何もしていない。グランドファーザーは、現代の宗教はただ礼拝をするだけで、スピリチュアルな訓練は何もしていないと考えていた。人類は絶対的信仰を持ってスピリットの世界にアプローチできる状態となり、さらに加えてスピリチュアルな訓練を行わない限り、肉体と肉的な心の牢獄を脱出することは決してできないのだ。人間は常に、完全で大きな存在であることを切望しながら、現状は、今の自分をほんの少し広げることすらできずにいる。彼は肉の牢獄に住み、本当の意味ではまったく生きていないのだ。肉体というカプセルの中に閉じ込められ、肉的な心によって牢獄に収監されている。スピリットの世界やさらにその先の世界について、想像することはできても、決してそこへ行くことはできない。このように、この世界における人間の人生は著しく制限されていて息苦しく、恐ろしいほどに空虚だ。人間は人生とは何かという問いへの答えを渇望したまま取り残されている。自然のスピリットが持つ命の力とも断絶し、スピリットの世界とも断絶している。人生にはもっと何かがあるはずだと思いながら、それが何であるのか、どうすればそこへ辿り着けるのか、それも知らないまま、次第にその迷いからも冷めていく。その一方で、複雑な教義や多種多様な宗教的玩具の中にスピリチュアリティを見出すべく悪戦苦闘しながら、もはや機能しない宗教や哲学をとおして充実感を得ようとする人々もいる。そうした命がけの探求も、結局行き着く先は行き止まりの袋小路でしかない。人間は悲しみとむなしさの中で、肉的な心が永遠につかみ得ない、人間の外側に存在する広大な領域から切断される。

グランドファーザーは人間の肉の牢獄を越えた向こうにある世界を、〝すべてのものに生けるスピリット〟あるいは〝命の力〟の領域と呼んでいた。命の力の世界は、人間が本来いるべきところ、日々を生きるべき世界だと言い、我々は肉の世界を捨て、この、〝すべてのものに生けるスピリット〟の世界に永遠に生きなければならない、決して肉の牢獄に戻ってはいけないと言っていた。命の力の世界では、人間は肉体とスピリットの二元性をもって生きるようになり、より深い自己、無限のマインド、真の感情、真の望み、そしてもっとも深い記憶と直接コンタクトするようになる。ここで人間は躍動しつつ、あるべき本来のあり方で活動し、これがすべてと思っていた肉の世界の外側に存在する、広大な領域について理解する。人間はまた、この世界で、創造物である自然が持つスピリットや「スピリットの世界」と、リアルで躍動的な形で自由にコミュニケーションをとるようになる。この世界は人間が生まれながらにして持つ権利であり、はるかな昔、肉を崇拝する社会によって捨て去られた世界なのだ。

グランドファーザーは命の力の領域のさらに向こうに、彼が「スピリットの世界」と呼ぶ領域があると言っていた。我々が自分のスピリチュアルな相似者を見つけるのはこの世界だ。ここで我々は、かつてこの世に生きていたスピリチュアルな存在の「目に見えない永遠の知恵」に触れることができ、過去のすべての知識と、可能な未来のすべてを見つけ出す。時間も場所も肉体の限界も持たないこの世界で、我々は奇跡を起こせるようになり、その奇跡は肉の現実世界に顕現する。この世界で我々は、肉体や肉的な心によっては知り得ない知恵を得て、真理に近づく。ここにはいかなる限界も制約もない。人間のスピリットは、世俗的な意識散漫のもとのすべてを超越して空高く舞いあがり、その意識は霊肉すべてのものと結合する。ここで人間は自己の二元性を真に悟り、肉体とスピリットにおいて同時に歩き、二つの世界を等しく知る。

このスピリットの世界を越えたさらに向こうに、シャーマンの領域があるとグランドファーザーは言っていた。グランドファーザーによれば、シャーマンとは、自分の宗教を超越して、純粋でシンプルな悟りへの道を歩む人のことだ。シャーマンは不可能を知らない二元性を生きる人なのだ。常に肉体とスピリット両方の世界に生きている一人のシャーマンは、暗く長い肉のトンネルの先に見える一つの光だ。人間はこのシャーマンの領域で創造主に近づくことができる。人間が奇跡を創出し、肉の飾り衣装と肉の牢獄を乗り越えるのも、この世界においてなのだ。グランドファーザーは、この世界こそ、すべての人々がなんとしても生きるべき場所なのだと確信していた。彼にとって、この世界こそが究極の純粋さであり、真理だった。シャーマンはこの世界で、他の人々をこの道に導くきわめて重要な役割を担う。肉体とスピリットの二元性こそが、人生というものの躍動的な意味であると、グランドファーザーは確信していた。

これまで述べた四つの世界はベールで仕切られているが、聖なる沈黙はその幕を通過して、我々をこうした外側の世界にはこぶ懸け橋であり乗り物であるとグランドファーザーは言った。我々の肉的な心を脇において、純粋なスピリチュアルな心を出現させるもの、それがこの聖なる沈黙なのだ。また、肉体とスピリットの間のコミュニケーションを、純粋で制約を受けないものにするのも、この聖なる沈黙だ。こうした肉体を越えた世界でこそ、人間は霊肉あらゆるものとの完全なコミュニケーションの中で、真に人間らしく生きることができる。この世界ではもはや、人生はむなしく痛みに満ちたものではなく、悩みも争いもなく、肉に隷従することもない豊かで満ち足りたものとなる。聖なる沈黙があなたをはこんで行く世界はまさに、こうした肉体を越えた向こうにある島々だ。あなたがこれらの島々で、コミュニケーションをとり、活動する方法について非常にリアルに学ぶのも、この聖なる沈黙をとおしてなのだ。

ここで再び、信仰の問題になるが、信仰はこの地上においてもスピリットの世界においても、もっとも強烈な力だ。私がこうした肉を越えた世界についてあなたに説明するだけでは十分ではない。あなた自身がそれらの世界で生きてみなければならない。グランドファーザーはこれらの世界について、リックと私に詳細にわたって説明しながら、二人をそこへと導いてくれた。彼は私たち二人がこれらの世界で何を経験し、何を感じるかについて厳密に説明した後に、ちょうどあなたが自分でそれを見つけ出すように、最後はリックと私が自分自身でそれを見つけ出すことに委ねたのだ。私はこれらのことをあなたに証明することはできない。したがって、あなたは自分自身で自分に証明しなければならない。誰もあなたのために何かを証明することはできないし、誰もあなたに信念を付与することはできない。それは、自分自身が得る結果をとおして、あなた自身が決めることなのだ。こうして、あなたは自分自身の信条体系を築きあげていく。これらの世界の存在は、起こってくるいくつかの小さな奇跡の中であなたに証明され、ほどなくして、あなたはそれらの世界が現実のものであることを理解するようになる。これを覚えておいてほしい。

瞑想の四つの基本要素

あなたがもし、なんらかの哲学や宗教やその他の信条体系で行われているいくつかの瞑想について研究してみた場合、それらのすべてが四つの基本要素から成っているということにすぐ気がつくはずだ。グランドファーザーは、瞑想はなんらかのかたちで、すべての哲学や宗教に見られるものであり、どんなに隠れていても、すべての哲学と宗教を一つにつなぐ共通の真理だと言っていた。そもそも瞑想は、人間をフィジカルな意識から連れ出して、スピリチュアルな意識へと導き入れる乗り物なのだ。また、我々はこの瞑想の行い方の中に、瞑想の持つ偉大な真理が隠されているだけではなく、なぜこれほど多くの宗教や哲学が互いに異なっているのかということについての根本理由をも見出すことができる。それぞれの宗教が互いに異なっている理由は、スピリチュアルな意識に到達しようとするその方法の違いの中にあるのだ。ただ、瞑想を助けるツールとして用いられるものは、あくまでも一定のかたちを保っている。

瞑想の第一の基本要素は、リラクゼーションつまりくつろぎである。瞑想の旅に出発できるようになるためには、まずリラックスした状態つまり緊張がほぐれた状態になる必要がある。体が疲労しきっていたり、固くなりすぎていたりすると、瞑想はうまくいかない。体がリラックスしていなければ、かなり大きな意識の散漫を生み出し、それが乗り越えるべき障壁となる。

瞑想の第二の要素は、心地よさだ。不快感による意識散漫を防ぐため、瞑想においてはリラクゼーションと同様に、体を心地よい状態の中に置かなければならない。現代における一般的な考え方は、この心地よさとリラクゼーションは、できる限り動かず、座った姿勢で獲得すべきものだと主張する。多くの人が、瞑想するにはゆったりと横になったり座ったりしなければならないと信じている。私はこの考え方には賛成できない。なぜなら、リラクゼーションと心地よさは、人それぞれが何を信じるかによって異なるものであるからだ。私は話したり歩いたり趣味に興じたり、あるいはその他さまざまな活動をしているときに心地よさを感じる。私は心地よさとリラクゼーションについて、さまざまな方法で考察してきた。意識もうろうとしながら、ただ座ったり横になったりするだけで、これらを手にすることは私にはできなかった。

心《マインド》と体のコントロールに関する私の主要な論点は、瞑想のこの最初の二つの要素、つまり、心地よさとリラクゼーションについてである。心は控えめに言っても恐ろしいほどに強烈なツールだ。心の力は、選択と信仰に連結されることによって、いかなる現実でも創り出せる。「あなたはあなたの食べるものによって作られる」ということわざをよく聞くが、「あなたはあなたの考えることで作られる」と私は信じている。「いかなる状況も心の持ち方次第で天国にもなるし、生き地獄にもなる」とか、「ある人にとっての天国は、他の人にとっての地獄である」などという言葉を我々はよく耳にする。このマインドのパワーが、日々刻々と日常のあらゆる状況において、人々の中に働いているのを私はよく目にする。焼けつくような暑さと湿気と群がるハエと傾いた椅子。その厳しい状況の中で、私の生徒の一人が一心不乱に勉強に没頭している。そのすぐ隣で、もう一人の生徒が、悲惨な顔でぶつぶつ不平をもらしながら、群がるハエと格闘している。こういった光景を私は観察するのだ。同じ場所、同じ状況にありながら、二人の選択はあまりに遠くかけ離れている。

このように、ある人が惨めで不快できついと感じる状況を、我々に乗り越えさせるのは、ボディ・コントロールなのだ。我々は選択と信仰と心のパワーによって、その環境の良し悪しにかかわらず、すべてではないにせよ、ほとんどあらゆる状況下で、瞑想を行うことができる。選択は我々に委ねられている。心と体をコントロールする術を学ぶことによって、我々はたいていの人が瞑想の意識に入れなくなるような難しい状況であっても、それを超越することができるのだ。リラクゼーションと心地よさは、信仰と選択に基づくものであるから、相対的で主観的なものとなる。多くの哲学や宗教や信条体系において、ある程度リラックスした心地よい状態の中で礼拝が行われるのはそのためだ。人が氷河の上に裸で座ったり、熱い石炭の上を裸足で歩いたり、その他さまざまな故意に考案された困難な状況下で、自分の能力を証明するのは、自分が肉体という衣を超越したことを示したいときだけである。これらは極端すぎる例であるため、当然ながらほとんどの人は、こうした能力の獲得は不可能と信じている。

瞑想に必要な三つ目の要素は、受け身の姿勢、あるいは人々が受け身であると捉える姿勢だ。基本的にこの受け身の姿勢は、人が雑念などの意識散漫のもとを超越しようとするときに用いられる。これまでも述べてきたが、これは、その受け身の姿勢自体によって、意識散漫のもとを無効にしてしまうという直接的な行為だ。したがって、受け身の姿勢とは、挑むことなく、闘わずして意識散漫のもとが通り過ぎるに任せるという姿勢のことである。たとえば、ある人が瞑想を始めたが、雑念が頭の中に入り込んできて、その人を瞑想の焦点からずらそうとする場合について考えてみよう。もし彼が、その雑念にパワーを与え、それを頭から力づくで追い出そうとすると、雑念はそのパワーを得て、除去するのがかえって難しくなる。逆に、彼がその雑念をそのまま認識し、無抵抗のまま頭の中からはこび去られるのを待てば、それは意識散漫のもととしてのパワーを失い、消滅する。こうして受け身の姿勢は、精神的、身体的、環境的、あらゆる意識散漫のもとに打ち勝つために、頻繁に用いられるものである。

しかしながら、この受け身のアプローチが、必ずしもいつも機能するとは限らないことに私はあるとき気がついた。だが、グランドファーザーはすかさず、こうした意識散漫のもとに打ち勝つ方法はいくつかあると教えてくれた。彼は「意識散漫のデーモン」に打ち勝つ方法は三つあると言い、真っ先に挙げたのは、その意識散漫のもとが過ぎ去るのを待つという受け身の姿勢だった。次に、それを直視し、確認し、自分自身の弱さについて気づくことによって、それを受け入れなければならないときもあると言い、また、それを容赦ない攻撃で撃退しなければならないときもあると言った。また、この意識散漫のもとを、肉的な心から上手に除去するために、この三つの方法すべてを用いなければならないこともあると彼はつけ加えた。彼はこの意識散漫のもととの闘い自体が意識散漫のもとになるのを決して許してはならないと警告した。私は心地よさとリラクゼーションという二つの要素が確保されているとき、この意識散漫のもとは、心《マインド》からやって来ることに気がついた。その一方で、瞑想が活動的な状態で行われるほど、意識散漫のもとはそのまま正面から直視され、コントロールされるようになることにも気がついた。

意識散漫のもとに打ち勝つための受け身の姿勢でのアプローチは、ほとんどの場合うまくいくことを私は確認済みだった。だが、それでもときどき、現実であれ想像であれ、恐怖に直面したときに、私はこの意識散漫のもとに立ち向かわなければならなくなる。こうした恐怖のような意識散漫のもとに直面している場合は、受け身の姿勢では対応できないのだ。なぜなら、その正体を確認しなければならず、その上で、それに立ち向かい、対決しなければならないからだ。外部からの強大な意識散漫のもとに対処する場合は、容赦ない攻撃で撃退しなければならない。こういったケースにおいては、これが唯一の機能し得るアプローチであるため、この攻撃は、受け身の姿勢の原理にはあてはまらない。特に、厳しい状況に対処していて、生存がかかっているような場合は攻撃的な闘いが必要となる。だが、この攻撃的闘いはめったに用いられないものだ。

瞑想の最後の要素は、「集中のポイント」である。グランドファーザーは年老いた賢者、ジーに出会い、彼から「髪の毛」の話を聞いたが、この「髪の毛」は集中ポイントを別の言葉で表したものだ。男が自分の巻き毛の一本を鬼に渡して、それをまっすぐにしてほしいと頼んだとき、鬼は男に支配された。これらの「髪の毛」つまり集中ポイントが、世界のあらゆる宗教や哲学や信条体系における主な相違点となっている。世界中に、この髪の毛、つまり集中ポイントとなるものが、各種さまざまなかたちで、たとえば、歌やチャント、ドラミング、音楽、儀式、慣習、伝統、宗教的な装飾物、水晶、その他数えきれないものとなって存在している。礼拝の場所に行くという行為さえ、実は集中ポイントになる。なぜなら、それぞれの信仰や宗教や信条や哲学に、集中ポイントが存在しているからだ。同じ信仰に従っているように見える宗教の内部においてさえ、集中ポイントはかなり異なっている。

グランドファーザーが私とリックに望んでいたことは、すべての外的な集中ポイントを超えることだった。こういった集中ポイントはすべて、人間を制約する松葉づえであり、人間はこの松葉づえ、すなわち宗教的玩具なしに、スピリチュアルな意識に到達することができなくなってしまっていると彼は考えていた。人間が肉の中に閉じ込められる度合いが強くなればなるほど、その集中ポイントは複雑化していった。また、現代人は、一つの宗教の集中ポイントを他の宗教の集中ポイントと統合することで、さらに複雑なものにしている。人間は本来、スピリチュアルな覚醒に向かう純粋な道を歩むために、自分の宗教を含めた、あらゆる外的な集中ポイントを超越しなければならないのだ。真理の道を探しながら、より簡単なメソッドを求めて、一つの宗教から他の宗教へと渡り歩く人もいる。そうしながら彼は、山の頂上に向かわず、何度も出発しては途中で断念し、また出直すということを繰り返すのだ。こうして彼は永遠に山の麓にとどまる。多くの場合、集中ポイント自体が宗教そのものになっているのだ。悲しいことに現代人は、創造主を信じ、創造主に礼拝を捧げるというよりも、自分の宗教の指導者を信じ、その教義を崇拝しているというのが明らかな現実になってきている。

グランドファーザーは我々に教えるときに、初めのうちは、聖なる沈黙に導くのにやや静的なアプローチを用いたが、その外的な集中ポイントはすぐに、内的な集中ポイントに切り替えられ、その後まったく用いられることはなかった。彼の考えによれば、人間は裸でこの世に生まれ出たのであるから、そのままの姿で何も持たずに、スピリットの世界と創造主に近づくべきだと言うのだ。創造物の大聖堂である純粋な自然の中に置かれた人間は、もはや何も必要としない。その他のものはやがてすぐ、自分を制約する松葉づえになってしまう。だが、それでもグランドファーザーは、リックと私の出発のときには、その印として、なんらかの松葉づえが必要であることもよく承知していたのだ。だが、この松葉づえ、この集中ポイントは、当然ながらすぐ壊され、脱ぎ捨てられなければならないものだ。最良の松葉づえは、我々の最大の敵であり最高の同志でもある我々自身のマインドによって開発される。それが、グランドファーザーのやり方だった。

聖なる沈黙への旅

グランドファーザーが「聖なる沈黙」という懸け橋の用い方を我々に教え始めたとき、彼は集中ポイントを最小限に保った。まず、リックと私を川の畔の苔で覆われた土手に横たわらせ、どうすべきかを指示しながら軽く太鼓をたたき始める。こうして彼は聖なる沈黙の旅に我々を送り出すたびに太鼓を用いたが、その都度、異なるリズムでドラミングをすることが多く、同じリズムを用いることはめったになかった。彼はまた、このドラミングを繰り返すことによって、それが集中ポイントになることを嫌い、わずかな期間ドラミングを用いたが、やがてこれを完全にやめた。我々は補助的な集中ポイントとして、川の流れや風の音を音楽として用いるようになったが、やがて、こうした自然の風景や音までが、もっと内面的な集中ポイントに取って代わられるようになった。間もなく、我々が用いる唯一の集中ポイントはすべて、外的なものにはまったく依存しない、我々自身のマインドの中にあるものに限られてきた。そして最終的には、我々のマインドの中にある集中ポイントさえも捨てられて、我々は純粋な聖なる沈黙に到達するために何も必要としなくなった。

グランドファーザーが我々に横になったまま瞑想に入るかたちをとらせたのは、ごく短い期間だった。横になったり座ったりする姿勢は、静止した状態で行う実用性のない瞑想のかたちを生む。我々はまず横たわる姿勢で始めたが、数週間後には座った姿勢で聖なる沈黙に入ることができるようになり、能力が高まるにつれて、歩きながら、最終的には走りながらでも瞑想できるようになった。こうしてついにリックと私は、何をしていようと、周囲の環境がどうあろうと、瞬間的に瞑想に入れるようになった。グランドファーザーは静的な瞑想そのものが悪いと言っていたのではなく、ただそれは部分的なものでしかないと言っていたのだ。深刻にスピリチュアルな内省をするような折には、静的な瞑想をしなければならない場合もあるが、最終的にはどんな活動をしながらでも同じ結果を得ることができなければならないというのが彼の信念だった。静止して行う瞑想の良し悪しを言っているのではなく、これはただ、全体の一部にすぎないと言っていたのだ。

聖なる沈黙に入るとき

これから述べるテクニックは、意欲のあるパートナー、できれば同じようにスピリチュアルな覚醒への道を探究している人と一緒に行うのがベストである。一方が瞑想をとおしてもう一方を導く間、その導かれるほうは瞑想において活発になる。次に役割を交代する。このテクニックに一人でアプローチするのはやや難しく、少しだけ異なったテクニックが必要となる。また、最初に聖なる沈黙を導く側に立つ人は、相手の瞑想の助けとなる集中ポイントの一部になる。このようにして、パートナーが導くかけ声により、瞑想者のマインドは目前のやるべきことから迷い出ることがなくなる。しかしながら、できるだけ早く、瞑想者が頼りとするこの集中ポイントは捨てられ、やがて瞑想者自身のマインドの中の集中ポイントに取って代わられる必要がある。これがなされないと、パートナーの声が、彼の瞑想における「髪の毛」となってしまう。

聖なる沈黙エクササイズの最初の段階においては、心地よい平面に横になるのがベストだ。これはやがてすぐ中止されるが、もっと活動的な瞑想のかたちを獲得するまでの最初の段階では必要なのだ。また、あらゆる雑音を遮断するなんらかの背景音も役に立つ。自然の音や、グランドファーザーがリックと私に用いた軽いドラミングの音を、用いてみたいとあなたは思うかもしれないが、最初は軽めのニューエイジ系の音楽が役に立つと私は思っている。練習の初めの段階では、これがより良い結果を生むということに、私は気がついたのだ。我々は皆、意識散漫のもと、気を散らすものに満ちた世界から来ているため、最初のうちはより強烈なバックミュージックが必要なのだ。気持ちを落ち着かせる雰囲気を持つニューエイジ系のものが私のお勧めだ。私は瞑想を導く初期の段階では、喜多郎の音楽をときどき用いる。だがこうしたバックミュージックも、瞑想者が聖なる沈黙においてより強くなり、より自信を得てくれば、軽いドラミングに変え、自然が奏でる音に変えて、これらもまた、やがて捨てなければならない。そうしなければ、それが髪の毛すなわち松葉づえになってしまうからだ。

この最初の段階で瞑想者がやるべきことは、ただゆったりと体を横たえて、パートナーが行う瞑想への導きに委ねるだけである。このときは、手や足を組まずに、ただゆったりと体を広げたまま横たわることが大切だ。この姿勢をとると腰が痛む傾向のある人は、腰にかかるストレスを緩和するために、膝の下に小さな枕を置いて膝を高くするといい。瞑想に入ると、新陳代謝が緩慢になり、寒さを感じるようになる。これに気づくことも大事なことだ。軽い毛布で体全体を覆うといいだろう。そうすることで初めのうちはやや暖かくなったと感じる。だが、それでも、身体はどんどん冷えてくることにあなたは気づくはずだ。心と体のコントロールの仕方を学び、思いのままに身体を温めて新陳代謝の活発化を促す、そういうことを可能にするために、これに気づくことがとても大切なのだ。また、静かな場所、言い換えれば、あらゆる外的な意識散漫のもとから遠ざけられた場所を選ばなければならない。私はこの静けさを確保するために、最初のいくつかの瞑想を生徒に指導する際には、講義ホールを瞑想の環境として用いている。だが、これらの制約もすべて、いずれ取り払われる。

この最初のいくつかの瞑想において、あなたを導くのがあなたのパートナーの役割だ。ここではあなたのパートナーをガイドと呼ぶが、そのガイドは、穏やかな低い声で導き、声を発しないときは可能な限り静かにしていなければならない。音楽やドラミングを用いながら、何を達成しようとしているのかについてもしっかりと理解しつつ、聖なる沈黙の瞑想へとあなたを導き入れ、さらに導き出すのがあなたのガイドの役割である。聖なる沈黙について学習するこの第一段階において、ガイドはもっとも重要な存在であり、瞑想者が聖なる沈黙を自分のものとして獲得できるまで、その存在の重要さは変わらない。私の生徒の進展状況を観察すると、聖なる沈黙はどこで行っても、三回から五回ほどの練習で達成できている。ただ、中にはガイドを必要としない人もいるし、その一方で、多くの練習においてガイドを必要とする人もいる。我々はそれぞれが異なっているということを忘れてはならない。あなたがどれだけ長い期間、ガイドを必要としたとしても、最終的には皆同じ場所にたどり着くのだ。また、人によって得意なことと不得意なことは異なるのだと言うことも忘れてはならない。ある人は簡単だと思い、別な人はやや難しいと感じるというふうに、一人一人、感じ方も異なっている。あなたの心《マインド》の中に存在するあまりにおなじみの批評家を追い出してしまいなさい。

瞑想者は心地よくリラックスした状態で横になり、バックには静かなドラミングか音楽を流して、ガイドは旅を開始する。ここでの集中ポイントは呼吸から始まる。なぜなら、呼吸は瞑想の「トリガー」つまり引き金を形成するのに役立つからだ。このトリガーについては後ほど説明する。ガイドは瞑想者に対して、自分の呼吸に完全に集中するよう指示する。胸が上下するのを感じとり、息の流れが肺に入り肺を出て唇を通過するのを感じとるようにと指示する。瞑想者が呼吸に集中する一分近くの間、ガイドは沈黙を守らなければならない。ここで気をつけるべきことは、ガイドはあまり出発を急いではならないということだ。そうしないと、瞑想者が呼吸に集中できなくなるからだ。その一方で、ガイドはこの間一分以上を許してはならない。なぜなら、時間が延長されると、瞑想者の心は呼吸に集中することを忘れてどこかにさまよい出てしまうからだ。

さて、いよいよ「コマンド・ブレス」つまり指揮呼吸だ。このシーケンス（連続実習）は、ガイドが瞑想者にそのやり方を指示しながら始まる。瞑想者は深く息を吸ってそれを止めた後、ガイドの指揮によって完全に息を吐ききる。ガイドは瞑想者に、次のコマンド・ブレスで、すべての意識散漫のもとや緊張や不安などをその息に集中させ、息と一緒に吐き出さなければならないと伝える。肺から出ていく空気に乗せてすべてが流れ出るようにするのだ。このコマンド・ブレスをさらに二回から四回行う。瞑想者は毎回、すべての意識散漫のもとが、息を吐くたびに心と体の中から出て行くところをイメージし、かつ信じなければならない。聖なる沈黙の堅固な土台を築くためだけではなく、焦点をずらさないためにも、こうした各エクササイズに全神経を集中させなければならないことを、瞑想者がしっかりと自覚していることが大切である。ここでの完全な集中ポイントは、呼吸と、それに続く意識散漫のもとの放出である。

次に、ガイドは瞑想者を「完全なボディ・リラクゼーション」のシーケンスに導く。ここでは体の各部位はそれぞれ独立しているものと捉える。号令をかけながら、ガイドは瞑想者に、深く息を吸い込んだまま筋肉を収縮させ、指定する体の部分を堅くするように指示する。次に、息を吐きながら収縮を解くように指示する。それから再び筋肉を収縮させ、それをあらゆる意識散漫のもとと結びつけて、呼気と共に一気に吐き出すよう指示する。この瞑想シーケンスは、別の部位が指示されるまで一つの部位への集中を解かないままで、体を深くリラックスさせる。瞑想者は急いで先に進もうとせず、ガイドの指示に従わなければならない。私はこのリラクゼーション・シーケンスを、足、足首、むこうずね、ふくらはぎ、これらの四つの部位を一つの部位として行う。次に、もも、でん部、下腹部、これら三つを一つとして行い、それから、上腹部、背中、胸、これを一つとする。次に、肩、二の腕、前腕、手、これらを同様に一つとし、最後に、頭と首と顔を一つとする。こうして体のすべての部位に、緊張させては緩めるというプロセスを連続して行った後、私は瞑想者に深く息を吸って止めて、最後は全身を緊張させるように伝える。ここで、息を吐くように、あるいはすべてを緩めるようにとの指令が下ると、体全体が深いリラクゼーションに包まれる。

このように体のある部位を、断続的に緊張させては緩めるという作業は、一気に息を吐くことと併せて連続して行うと、多くのことを達成する。第一に、瞑想者の意識の焦点、つまり集中ポイントを、自分自身の体に向かわせる。第二に、体を緊張させて筋肉を堅くした後にその緊張を一気に解くと、体は深い肉的なリラクゼーションの状態に達する。第三に、つまり最後になるが、瞑想者はコマンド・ブレスを用いてリラックスする訓練を自ら行うことになる。この瞑想において瞑想者は、地面や床やその他横たわっている面から、体のどの部分も浮かせてはならないということも重要だ。なぜなら、緊張が解かれると、体のその部分は地面や床を打ち、瞑想を中断させることになりかねないからだ。また、すべての緊張を手放し、完全にリラックスした状態に委ねて、ともかくその緊張と闘わないことも大切だ。体の中で首の部分が、もっともリラックスさせにくいと感じる人もいるかもしれない。こうしたリラックスさせにくい部位に対しては、このプロセスを繰り返せばよい。

ここでガイドは「白い光のイメージ」シーケンスに進む。このプロセスは、集中ポイントを、体の一部を緊張させた後に一定の呼吸をするというフィジカルな行動から、もっと内面的なものへと移動させる。ガイドは瞑想者に、空から降りてくる純白の光の柱をイメージしなさいと伝える。（この瞑想の間はずっと目を閉じたままであることを忘れないように）ガイドは次に、その光がつま先から入ってきて、彼を温め、和らげ、くつろがせ、癒やすのを感じなさいと伝えながら、シーケンスの間ずっとこの光を指揮する。その光はつま先から、足、足首、むこうずねとふくらはぎ、ひざ、もも、でん部、下腹部を満たしながら進んでいく。ガイドは光が瞑想者の体を下から上へと移動する間、それに合わせて、和らげる、くつろがす、温める、癒やす、という言葉を繰り返すことが大切だ。瞑想者は光とその光が持つ癒やしなどの特性に全神経を集中させながら、そのプロセス一つ一つに没頭しなければならない。

光はその後、胴の部分と背中、胸や上腹部を満たしていく。次にガイドは、光が肩を過ぎ、腕から手へと降りるように導く。さらに光は、首から頭、顔へと進む。そしてついに、全身がこの光に満たされたとき、光は肉体の要素を超えて外へと広がり、瞑想者の全身をすっぽりと包む。瞑想者は満ち足りた温かさとくつろぎをイメージするだけではなく、深い安心感とやすらぎに満たされていることを実感しなければならない。このシーケンスが達成するものは、集中ポイントをあらゆるフィジカルな行動からさらに内面的なものへと移すことである。これは、瞑想者がイメージの中の光によって、自分の体の各部位をさらにリラックスさせながら、さらに意識をそこに集中させることに役立つ。これもまた、安心感と深いやすらぎを生み出すものである。

次にガイドは瞑想者を、体の「姿勢」シーケンスに集中させなければならない。ガイドは瞑想者に、自分の体がどのように横たわっているか、手足や頭やその他、体の各部分の位置はどうなっているか、それについて全面的に集中するよう指示する。体の姿勢に集中する時間は一分以上許してはならない。

次に、ガイドは「重力」シーケンスに進む。ガイドは瞑想者に、重力によって地球に引っ張られている体の重さを感じるように求める。瞑想者は自分の体のすべての部分が、まるでそれを支えている骨格それ自体がなくなったように重いという、そういう感覚をイメージし、感じ取る。瞑想のこの部分は、集中をさらに内部深くに移動させ、体をさらにリラックスさせる。

ここでガイドは瞑想者に、「ペイン」シーケンス、すなわち痛みのシーケンスへと移ることを伝え、特定の痛み、あるいは不快感に注意を集中するように求める。ガイドは瞑想者が痛む部分を確認するまでの数分間を、彼一人の時間として与え、その痛みの種類を特定するよう指導する。瞑想者は痛みあるいは不快感を確認し、それを、ずきずきするとか、しめつけられるとか、焼けるようなとか、刺しこむようなとか、あるいはこれらの混ざりあった痛みとして、シンプルな表現で特定しなければならない。ガイドはその後、その痛みに形を与えるよう瞑想者に指示し、瞑想者は、たとえば、タコやアメーバやその他、幾何学的でイメージしやすい形をイメージする。数分間、その形に集中させた後、ガイドは瞑想者に、その形と、痛みあるいは不快感を表現した言葉とを、頭の中でヴィジュアルに結びつけるよう求める。

瞑想者に他のことをいっさい考えさせないために、ガイドが強硬に、ほぼ強制的な態度で臨まなければならないのはこのときだ。このシーケンスにおいては、ガイドは断固たる調子でありながら、同時に静かな声で臨むのが望ましい。ガイドは瞑想者に、その痛みあるいは不快感をボールのように丸めなさいと命令し、ほとんど間を置かずに、そのボールをどんどん小さく縮めていくことに彼を集中させる。次にガイドは、痛みはビー玉ほどに小さくなったと言明し、そのビー玉が地面に吸収されて消えて行くところをイメージしながら、体から完全に放出しなさいと言う。ここで、静かなドラミングや音楽を流し、瞑想者の焦点を明確にするためにほんの一瞬、間が置かれる。瞑想者の焦点は、体の内部から切り離され、次なる特定の場所と特定の任務に移される。

ここでガイドは瞑想者に、舞い上がる、飛ぶ、あるいは「浮かぶ」シーケンスに入るよう求める。ここでガイドが気をつけるべき重要なことは、このシーケンスを瞑想者に一分以上続けさせてはならないということだ。一分以上これを行うと、瞑想者の心《マインド》が、強烈なリラクゼーション効果と、飛ぶことが生み出す歓喜により、横道にそれてしまう可能性があるのだ。睡眠と瞑想の間は、細く薄い一本の線で区切られているだけであり、とくに静止的な瞑想においてはそうであることを忘れてはならない。ガイドがここで行うことは、瞑想者に自分の体がどんどん軽くなっていき、横たわっている自分の体の上方に、実際に自分が浮いている状態をイメージさせることだ。ドラミングの音あるいは音楽に乗って、自分のイメージの中にある風景の上を飛ぶように求めなさい。こうして瞑想者のマインドはイメージされた外界に集中し、飛行の自由を感知する。ここにおいても、瞑想者は大いなるやすらぎとくつろぎに包まれる。

次にガイドは、私が「ブレス・トゥー・ハート」つまり心臓への呼吸と呼ぶ「トリガー」シーケンスに入るよう瞑想者に求める。ガイドは瞑想者に、飛行から戻り、これからのガイダンスに完全に集中するように伝える。瞑想者は深く静かに息を吸い、そこで止めるよう求められる。息を止めながら、緊張や意識散漫のもとや痛みなどの最後に残っていた切れはしが、息と共に胸に広がるのをイメージし、それから、楽に息を吐いて、胸の中で脈打つ心臓を実際に感じられるようになるまで吐き続けるように指示される。このシーケンスは瞑想者が自分の心臓の鼓動のみならず、手首、もも、首にまで脈拍を感じ取り、さらに血液が頭皮の下を流れる音さえも感じ取れるようになるまで、さらに二〜三回繰り返される。

ここで、ガイドは瞑想者を聖なる沈黙から完全な意識状態へと戻す。初めに、瞑想者は静かに体を伸ばし、両手両足をほんの少し動かすように指示され、それから、両腕両脚を少しずつ動かしながら、座る姿勢をとるように求められる。この時点で、体は深いリラックス状態にあるため、急に座ったり立ったりすることは、ふらつきやめまいを生じる可能性があることを、瞑想者はしっかり理解しておかなければならない。瞑想者はまた、初めての瞑想であっても、この深いくつろぎに満たされた感覚が、瞑想を終えた後一時間もの間、保たれていることに気がつく。また彼は、はっきりと言葉では説明できないが、自分の気づきが拡大した感覚を覚える。これらはすべて普通のことなのだ。ガイドと瞑想者の役割の交代は、少なくとも三十分以上の間隔を空けて行わなければならない。そうすることで、ガイドには緊張をほぐしてくつろぐ機会が与えられ、瞑想者には肉的な意識に完全に戻る機会が与えられる。

痛みについて

喜ばしいことに、あなたは自分の体から痛みを一瞬の間、あるいはもっと長く、消し去ることができるようになる。その痛みが二度と戻らないこともあるし、読者諸氏の中には慢性の痛みでさえ、消し去ってしまう人も出てくるだろう。これは驚くことではない。なぜならあなたは今や非常にパワフルなツールを実現し、獲得しているからだ。私は生徒たちに、一秒にも満たないほんのわずかな瞬間であっても痛みを消し去ることができれば、それはもう成功だと言っている。一秒にも満たない時間と永遠との間を分けているものは、信仰の不足と心《マインド》が生み出す制限だけなのだ。彼らは遠からず、すべてのことを、このやり方でコントロールできるようになるはずだ。基本的に、このペイン・シーケンスは痛みだけではなくさまざまなものに対して応用できる。自己不信、恐怖、失敗、その他あらゆるネガティブなものに機能するのだ。あなたはこうした自己不信や恐怖やその他ネガティブなものについては、基本的にその存在を確認し、特定しているはずだ。あなたが今なすべきことは、それらに形を与え、ボールのように丸く小さくして手放すことなのだ。

私の生徒のほとんど全員が、痛みや不快感をただちに消すことができる。痛みの消えている時間が一秒にも満たない生徒もいれば、慢性的な痛みでさえ、数時間も消えたままの生徒もいる。さらに、痛みを永遠に消し去ってしまった生徒もたくさんいる。少し練習をすれば、ほとんどの人が、痛みを消し去り、その状態をずっと保っていけるようになる。痛みが戻ってきてしまう人は少ないが、そういう人の例においても、その戻ってくる痛みは、ずっと和らいだものとなっている。ペイン・シーケンスが成し遂げることは、痛みを覆い隠すことではなく、実はこれは、体自体に痛みを癒やして処理するように命令を下す行為なのだと私は思っている。瞑想者は、癒やしの仕組みや癒やしのプロセスに関する生理学について知る必要はない。そのプロセスはすべて、ペイン・シーケンスによって展開しているのだ。私の生徒の多くが、この癒やしのプロセスを用いるたびに、癒やしにかかる時間が短縮されることに気づいている。

生徒の大部分が、ペイン・シーケンスを、なんらかのボディ・コントロールの偉業達成のために用いているが、それと同様に、ネガティブな恐怖感あるいは感情を除去するためにも用いている。たとえば、生徒の一人、サンディーの例だ。彼女は、暗闇が怖いという問題を抱えていて、キャンプファイアから自分のシェルターに歩いて戻るときはいつも、正体不明の強烈な恐怖感に襲われ、体がほとんどマヒ状態になっていた。ある晩、キャンプの場所を離れる前に、彼女はその恐怖感を、自分の心を取り囲む黒くて醜い蜘蛛のような形としてイメージした。彼女はその恐怖の形に意識を集中させ、それを丸くし、さらにそれをどんどん小さくして、自分の体の外に追い出した。そうすることで、彼女は自分のシェルターに着くまでの間、ほとんど恐怖を感じることはなかった。恐怖感が忍び込んできそうなときには、即座にその恐怖のボールが体から出ていくところをイメージし、彼女は真昼の明るさの中を戻るときとまったく同じ気持ちで、シェルターへの道を歩き、勝利することができた。

もう一人の生徒ジョンは、キャンプの遊泳区域の上にぶら下げられた細い丸太の上を歩いて渡るのに、非常に困難なときを過ごしていた。これは、かなりのバランス感覚をもってしても、決して簡単な作業ではない。なぜなら、丸太の幅はわずか数インチという細いものであり、中心部はぶらぶらと揺れていて、しかも表面はすべすべしていて丸みがある。ジョンはこのサーカスめいた歩みを、ほんの数歩進めたところで、必ず下に落ちるのだ。そこで彼はついに、ペイン・シーケンスのメソッドを用いる決断をした。つまり、痛みを自分の貧弱なバランス感覚と丸太から落ちるというイメージに置き換えることで、ペイン・シーケンスに取り組んだのだ。彼は少しの間静かに瞑想し、丸太の上を歩けると信じた後、ためらうことなく立ちあがり、丸太の上を、落ちることなく渡りきった。痛みの除去について学んだように、彼の心《マインド》から、失敗の可能性を過ぎ去らせたことと、それを簡単にやってのけることができると信じたこと、そのコンビネーションが彼を容易に成功させた。彼はそれを見事にやってのけたのだ。

トリガー・シーケンス

気づいていないかもしれないが、あなたがやってのけたことは、あなたを瞬時に聖なる沈黙へとはこぶ強力なトリガーの設定だ。そのトリガーとは、前述の「ブレス・トゥー・ハート」つまり心臓への呼吸シーケンスである。それはあなたの肉的な心と体に、肉の執着を手放すことを命じ、聖なる沈黙に向かうあなたを、瞬時にリラックスした状態に導くものだ。あなたは瞑想を練習するたびに、「ブレス・トゥー・ハート」トリガーをさらに強化し、さらにダイナミックなものにする。このトリガーは、あなたが必要とするときにいつでもそこにあるのだ。だが私は、このトリガーは、絶対的に必要なときだけ用いるように提案する。なぜなら、このトリガーを常時用いていると、トリガー自体を弱めてしまうからだ。私の若い頃は、差し迫った必要があるときにだけ、これを用いた。グランドファーザーも、このトリガーを用いるのは、絶対的に必要とされるときに限ると、リックと私に警告していた。とは言っても、瞑想を練習するたびに、二人はこのトリガーをさらに自分のものとして深化させていたのだった。

初めてこの「ブレス・トゥー・ハート」という内的トリガーについて学んだとき、私はグランドファーザーに、なぜこれがそれほど重要なのか尋ねてみた。彼は言った。「このトリガーは、聖なる沈黙に、ベールを通り抜けて即座に入らなければならない緊急のときに用いられる。これはただちにきみをそこに連れて行ってくれるものだ。しかし、聖なる沈黙を練習するときは、私が教えた方法を用いなさい。それによって、このトリガーも強化されていく。決して外的トリガーを用いてはならない。なぜなら、外的トリガーは、必要なときに、時にかなって用いることができない場合があるからだ。たとえば、きみが両手をあげると、それが聖なる沈黙のトリガーとなる場合を想像してごらん。もしもそのとき、きみの両手が何かほかのことでふさがっていれば、きみはそのトリガーを使うことはできない。私がきみに教えたトリガーが内的なものである理由はそこにあるのだ」

人類が瞑想のためにトリガーを用いる多くの方法について学び、理解すればするほど、こうしたトリガーは、内的なものでなければならないということがますますわかってくる。簡単に言えば、もし、外的環境によって、あなたがある必要な位置取りができないために、トリガーを見ることができなかったり、トリガーを物理的に使うことができなかったりする場合、あなたは望みを絶たれて肉の棺桶の中に閉じ込められることになる。「ブレス・トゥー・ハート」トリガーでさえ、いずれ超えられるべきものであり、あなたは最終的に、自分に必要な唯一のトリガーは自分の意志であることに気づくのだ。そのとき、聖なる沈黙という乗り物への旅は、あなたの意志とスピリチュアルな心のみによって、管理され、導かれるようになる。それ以外のトリガーは、内的なものであれ外的なものであれ、不要なものとなるのだ。

自分のトリガーをテストして、それが機能していることを確認する方法がある。ガイドは瞑想者を自分の前に静かに座らせる。瞑想者の腕をとって支えながら、瞑想者の手首に自分の指を慎重にしっかりとあてて、瞑想者の脈拍に注意を注ぎ、その強さと速度に集中しなければならない。数値はあまりにけた外れで、仰天させられるものになるため、ストップウォッチは不要だ。そこでガイドは瞑想者に、深く息を吸って止め、胸の中にすべての緊張を集めるように伝え、それから、心臓に集中するよう指示する。このとき、脈拍は落ち、ときには完全に消えてしまうのがわかる。脈拍の劇的な降下のみならず、脈拍の強度も減少する。「ブレス・トゥー・ハート」シーケンスと共に、このプロセスをもう一度繰り返すと、脈拍はさらに降下することがわかる。これは、瞑想者がこのトリガーを用いていたことを劇的に示すものだ。脈拍をこれほど早く劇的に降下させるのは、深いリラクゼーションと瞑想だけである。

聖なる沈黙についてしっかり理解して、トリガーが強固なものになると、あなたはおそらく、少し異なるアプローチを練習してみたいと思うだろう。「ブレス・トゥー・ハート」シーケンスをパートナーと行って、そのトリガーにあなたを聖なる沈黙の深部へとはこばせなさい。「ブレス・トゥー・ハート」の三回目を行っているときに、あなたの心拍数を開始時の心拍数よりも上げようと、ただひたすら努めなさい。どういう仕組みでそんなことが可能になるのかなどと、あれこれ考えず、ただそれを意図し、そうなることを信じなさい。あなたのガイドはこのとき、脈拍はいつものように落ちるが、あなたが心拍数をあげようと意図した瞬間に、脈拍が劇的に上がることを発見して驚くはずだ。私の生徒の多くが、真剣に練習した結果、心拍数を一分間に三十回以下に下げることができ、次に、一瞬にして、一分間に百七十回に上げることができたと報告している。これはダイナミックな心と体のコントロールの始まりでもあるのだ。

あなたがこの基本的な瞑想の実習を一通り終えたら、これを一日に一回か二回、二十分ほどをめどに練習することをお勧めしたい。日々の練習にガイドは不要である。最初の実習で、あなたのガイド役が導いたとおりの順序をたどり、各段階で、「ブレス・トゥー・ハート」シーケンスを強化していきなさい。毎日練習を積み重ねるにつれて、あなたは大きなやすらぎと解放感を保持している時間が、どんどん長くなっていることに気づくはずだ。また、自分の意識が拡大されている感覚が、あなたの生活の一部となり、ほどなくして、その感覚が一日中続くようになる。それまでまったく関心を持たなかったものに対しても、繊細な感受性が生まれ、それが非常に豊かになったことに気がつく。自分の気づきが劇的に拡大していることに気づくのだ。基本的に、あなたが行っていることは、肉の牢獄から抜け出して、〝すべてのものに生けるスピリット〟の世界へと移動する作業なのだ。

あなたが本当の意味で、いつも満ち足りて生きることができるのはこの世界なのである。

聖なる沈黙は肉を越えた外側の世界への乗り物であり、懸け橋であって、最終結果ではないということを覚えておいてほしい。これはあなたの肉的な心を脇に置いて、スピリチュアルな心を前面に引き出す道なのだ。これはまた、すべてのコミュニケーションを浄化し、肉を越えた外側の世界で活動するための道でもある。聖なる沈黙、すなわち瞑想は、あらゆる宗教、哲学、信条体系に存在し、それが無数の「髪の毛」によって、どれほど極端にわかりにくいものになっていたとしても、その底辺には、共通の特性と共通の基本的な真理を宿している。

あなたが聖なる沈黙の練習をすればするほど、それはますます純粋さと強さを増し、あなたはさらに深く、肉の牢獄を超えた世界の一部になっていく。

11　浄化されたインナー・ヴィジョン

　あなたは聖なる沈黙という乗り物を体験したので、本質的には肉の牢獄を超えた世界にすでに到着している。あなたはそこにいるが、この体験に驚嘆するばかりで、その世界で簡単に活動することはまだできていない。あなたは、乗り物を降りて旅を続け、これらの世界が発信してくるメッセージを理解しなければならないのだ。肉を超えた世界は人間の言葉を用いないため、我々はインナー・ヴィジョンをとおして、これらの世界の声を聞く。これらの世界は、言葉の代わりに、ヴィジョン、夢、サイン、シンボル、感覚などを通してコミュニケーションをとる。ここで私が言うヴィジョンは、ヴィジョン・クエストで得られるヴィジョンの意味ではなく、目覚めたまま見る夢という意味で用いている。この章であなたは、自分のインナー・ヴィジョンを聞き、それを聖なる沈黙で浄化する方法を学ぶ。だが、まず初めに、我々はそのインナー・ヴィジョンを認識しなければならず、次に、それに問いかける方法と、答えを得る方法を学ばなければならない。

　インナー・ヴィジョンは、より深い自己と、自然のスピリットと、スピリットの世界の真の言語だ。それはまさに創造主ご自身の声だとグランドファーザーは信じていたし、私もまったくその通りだと信じざるをえない。これは本質的に創造主の手によるすべてのものから発せられるものであり、私は今まで、「純粋な」インナー・ヴィジョンがまちがっていた例を見たことがない。私が「純粋な」という部分を強調する理由は、論理的な心《ロジカル・マインド》を経由することで汚染されたインナー・ヴィジョンは、我々にあいまいな答えをはこび、コミュニケーションを歪めてしまうからだ。論理的な心《ロジカル・マインド》は、支配的位置に立とうとする特性から、スピリチュアルな心のいかなるコミュニケーションをも破壊し、スピリチュアルな心を求めるあらゆる探求《クエスト》から我々の意識をそらすために、コミュニケーションの内容を偽造さえするのだ。支配的な肉的な心《フィジカル・マインド》はこうして、スピリチュアルな心をぼんやりとしたあいまいなものにすることによって、自らの重要性を確実なものとし、無敵な存在としてあり続けようとする。

　多くの人は、すでにインナー・ヴィジョンに出会っているが、それは非常にぼんやりとしたあいまいなかたちのものだ。人々はそれをひらめきとか、直観とか、予感とか、あるいはその他さまざまな言葉で呼んでいる。これらは、インナー・ヴィジョンの弱々しく汚染されたかたちだ。森の中を歩いているときや、自宅のそばを歩いているとき、あるいはおそらく街なかでさえ、あなたは誰かに見られているという「感覚」を持った経験が、まちがいなくあるはずだ。そう、あなたはおそらくそのとき、インナー・ヴィジョンの声を聞いていたのだ。これは例外的なことではなく、ふつうに起こっていることなのだ。もしあなたがインナー・ヴィジョンの用い方を知っていれば、何があなたを見ているのか、さらに、その見ているものの位置まで正確に分かったはずだ。私の生徒の多くが、何か良くないことが起こりそうな気がするとか、家族が今、自分を必要としている気がするとか、そんなことを言い、そのあとすぐ電話が来て、実際、彼らが必要とされていたというようなことはよくある。また、何か良くないことが起こるということが、起こる前からわかり、その感覚が来てから間もなく、それが実際に起こったという体験を話す生徒もいる。また、警察官や軍の兵士が、この部屋に入るなとか、この道を行くなとか、そういった虫の知らせがあって、それに従ったが、もしその直観を無視していたら、負傷するか、亡くなるかのいずれかだったなどという話を我々はよく耳にする。

こうした直観や感覚は、実はインナー・ヴィジョンの呼び声が、弱められたり歪められたりして我々にやってくるものなのだ。何かが起ころうとしているとか、誰かが我々を見ているとか、その部屋には入るなとか、その道は行くなとか、そういったことが物理的には知り得ないときに、明確なメッセージとして来ることがあり、こうした直観や感覚というものは絶えず、あなたにも友人たちにも一般社会にも生じている。だが、それらはまったく無視され、問題にされないことが多い。その理由は、今に至るまでインナー・ヴィジョンの声はあまりにぼんやりと不明瞭で信頼しがたく、理解しがたいものであるからだ。同時に、我々の肉的な心が、スピリチュアルな心からのメッセージを握りつぶす作業に、日々没頭しているからでもある。肉的な心は、弱いメッセージは押しつぶしたり隠したりし、やや強いメッセージは、それを歪めるというかたちで奮闘している。実際、肉的な心のこうした攪乱工作を乗り越えて我々に届くのは、かなり強力なメッセージだけである。我々には肉を超えた世界からのさまざまなかたちでのメッセージが嵐のように発信されていて、その嵐が止む時間は、一瞬たりともないと私は思っている。肉的な心を、十分に長い時間、遮断することさえできれば、肉を超えた世界とのコミュニケーションは容易になるはずなのだ。

インナー・ヴィジョンとはいったい何か、それはどのように答えてくれるのか、それに対してどのように問いかければいいのか、そういったことについて、人々にわかりやすく伝える素晴らしい方法がある。それは、誰もが経験することがらを題材にして伝える方法であり、私はそれを用いている。何かを忘れているのだが、それが何だったか思い出せないとき。これがその題材だ。我々は店で買い物をする際、記憶の中のリストをたどりながら、何かを忘れているとはっきりわかることがよくある。「忘れていることがわかる」というのは、それが何なのかを、実際にインナー・ヴィジョンが教えようとしている、ということなのだ。覚えておいてほしいのは、インナー・ヴィジョンは肉を超えた世界からやって来るだけではなく、我々のより深いフィジカルな自己とも直接リンクしているということである。インナー・ヴィジョンは我々の持つあらゆる記憶、直観、原始の自己、ヒーリング・センター、さらにボディ・コントロール・センターにまで発信してくる。実際、我々に忍び寄る病や、その他の不調について警告してくるのは、インナー・ヴィジョンなのだ。

先ほども述べたが、インナー・ヴィジョンの基本について人々に教える際に、この、「何かを忘れている」状況を用いるのが、とても有効な方法であると私は思っている。なぜなら、これは我々がよく知っていて、皆が共有する状況であり感覚であるからだ。ここで、あなたにある話をしようと思う。それを読みながら、話の中の出来事が本当に自分自身に起こっているところをイメージして、その中に入り込んでみてほしい。入り込む度合いに応じて、より良い結果が得られる。私は実生活でよく見られるかたちで、あなたのすべての記憶が蓄えられている場所、つまりあなたのより深い自己の立場でこの話をする。これを読む場所は、あらゆる意識散漫のもとから遠ざけられた静かなところが、集中もできて良い結果がもたらされる。多くの生徒が、一定の間隔で目を閉じたり開けたりしながら、私が語るとおりに行動しているところをイメージすると、「感覚」がより鮮明になることに気づいている。

あなたは家にいて、ずっと楽しみにしてきた旅行のための荷造りをしている。その場面をイメージしてください。出発の時間が近づいてきて、あなたは最後に残ったいくつかのものをバッグに詰め込んでいるところだ。旅に出る興奮があなたの中にこみ上げてくる。バッグを閉じ、ジッパーを閉め、バックルを留め、留め金をパチンと閉めて、リュックサックのベルトを引っ張ってつかんだところをイメージしてください。あなたは遠方へのキャンプ旅行に出発するのだ。この旅のために一年以上もかけて計画を練り、貯金をしてきた。こうして荷造りのすべてを終えたその瞬間、あなたは唐突に、何かを忘れているという感覚に襲われる。これは多くの人に直観のレベルで訪れる不思議な感覚だ。自分に関連する何かがおかしいという感覚であり、ある種の緊張感である。これを、ただ漠然と何かがおかしいという、もっと拡大された感覚でとらえる人もいる。

あなたは持ち物リストを取り出して、上から下へと目を通し、一つ一つ入れたかどうかを思い出しながら、頭の中でチェックする。チェックを終え、リストのものはすべて入っていると満足したにもかかわらず、何かを忘れているというその感覚は、さらに強烈に、いっそうかき乱すように、まだあなたを悩ませている。出発の時間が近づいて、あなたは荷物を車に積める。最後の荷物を積み終えると、再び、何かを忘れているという感覚が戻ってくる。今回は、今までよりさらに断定的な、はっきりとした感覚だ。それはあなたが買い物をしていて、頭の中にあるリスト上の何かを忘れていると感じるその感覚と同じものだ。再びあなたは頭の中に答えを探すが見つからない。その感覚は、出発の前に家の戸締りをしているときもうるさくつきまとう。あなたは何か見落としていないか、再び持ち物リストを取り出してチェックする。

思い出せないことに腹を立てながら、あなたはついに諦めて戸締りをし、空港に向かって運転を開始する。待ちに待った旅にいよいよ出発するという高揚感が、何かを忘れているというすべての感覚に打ち勝つ。運転しながら、あなたの頭は他のことに奪われていく。内面に引っかかっていた何かを忘れているという緊張感は、頭が旅の日程をさまよっているうちにかき消される。空港に着き、車を駐車場に入れ、チェックイン・カウンターに向かって荷物をはこぶ。あなたの荷物がベルト・コンベアーに乗せられ、荷物検査の仕切りカーテンの後ろに消えたとき、あなたは再び、何かを忘れているという落ち着かない感覚に襲われる。今回はその感覚がそれまでよりもさらに強烈なものになっている。さらに執拗で断定的で、さらに張りつめた落ち着かない感覚だ。あなたは結局、その感覚を飛行機の中まで持ち込むことになる。

あなたは座席に落ち着く。まもなくドアは閉められる。いよいよ出発だ。旅の興奮が再び戻ってきて、他のことはいっさい頭の中から締め出された。飛行機が滑走路を走り、突然エンジンが轟音を立て、離陸の勢いであなたの体は座席の背もたれに押し戻される。旅に向かう高揚感は、離陸時の緊張と興奮によってさらに強化され、飛行機がその高揚感を乗せてどんどん上昇していくのをあなたは感じ取る。待ちに待った日がついにやってきたのだ。飛行機が水平飛行に入り、離陸時の興奮が去ると、あなたは今回の旅のプランについて、あれこれ考え始める。あなたの頭が何気なく荷物のほうにさまよい出た瞬間、再び、何かを忘れているという感覚が、大胆にもあなたのみぞおちのあたりを直撃してくる。

その緊張感はそれまでよりもさらに強烈なものだ。つきまとう感じも尋常ではなく、同時に強圧的だ。あなたは強いられて再度頭の中を探し回るが、答えは見つからない。飛行機が水平飛行を続け、シートベルト着用のサインが消えると、あなたはその忘れ物に関して今さら何もできないのだという事実を受け入れ、この問題を決着させる。人々が座席を離れて動き始め、新聞をめくる音、機内食を配る音、うきうきした声、それらの音があなたの耳に入ってくるが、やがてそれも次第に遠い騒音となって、途絶えることのないジェット・エンジンの音に吸い込まれていく。あなたは長い空の旅に向けて落ち着きを取り戻し、背もたれを斜めに倒し、鞄から雑誌を取り出す。読書灯をつけようと頭上に手を伸ばす。そして、その読書灯を目にした瞬間、あなたは懐中電灯を忘れたことに気づくのだ。

懐中電灯を思い出したその感覚に圧倒され、あなたは驚きのあまり思わず大きなため息をもらす。内面に抱え込んでいた重荷をやっと下ろしたような気分だ。胸につかえていた緊張感、何かがおかしいという落ち着かない気持ちは突然消え失せて、あなたの気分は一新する。これはほっとしたときのおなじみの感覚だ。あなたは買い物時によくそれを経験する。頭の中に長々とリストアップしていたものの一つが思い出せないときに。スープ、パン、ニンジン、ジャガイモ、そして、そして?　スープ、パン、ニンジン、ジャガイモ、そして、そして……シリアルだ!　思い出すまでの内面の緊張と、思い出した後のほっとした感覚は、我々皆が共有するよく知られた感覚なのだ。何かを忘れているときに感じる緊張感の本質は、あなたのインナー・ヴィジョンがあなたの肉的な心にそれを思い出させようとしている呼びかけなのだ。あなたのインナー・ヴィジョンは、あなたが何を忘れているかをよく知っているが、それを肉的な意識上の言葉として伝えることができない。あなたがついにそれを思い出すと、インナー・ヴィジョンはほっと安堵のため息をもらし、平静で安定したもとの場所に立ち戻る。

インナー・ヴィジョンはあなたが忘れている品物を、あなたの肉的な心《フィジカル・マインド》に直接伝えられない。このことは、肉的な心の中を探し回って何も見つからないときについて、いつもはっきりと言えることだ。あなたは飛行機の中で、肉的な心の中をいろいろ探しまわるという行動をやめたときに、読書灯をつけようと手を伸ばした。読書灯の光が、あなたの潜在意識にとってのシンボルとなり、そのシンボルが、論理的な心に送られて、論理的な心は突然、忘れ去られていた懐中電灯を思い出した。この例のように、インナー・ヴィジョンがあなたにコンタクトをとろうとしているとき、あなたは不安や緊張や何かがおかしいといった感覚を持つ。あなたが必要とされている正しい答えを見つけたり、あるいはインナー・ヴィジョンの切望しているものを充足させたりすると、大きな安心感が押し寄せてあなたを包む。この深い安心感と解放感は、あなたが自分のインナー・ヴィジョンを満足させているということの尺度となる。

ところで、この忘れられていた懐中電灯の話の中では、インナー・ヴィジョンは感覚とシンボルの組み合わせだった。だが、これが答えのやって来る唯一の方法ではない。前にも話したが、答えは夢やヴィジョンやサインなどをとおしてやって来ることもある。インナー・ヴィジョンの答えの中で頻度も少なく珍しいものが、サイン、つまり前兆とかしるしというものだ。私の知る限り、前兆は、非常に予見的でスピリチュアルな答えだと思う。たとえば、あなたが森の中を歩いていて、道が二手に分かれているところにさしかかったとき。あなたはどちらの道も辿り着く場所は同じであり、そこに着くまでの時間も同じ、道の難易度も同じ、どちらも美しい景観が楽しめることを知っている。あなたは右側の道を歩き始める。だがそのとき、一羽のカラスに真正面から出くわす。カラスはあなたの顔すれすれのところまで来て、さっと向きを変えて飛び去る。あなたは内面のどこか深いところで、これはなにかの前兆であり警告だと感じとり、引き返して左側の道を行く。あとになって、あなたが辿らなかった道のほうで、あなたが歩いていたはずの時間に地滑りが起こり、その道が崩れ去ったことを知る。そしてあなたはあのサインは、肉を超えた外側の世界から送られたものだったということに気づくのだ。

インナー・ヴィジョンからの答えは、目覚めたまま見るまぼろしや、夢というかたちでやって来ることもある。ここではこの二つをほぼ同じものとして扱うことにする。あなたが絶えずインナー・ヴィジョンに注意を払っていないと、インナー・ヴィジョンはやがてあなたの夢を通してやって来るようになる。あなたが眠っている間は肉的な心の休息の時間であり、スピリチュアルな心はその時間があなたに接触する好機であると捉える。まちがいなく我々は毎晩夢に攻め立てられているのだ。夢の中には、取るに足らない、単なる肉的な心の遊びにすぎないものもある。これらは何ら意味を持たない夢だ。だが、目覚めてからもしばらく残っていて、あなたを何か落ち着かない気分にさせ、あなたの注意を引こうとするような夢は、たいていスピリチュアルな心からのものである。あなたがその夢に応えることをせず、何の行動も起こさなければ、その夢は何度も何度も繰り返しやってくる。こうして、インナー・ヴィジョンと常にコミュニケーションをとろうとする習慣を持たない人々にとって、夢というものはただ無力なものになっていくとグランドファザーは言っていたが、私もそう思っている。

私はいつも生徒たちに、他の人が見た夢を解釈できると思っているような人は避けなさいと警告している。遠い昔、人々がしっかりと固く結びついた文化と、同じ信条体系の中で生きていた時代ならば、それは可能だったかもしれない。しかし、今日の世界では他の人が見た夢をあれこれ解釈することは不可能だ。これについて、納得のいく証明を得るために、たとえば、あなたがよく知っている十人の友人に集まってもらい、次の指示に従うよう頼んでみる。まず、とぐろを巻いた一匹のヘビを頭の中に描く。それから、そのヘビを、一つの言葉、一つの感情、一つの感覚、一つのフレーズで定義する。次に、その描写したものを頭の中に保持する。そして、一人ずつ、そのとぐろを巻いたヘビに対する自分の感覚を表す一語をあなたに告げる。そうすると、恐怖、用心深さ、光っている、ぬるぬる滑る、ゆったりした　などなど、さまざまな言葉が集まってくる。ほとんど同じ意味を表す言葉を二人の人が口にすることは、めったにないということがわかるはずだ。なぜなら、今日の世界では、象徴の用い方も個人によってさまざまに異なるからだ。ある存在が、ある人にとって意味するものと、別の人にとって意味するものは同じではないのだ。これを頭に置いたうえで考えてみよう。それならば、人はどうやって他の人の夢を解釈できるのか？　もし私がとぐろを巻いたヘビの夢を見たとしても、それはあなたの頭の中のとぐろを巻いたヘビとは異なっているはずだ。これはヴィジョンについても言えることである。

インナー・ヴィジョンの呼びかけと、それに続いて示される答えが、とてもシンプルだとあなたが感じるとしたら、それは当然である。実際それはとてもシンプルなものなのだ。複雑になるのは、インナー・ヴィジョンを浄化して、肉的な心の汚染の影響をまったく受けない状態に持っていこうとするときだけだ。忘れられた懐中電灯という短い物語の中で、我々が創り出したものは、あなたにインナー・ヴィジョンについて教える一つの方法だが、その物語は本当の話ではない。あなたは心《マインド》の中でそれを創り出し、それを追体験した。あなたの心《マインド》は感覚を創り出した。だが、これはあなたにインナー・ヴィジョンのやり方を見せるという目的を受け持ったにすぎない。純粋なインナー・ヴィジョンと、イメージされたインナー・ヴィジョンとの違いは、実に、計り知れないほど大きい。インナー・ヴィジョンを浄化し、心《マインド》があなたに誤った解釈を与えないようになるまでは、長い闘いがあるのだ。だが、あなたはすでに、インナー・ヴィジョンを浄化する方法を知っている。聖なる沈黙をとおして、それは成就するのだ。

インナー・ヴィジョンをどう用いるかについて私が教えた最初の授業を思い出す。意外にも、それは哲学コースでの話ではなく、上級サバイバル・クラスでのことだった。その当時、哲学コースのクラスは存在していなかった。二人の生徒、ベンとアンディは、動物を見つけることに苦労していた。もちろん、彼らはシカやアライグマやフクロネズミやシチメンチョウや、その他の動物を見つけたが、もっと巧みに逃げる動物、とくに、ミンクは苦手だった。実際、彼らは七日間を費やして、一匹も見つけられなかった。せいぜい、その足跡は見つけたが、それもほんの少しであり、互いに離れたものだった。クラスの他の生徒たちは、苦労せずにミンクを見つけていた。ベンとアンディはあらゆる気づきの方策を試してみたが、それでも、一匹のミンクも見つけられず、二人のフラストレーションのレベルは急上昇していた。ベンは極度の挫折感に耐えられず、クラスをやめて家に帰りたいと思っていた。彼は自分に腹を立てるあまり、自分は結局、他の皆の能力に追いつくことはないと感じていたのだ。

私はベンとアンディを座らせ、前述した忘れられた懐中電灯のエクササイズをそっくりそのまま用いて、インナー・ヴィジョンのエクササイズを行った。それから彼らに立って目を閉じ、一つの特定の方向を向いて、どの方向にいちばん近いミンクがいるかを自分自身に問いかけなさいと言った。彼らはただちにはっきりと、自分たちが今向いている方向は正しくないことを示す本能的な緊張感を覚えた。そこで、二人はもとの態勢に戻り、同じエクササイズを行い、別の方向を向いたが、再び本能的なこわばりを感じた。この繰り返しを、いくつか方向を変えて行い、最後にやっと、二人は本能の部分で深い解放感を覚えた。これは、二人が正しい方向を突きとめたことを、インナー・ヴィジョンが彼らに伝えていたからだ。私はそこで、同じテクニックを用いて、いちばん近いミンクまでどれぐらいの距離があるかを自分自身に問うように、彼らに伝えた。彼らは再びエクササイズを一通り行い、わずか数フィート先のエリアから始めたが、最初のうちは、本能的な緊張感は去らず、その後、百ヤード以上も離れたエリアをイメージして、やっと解放感を味わったのだった。

二人とも個別にエクササイズを行ったにもかかわらず、頭の中で到達したそのエリアは同じだった。これは控えめに言っても二人をかなり驚かせた。最初は二人ともエクササイズの成果を信じていなかった。それは主に、二人ともミンクがふつう通らないような場所を選んでいたからだ。私は彼らに、論理的な心が言っていることはすべて忘れて、彼らのインナー・ヴィジョンが正しいかどうかを確かめなさいと言った。二人は、自分たちが選んだ遠方のエリアに向かって出発した。彼らがその場所に近づいたとき、その存在すら知らなかった小さな泉と小さな沼があった。そこからやや離れた土手にやや大きめのミンクがいて、小さな一匹の魚を食べていた。二人がじっと見つめていると、おそらく彼女の子供と思われる少し小さいミンクが数匹、母親ミンクのそばにやって来て、土手の上の魚で遊び始めた。この遊びは三十分以上も続いた。

戻って来たベンとアンディは、二人とも自分たちがやり遂げたことに驚いていて、それを私に報告した。ミンクを見つけたのは、彼らの肉的な感覚ではまったく考えられない場所であり、別のやり方では完全に見落としていたはずのエリアだった。二人とも一週間以上もの間、そのキャンプ・エリアにいたのだが、そこに小さな沼があることについても知らなかった。私は彼らに、きみたちはインナー・ヴィジョンを、〝すべてのものに生けるスピリット〟につながる方法として用いたのだと簡単に言ったが、彼らの表情から、二人とも本当の意味では信じていないのがわかった。だが、彼らの頭の中に、勘が的中したなどという可能性以外には、この成果について他に説明できるものは何もないことも私は知っていた。彼らはその後、その週の残りの期間ずっと、さらに遠いエリアで、さまざまな種類の動物や植物を見つけるのに、この方法を用いていた。毎回、彼らは同様の驚異的な成果をあげ、回を重ねるごとに、インナー・ヴィジョンのパワーについての理解を深めていった。

これまで話してきたように、インナー・ヴィジョンは、地球上のあらゆる存在物を包含した〝すべてのものに生けるスピリット〟の世界とつながっている。ベンとアンディの話、二人がミンクと遭遇するまでの話は、私の生徒たちの間で、何度も繰り返し語り継がれるようになった。だが多くの生徒が、もしこれが、そうしたつながりが持てない場合だったらどうだったのかと尋ねてくる。彼らは「社会が生きているとみなすもの」についてのみ、これは機能するものだと思っているのだ。だが事実はそうではない。インナー・ヴィジョンは社会が生きていると想定するもの、つまり、肉体を持つものを超えて、自然界のすべてのものにつながっているのだ。ネイティブ・アメリカンは、地球上のあらゆるものは生きていて、スピリットを持っていると考える。岩も、水も、空も、その他あらゆるものは、命の力とも言うべき〝すべてのものに生けるスピリット〟というタペストリーの一部なのだと。私がこれからする話は、数えきれないほどのこういった実話の一つだが、これをとおして、メッセージは社会が生きていると考えるものだけではなく、それを遥かに超えたものにもしっかりと届けられ、コミュニケーションが成り立つということに、あなたは気づくはずだ。

マイクは成功をものにした若い起業家で、北東部からやって来ていた。彼は初めての哲学コースの研修で、インナー・ヴィジョンのメッセージがどのようにして肉を超えた世界に届き、さらには地球を構成する物質そのものにまで届くのかを、直接体験によって知った。それはクラスにおける最初のインナー・ヴィジョンのエクササイズが終わったときのことだ。私はクラスの皆に、外に出てもっとも近いところにいる動物を見つけるようにと言い、インナー・ヴィジョンによって、その動物の居場所だけではなく、その動物が何であるかも特定するようにと指示した。生徒たちが講義ホールを出たとき、マイクは一人残っていて、見たところインナー・ヴィジョン・エクササイズをそこで始めているようだった。その後も彼を見ていた私はかなり困惑した。彼は離れたところにいる動物を探すのではなく、その行動からすると、あきらかにインナー・ヴィジョンを用いて農園の構内を探しているようなのだ。

彼は納屋を出た。私はその姿がよく見える窓越しに、彼が雪の原っぱを横切って行くのを見ていた。彼の歩みを阻むものは何もない。彼は納屋から約百ヤードほどの樹木線のところまでまっすぐ歩いて行った。それから雪を払いのけてナイフを取り出し、凍った地面に穴を掘っている。私は遠慮なくその様子を観察させてもらった。その行動はどう見ても、私の指示どおりに動物を探しているのではないことを、明らかに示していた。彼は掘り終えた小さな穴に手を突っ込み、何かを取り出そうとしている。私にはその様子がはっきり見えたが、それが何なのかはわからなかった。だが、彼の歓喜の叫び声が講義ホールの壁を隔てていても聞こえてきたため、彼が自分の探していたものを見つけたことはあきらかだった。彼は雪の中を踊ったりスキップしたり転がったりしながら納屋に戻って来て、他の数人の生徒たちをハグしていた。その陽気で活気にあふれた彼の様子は、自分の成功を仲間たちと分かちあっていることを私に予告してくれた。

　雪をかぶったまま講義ホールに現れた彼は、あまりに興奮していてすぐには話ができない様子だった。私は彼に落ち着いて一息つくように言った。その後、彼は自分がやってのけたことが、いまだに信じられないという面持ちで、自分の体験について話してくれた。一方、私はそれを当然のこととして受け止めていた。なぜなら私はそれまで、彼と同じような体験をした生徒たちを、数えきれないほど見てきたからだ。私はその日の早い時間に矢じりやその他槍の穂先に関する授業を行ったが、彼はあきらかにその授業の内容に心を奪われている様子だった。私は生徒たちに、すべて火打ち石で作られた古い矢じりを数本と、槍の穂先を三本、見せてあげた。彼はそれらを見つめながら驚嘆していた。と言うのも、彼はそれまで、完全な形を残したままの槍の穂先を見つけたいと思いながら、この周辺を歩き回っていたからだ。だが、見つけられないままに日が過ぎ、なんとしても、それを見つけたいと切望していて、それは誰の目にもあきらかだった。このあこがれる想いが彼を追いかけ、彼を貫いて私の講義と研修をさらに超え、彼のインナー・ヴィジョンへと入り込んでいったのだ。

他の生徒たちが、一匹の動物の正確な居場所を自分のインナー・ヴィジョンに尋ねていた中で、彼は、槍の穂先の正確な在り処を尋ねていたのだった。我々の農園は昔、ネイティブ・アメリカンの野営地であり、私はそれを生徒たちに話したことがある。彼はそれを聞いて、ここは自分の内面の探索にとって理想的な場所だと考えた。彼は授業の残り時間で、インナー・ヴィジョンの手順をしっかりと行ったが、その中で一匹の動物を探す代わりに、一つの槍の穂先を探したのだった。初めてほっとする解放感がやって来たとき、彼はまだ信じられない思いだったが、とにかく、インナー・ヴィジョンが導いていると彼がイメージしたその場所に、行ってみようと決断した。雪が四インチほど積もっていたトウモロコシ畑を横切り、樹木線の古い岩のところまでまっすぐ向かって、その岩の横の場所を、インナー・ヴィジョンが教えるとおりに、三インチほど掘ってみた。そして彼はそこに、今大事そうに手に持っている槍の穂先を見つけたのだった。

それはまさにインナー・ヴィジョンが彼に告げたとおりの、細部にわたって正確な結果だった。探しまわることも、いくつかの穴を試験的に掘ってみることも、歩き回ることもなく、まったく正確な場所を特定できたのだ。彼がさらに驚いたのは、インナー・ヴィジョン・エクササイズをして、例の「解放感」を感じた直後、その槍の穂先の形状までがはっきりわかったことだったという。それは四インチよりやや長く、形も完璧であり、状態も良く、薄い色の火打ち石かチャート（訳注：堆積岩の一種）で作られていた。これも私を驚かすことはなかった。なぜなら、インナー・ヴィジョンで解放感を得た直後に、ある物体や動物のイメージが得られるのは、普通のことであって例外的なことではないからだ。彼はクラスの残された期間で、引き続き成功をものにしていった。槍の穂先もさらにいくつか見つけ、研磨石を一つ、火打ち石でできた形の良い鍬《くわ》の刃も一つ見つけた。クラスを終える日まで、彼はその正確さにおいて九十五パーセントを軽く超えるレベルを維持していた。一度だけ失敗したのは、彼の論理的肉的な心に入り込むすきを与え、そのプロセスを汚染するのを許してしまったときだった。

もう一つのよくある話は、インナー・ヴィジョンは時空を超えているという例だ。グレッグは中年の男性で、私の最初の「トラッキングとアウェアネス」上級クラスの生徒だったが、この話も、私がインナー・ヴィジョンの用い方について教え始めた最初の授業で、彼が体験したことだ。その授業で私は生徒たちにインナー・ヴィジョンのエクササイズをひととおり通して行わせ、一番近くにいる動物を見つけて、何の動物かを識別し、正確な居場所を特定するようにと指示した。マイクと同様に、グレッグも彼独自の考えを持っているようだった。エクササイズを終えて、グレッグは私のところにやって来て、電話をしたいので、キャンプの外まで自分を連れて行ってもらえないかと尋ねてきたのだ。

彼の持つ独特の雰囲気からして、それは今終えたばかりのインナー・ヴィジョン・エクササイズに関連した用件であることが私にはわかった。そのおどおどした様子からすると、電話というのは、何かを確認しようとしているのではないかと私は思った。

探りを入れてみた結果、彼はついに、私がクラスの皆に指示したとおりのエクササイズは行っていなかったことを認めた。彼はこのクラスへの参加のために出発したその日に、カギを失くしていて、その失くしたカギがずっと頭を占領していたというのだ。家を出る前に、彼は大あわてで失くしたカギを探し回った。そのカギは、彼の大事な書類整理ケースや家や車、その他さまざまなもののカギを束ねたものだった。彼は授業でインナー・ヴィジョンは我々の最も深いところの記憶に届くと言った私の言葉を聞いて、自分のもっとも深いところの記憶は、彼がどこにカギを置き忘れたのか、あるいは紛失したのかを覚えているかもしれないと考えたというのだ。そこで、頭の中でインナー・ヴィジョンをガイドとして用いながら、自分の家を全部探したが、はっきりした結果は得られなかった。次にオフィスの中を探し始め、自分の机まで来たところで解放感を感じたため、カギはそこにあることがわかった。カギの在り処はわかったが、秘書にそのカギを安全な場所に保管しておいてもらうために、確認をとりたかったというのだ。

私は彼をキャンプから連れ出して一番近い電話ボックスに案内し、トラックのフロント・シートから彼を見ていた。傷ついたような彼の様子から、何かよくない知らせがあったことがはっきりわかった。トラックに戻って来るなり、カギはインナー・ヴィジョンがそこにあると告げた場所にはなかったと言った。彼の秘書は彼がオフィスを出る前のある時点で、そのカギが彼の机の上にあるのを見た記憶はあるが、今はそのカギは見あたらないと言ったというのだ。そこで私は尋ねてみた。あなたはインナー・ヴィジョンから完璧な解放感を得ていたのか、忘れられた懐中電灯の話を聞いていたときに感じたと同じくらい強烈な解放感を感じたのかと。彼は少しの間考えてから、私の講義を聞いたときほど強烈なものではなかったと答えた。そこで私は彼に目を閉じて、心の中でオフィスに戻り、その場所全部を回ってみるように言った。

彼は目を閉じ、しばらくの間、まったく動かずにいた。そして突然体を揺らして目を開け、一言も発しないまま、トラックから出て電話ボックスに向かった。私は彼の今回の要望に対する秘書の反応がほぼ想像できた。電話中の彼を観察していると、彼は強烈な衝撃に口をぽかんとあけて絶句しているようだった。再びトラックに戻った彼は、あまりに嬉しくて体を震わせていた。インナー・ヴィジョンが示したまさにその場所に、カギがあるのを秘書が見届けたというのだ。それは彼のオフィスの隅に置いてある小さなランプ・テーブルの引き出しに入っていたとのことだった。彼のインナー・ヴィジョンは、その場所を示したばかりか、カギはその引き出しの奥のほうの古いステープル・ボックス（訳注：U字くぎなどを保管する小さい箱）の中にあると告げたのだ。彼は初めインナー・ヴィジョンに示されたその場所はとても信じられないものだったと言った。それまで一度もその引き出しを使ったことがなかったからだ。さらに、なぜ、自分のカギが最終的にそこに落ち着いていたのかもわからなかったと。

彼の秘書も、カギを引き出しの中に見つけたときには非常に驚いていたが、彼はその場所を突き止めた理由については白状しなかったそうだ。こうして秘書が彼と電話で話しているところに、オフィスの清掃をする男性が入って来た。男性は紛失したカギについての電話越しの会話を耳にして言った。自分が掃除していたときに、机の上にカギが置かれているのを見て、安全保管のためにそのカギをランプ・テーブルの引き出しに入れたのだと。グレッグはこの話から、カギの在り処がわかった理由について説明するのは難しかったため、秘書には、ただ勘が的中しただけだと言っておいたそうだ。だが、彼の話を聞きながら、私は彼がまだ、インナー・ヴィジョンの本質が示すものと、勘が的中するという考え方の間で迷っていることがわかった。私はただ簡単に彼に伝えた。こういったことは、私の生徒たちによくある話であり、これまでも数えきれないほどのこうした類の話を聞いてきたし、同じような結果をたくさん見てきたと。次に私は、彼がインナー・ヴィジョンで最初に感じた解放感がやや弱いものだったのは、そこは紛失しているカギが初めにあった場所だが、その時点でもうそこにはなかったからだと説明し、二番目の解放感は、それがまさにカギのある正確な場所だったから、強烈だったのだと説明した。

彼はまだ、なぜ彼のインナー・ヴィジョンが、カギの正確な在り処を知ることができたのか、理解できずにいた。そもそも、カギをその引き出しの中に入れたのは彼ではないのだから。そこで私は彼に、これについては、三つの可能性が考えられると言った。まず一つ目は、カギ自体が〝すべてのものに生けるスピリット〟の一部であるから、その力が彼に話しかけることができたという場合。二つ目は、その清掃人が、スピリチュアルな相似者をスピリットの世界に持っていた場合。ここまででグレッグは、カギそれ自体か、あるいは清掃人の意識と接触できた可能性が出てくる。三つめはグレッグが単純に、スピリットの世界に存在する過去の歴史に接触できたという場合。だが、彼がどんな方法でカギを見つけたにせよ、結果は依然として同じであるということを私は彼に伝えた。このように、情報がどこから来たかわからずとも、結果は驚くべきもので、しかも極めて正確という、そういった例を我々はよく見ているのだ。

インナー・ヴィジョンが目覚めているときのヴィジョン、つまり幻をとおして、どのように我々に語りかけるかということについては、また別の生徒の例をあげてわかりやすく説明しようと思う。サンドラは若い女性で、哲学コースを受講していた。彼女はカリフォルニアに生まれ育ち、前年の十一月のスタンダード・クラスと、一月のこの哲学コースに参加したときを除いて、ニュージャージーには来たことがなかった。実際、スタンダード・クラス参加までは、彼女はカリフォルニアを一歩も出たことがなかったのだ。このようなことをここで述べるのは、これから、彼女のインナー・ヴィジョンが、地球そのものの声をもって、どのように彼女に語りかけたか、という話をするからだ。また、彼女が出会うことになるある植物は、東部にしか育たないものであり、彼女が知り得ない植物だったということも伝えておかなければならない。もう一つの重要ポイントは、彼女は私の学校でのトレーニング以外は、自然についてのトレーニングはまったく受けていないということと、実際、植物学は彼女の苦手科目だったということだ。彼女が出会った植物は、私のスタンダード・クラスで学ぶ植物の中にさえ含まれていない。

サンディーは牧草地の周りに沿って伸びる細い道を歩いていた。私の農場の草が生い茂った古い牧草地だ。歩きながら、彼女は何かが自分を引っ張っているような感覚を覚えた。その感覚は、牧草地の中に入って、指定された場所に座るようにと促すもので、彼女本人の意思ではなく、どこか自分の中の深いところから来ているようだった。なぜこんなにも強烈にその牧草地と、しかもある特定の場所に引っ張られるのか、彼女にはまったく見当もつかなかったが、ただ、そこに座らなければならないということはわかっていた。彼女は牧草地のその場所に座った。遠くを見つめたり、草原をあちこち眺めたりしているうちに、彼女の目は何度も何度も繰り返し、ある植物の刈り株に惹きつけられた。その植物に残されていたのは茎の下のほうの部分だけで、凍った土の中から一インチほど姿を現している。植物のそれ以外の部分は冬という季節によって奪われ、姿を消してから長い時間が経過していた。彼女はその残された茎の部分をじっと見つめたまま、長い時間を過ごし、ついにその一点しか目に入らなくなっている自分に気がついた。

半分目覚めているような、半分ぼんやりした白昼夢を見ているような状態の中で、彼女はその植物の全体の姿を、その頭状花（訳注：多数の花が集まって一個の花の形をなすもの）さえもはっきりと見ることができた。そのあと、湯気が雲状に湧きあがってくるお湯の中でその植物が煮えているイメージが彼女に浮かんだ。どこからともなく大きな目が一つ現れ、その目は赤みを帯びて腫れあがり、痛みに苦しんでいるように見えた。だが、その目が湯気の中を通り抜けて、反対側から再び現れたとき、生き生きと健康そうで、ひどい赤みは消えていた。そのとき、別の生徒が一人通り過ぎ、彼女はハッと我に返ったが、今見た光景に少しショックを受けていた。彼女はぶらぶらと納屋に戻って来て、笑いながら私にその話をした。すべては自分のイマジネーションが作り出したものと彼女は考えていたのだ。彼女が非常に詳しくその植物について描写してくれたので、私は植物分類ガイドを彼女に渡し、それをよく見て調べるように言った。彼女はガイドの中にその植物を簡単に見つけて非常に驚いたが、その説明文を読み、さらに驚いた。その植物は、ミシシッピーを境にして、そこから東の地域にしか生育しないものであると書かれていたのだ。

そこで私は彼女に、古い何巻にも及ぶ野生の薬草ガイドの中の一冊を渡して、その植物について調べるように言った。それを調べた結果、彼女はアメリカ先住民がその植物を、伝染性のあるものを含めたさまざまな眼病の治療に用いていることを知った。彼らはその植物を採って、とろ火で煮たてたお湯に入れ、ろ過して用いているのだ。ろ過した液体を少し冷ましてから、一枚の布を湿らせ、閉じた目の上に交互に当てる。この湿布は眼病の他にも多くの伝染病に用いられる。彼らはまた、この冷ました液体を洗眼液としても用いている。これらのすべての情報を得て、彼女はますます当惑していた。それは一度も見たことのない植物だったからというよりも、そもそもなぜ、自分のところにこのヴィジョンがやって来たのか、それがまったくわからなかったからだ。そのとき私は、同じくそのクラスに参加していた彼女の母親の目に、ものもらいができていることを、彼女に思い出させた。

こうしたことは、私の生徒たちに常に起きていることであり、これは私が示せる無数の実例の中のほんのわずかな例に過ぎないが、ここで大事なのは、インナー・ヴィジョンは「浄化された純粋なものでなければならない」ということである。少年だった私に起こったことや、私の生徒たちに起こり得ることは、インナー・ヴィジョンのいくつかの劇的な成功の後に、肉的な心が、インナー・ヴィジョンがもたらす感覚と、その後に来る解放感をほぼそっくりコピーする方法を学習してしまうことだ。インナー・ヴィジョンの有効性が低下するのはそのときだ。肉的な心は、最終的には我々にインナー・ヴィジョンを完全に断念させるために、意図的にプロセスを省こうとするように私には思える。わかりやすく言えば、もしインナー・ヴィジョンが不正確で効果のないものになってしまえば、肉的な心が意図したとおりに、我々はうんざりして挑戦をやめてしまうということだ。

私があなたのインナー・ヴィジョンを浄化しなさいと強く勧めるのは、こういった理由による。その浄化の方法は、たゆまぬ努力によってのみあなたが獲得するプロセスだ。十年ほど前まで、私は自分のインナー・ヴィジョンを、グランドファーザーのように、完璧に信頼しきるという域には達することができずにいた。私のインナー・ヴィジョンはめったに私を失望させることはなかったが、結果が疑わしいことも、まれにあった。それはたいてい、私がプロセスを急いだり、肉的な心の侵入を許してしまって、結果を汚染してしまったりという、私の失敗から起こったものだ。私がたった十年ほど前にやっと、自分のインナー・ヴィジョンを完璧に信頼し始めたということを考えると、そこに到達するまで、私は二十年以上もの間、たゆまぬ努力を続けたということになる。私が生徒たちに言っていることは、自分のインナー・ヴィジョンを完全に浄化するまでは、一パーセントの失敗を想定しておきなさいということだ。九十九パーセントの奇跡によってあなたが達成できるものを考えれば、一パーセントは決して高い数字ではないだろう。

私はまた、ときにはインナー・ヴィジョンを用いることにより、その正確さに自分の命が実際かかっている場合があるということを、生徒たちに強く警告している。これは一パーセントの失敗の余地に対して、私が最近始めたことだ。インナー・ヴィジョンは肉を超えた世界に届くばかりでなく、あなたの内面深く、プライマル・セルフ、すなわち原始の自己にまで届くものだ。そこは本能の場所である。グランドファーザーは私に、どの植物が食べられて、どの植物が薬用になるかなどを知るのに、きみは植物分類ガイドを必要としないと言った。インナー・ヴィジョンが直接私の本能とのつながりを提供するのだと。「創造主は、人間を含めたすべての生き物に本能を与えられた。幼いシカが離乳されてすぐに母親を失った場合、その子鹿は食べられる植物と食べられない植物の区別がつかないだろうか。もちろん、子鹿はその区別を知っている。これと同じことがすべての動物について言える。人間も同じだ。神の創造物なのだから」と、グランドファーザーは言った。

簡単に言えば、グランドファーザーが言っていたことは、人類には、他の創造物と同様に生存本能が与えられているということだ。人類は地球から遠ざかって肉の世界に深く入り込んで行くにつれて、その本能を見失ってしまったとグランドファーザーは言っていたが、まさにその通りなのだ。ただ、現代人はそれを完全に失ってしまっているように見えるが、私はそれを信じていない。私は今まで何度も、生徒の誰もが知らないはずの植物の一部を生徒に与えて、一人ずつテストしてきた。生徒たちは、聖なる沈黙に深く入り、自分のインナー・ヴィジョンをガイドとして用いながら、その植物が食べられるかどうか、薬用として使えるかどうかということのみならず、薬用として使えるものならば、体にもたらす効果についてまで正確に言い当てている。私が行った実験環境の下では、これに成功しなかった生徒は見ていない。これが達成される手順はいたって簡単だ。だが、同時にこれはとても大きな危険をはらんでいる。それについてこれから説明しようと思う。

私はひとりの生徒を静かに座らせ、聖なる沈黙に深く入って行くよう伝えた。それから彼の手のひらに南米産の植物の根の一部を載せた。私は心の中で、それがどういう植物かたぶん彼はわからないだろうと思っていた。南米産ということばかりではなく、それがめったに見ない植物であり、これといった特徴がつかめないものだったからだ。実際、それが何に用いられるかを知っている薬草医は、わずかひと握りしかいないのだ。その生徒はインナー・ヴィジョンにその植物が食べられるかどうかを尋ねた。インナー・ヴィジョンは緊張を解かず、それは食べられないということを示した。次に彼は、その植物は薬として用いられるかと尋ねた。彼のインナー・ヴィジョンは、瞬時に劇的に緊張を解き、その植物は薬としての特性を持っているということを示した。次に彼が、それは体のどの部分に作用するのかと尋ねると、インナー・ヴィジョンは突然喉の部分一帯に広がった。驚いたことに、私が選んだ植物は薬用のもので、甲状腺の状態を整える治療に用いられているものだった。その生徒は正解を導いたのだ。

我々の祖先が食べられる植物、薬用の植物、有毒な植物を見分けた方法はこれだったのだが、現代人はこのすべてのプロセスと本能を失ってしまった。植物を識別する作業は、インナー・ヴィジョンにとって、いちばん難しい課題の一つだ。これは命にかかわるがゆえに、非常に難しいのである。一パーセントの確率の失敗であっても、それは確実にあなたの命を奪うに十分なのだ。それゆえに私は、インナー・ヴィジョンを、こうした目的のためには、どういう形であれ、用いないよう厳しく忠告する。この十年、私はこういうことに用いても十分なほどに自分のインナー・ヴィジョンを信じているが、それでも、私はいまだに、私の得た結果の確証を得るために植物識別分類ガイドを用いている。**あなたも同様にしなければならない**。グランドファーザーは食べられる野生の植物を見分けるのに、インナー・ヴィジョンを常に用いてもまったく問題はなかったが、それはほかならぬグランドファーザーだからだ。私は人々に、そのほかに選択の余地がないという場合を除いては、これを試みることのないよう強く言っている。埋められていた槍の穂先を見つけたり、紛失したカギの束を見つけたりすることは、たとえ一パーセントの確率で失敗したとしても、殺されることはない。だが、食べられる野生の植物を見分けるという課題は、その可能性を十分はらんでいるのだ。

先にも述べたように、私はインナー・ヴィジョンを、自分自身が無条件に受け入れられる次元まで純粋なものにするのに、二十年以上もの間たゆまぬ努力を続けた。だが、あなたはその純粋さを獲得する仕事に、今とりかからなければならない。インナー・ヴィジョンの浄化は、聖なる沈黙によって極めて簡単に達成できるのだ。あなたがインナー・ヴィジョンに尋ねる必要を感じたときや、コミュニケーションをとりたいときは、まず、聖なる沈黙のもっとも深いレベルまで入って行くことが最善の道だ。この聖なる沈黙は、肉的な心を静め、スピリチュアルな心を顕現させる。このスピリチュアルな心をとおして、インナー・ヴィジョンの声はやってくる。このように、浄化の瞬間は、本書に述べた瞑想を行うときにやって来るのだ。ブレス・トゥー・ハート・トリガーの先にあるその場所で。この瞬間が、肉的な心が静まり、我々が浄化を獲得し始めるときなのだ。あなたが、インナー・ヴィジョンをこの浄化された純粋な場所にはこび込む頻度が高くなれば高くなるほど、インナー・ヴィジョンの純粋度は高まっていく。

たしかに私は、自分のインナー・ヴィジョンにおける絶対的な純粋性とそれに対する確信に到達するまで、二十年以上もの長い年月を必要とした。今でも、厳しいストレスのもとで、失望させられるときもあるにはあるが、私はその誤りやすい場所を知っているし、それを完全に回避できる。しかしながら、私はこういった努力型の人間だが、多くの人が私よりもずっと早く、この純粋な地点に辿り着けるということを私は知っているのだ。この本で述べた基本的な技術を学ぶことに、私は人生の多くの時間を費やしてきたが、その技術は、あなたがわずか数日で学び、わずかな練習で習得できるものだ。あなたのインナー・ヴィジョンは、自然界のスピリットや、スピリットたちの世界に届くばかりでなく、さらにはあなたのもっとも奥深いところの記憶、すなわちプライマル・セルフにまで、あなたの本能の領域にまで届くということに、あなたは気づくことになる。あなたはおそらく、ただちにインナー・ヴィジョンにおいて九十パーセントの成功率を獲得し、聖なる沈黙といくつかの練習を加えることによって、九十九パーセントの成功率を獲得することになるだろう。だが、百パーセントの完璧な完成までには長い年月をかけたたゆまぬ努力が必要となる。

12 エンヴィジョニングのパワー

ほとんどの瞑想はそれ自体が最終結果となっているが、我々は聖なる沈黙を、最終結果としてではなく、自然界のスピリットとスピリットの世界への乗り物であり、懸け橋であると考えている。しかし、ただそこにたどり着くだけでは十分とは言えない。少なくとも、グランドファーザーの関心はそこで終わっていない。これらの世界が発する声をどうすれば聴けるのか、彼らが我々に伝えようとする内容をどうすれば理解できるのか、それについても我々は学んできた。こうして我々は手の届かない遥か彼方に横たわる広大な領域について認識し始め、今やそこにアクセスすることも可能となり、すでにこうした肉の外側の世界で活動し始めている。だが、我々はこれらの世界とのコミュニケーションについて、さらに理解を深めなければならない。そこにたどり着くこと、あるいはただその声を理解すること、それだけでは十分ではない。我々の必要とするものを、これらの世界に伝えることができなければならないのだ。それが可能となれば環は完成し、我々はそこで十分に活動し、役割を果たすことができる。そしてついに我々は、何より大切な究極の命の拡大である、「ワンネス」に触れることができるのだ。

グランドファーザーは、「肉的な心《フィジカル・マインド》は我々の最大の敵であると同時に最大の同志だ」と何度も言っていた。我々がスピリットの世界の広大な領域に向かって、必要とするものや願望やスピリチュアルな方向性について、なんらかの問いかけを発信するときに活躍するのは、このマインドが持つ同志の部分なのだ。肉を超えた世界との交信のためには、これらの世界が我々に向かって発している言語と同じ言語を用いなければならない。つまり、我々もまた、ヴィジョン、夢、サイン、シンボル、感覚といった彼らの言語を使用することについて、学ばなければならなくなるのだ。だが、我々が伝えたいことを正確に夢に見ることなどできるだろうか？　それは、サインやシンボルで伝えるのが難しいのと同様に、非常に難しいことだ。これらを用いるとなると、その正確さの度合いを抜きにして考えても、あまりに複雑なものになる。そうなると、残るはヴィジョンと感覚である。つまり、我々に残されたコミュニケーションの手段は、目覚めているときのヴィジョンや、感覚というものを利用すること、それに尽きるのだ。

我々のマインドが、ヴィジョンというものを呼び出す場合について考えてみると、白昼夢を見たり演じたり想像してみたりと、いずれも説得力というようなパワーには欠けたものが多いことに気がつく。これらはどちらかというと、自由自在で非常に鮮明なものが多いが、本当の意味での統制力も方向性も、そして結局、パワーも持たない。これらの多くは空想から生まれ、真実のスピリチュアルな実体からではなく、極端な場合は、妄想から生まれることもある。あと一つ残るのは、多くの人が、ヴィジュアライゼーションと呼ぶものである。だが、グランドファーザーが考えていたように、このヴィジュアライゼーションも十分ではない。これもまた、パワーに欠けるのだ。ヴィジュアライゼーションはスピリチュアルな欲求にもっとも近く、ある程度のパワーも持っているが、そのパワーは依然として二次元的、すなわち平面的なものだ。ヴィジュアライズする人自身はその中に実際に存在してはいない。彼は自分の願いどおりのイメージを見て、その声や音まで聞くかもしれないが、それは劇場の観客席に座って映画を見ているのと同じ状況だ。彼はそこにいるが、その映画の中の一部にはなっていないのだ。

そこで、残されたのは、グランドファーザーが、エンヴィジョニングと呼ぶ方法だ。エンヴィジョニングは三次元的、すなわち立体的なものであり、あなたはあなたがイメージするものの中の一部になる。ヴィジュアライゼーションとエンヴィジョニングの違いを説明するのにベストな方法は、私が生徒たちにその違いを教える方法だ。あなたはそこに座って本書のこの段落を読みながら、目を閉じて自分がどこか別の場所にいるところをヴィジュアライズ、つまり視覚化する。ここであなたが感じる感覚と画像は、ヴィジュアライゼーションだ。だがエンヴィジョニングは、あなたが実際に、そのどこか別の場所にいて、あなたにとっての「ここ」であるその場所で、本を持ったままの自分を見ているというものだ。エンヴィジョニングはあなたを完全にその場所に置くものであり、どこか他の場所にいるという感覚さえも消えてなくなるものなのだ。エンヴィジョニングは非常にリアルであり、その確実性とリアリティがあるからこそ、究極のパワーを持つ。

聖なる沈黙、つまり瞑想と、インナー・ヴィジョンによるコミュニケーションは、まちがいなく万人に通じる真理であり、あらゆる宗教や哲学を貫く一本の共通する糸だが、エンヴィジョニングもまた、そういうものである。しかしながら、現代人はエンヴィジョニングのパワーを失い、現在用いられているものは、エンヴィジョニングのかたちはとっていても、未熟で無目的なものだけである。人間は肉に縛られるにつれて、私がエンヴィジョニングと定義するものから遠ざかってしまった。このようにしてエンヴィジョニングはそのパワーを失ったのだ。祈りは本質的にヴィジュアライゼーションの言語化されたかたちであるが、単なる言葉だけでは、真実の祈りとして十分ではないと私は思っている。祈りは、肉を超えた世界に届けられるものであり、単なる言葉よりも、もっとエンヴィジョンされたものでなければならない。私の経験や、多くの私の生徒たちの経験から、我々の必要とするものを伝える場合、祈りを通すよりも、エンヴィジョニングを通したほうが、はるかに効果的に伝わることがわかっている。与えられる結果がずっと強烈で、パワーに満ちているのだ。

もし古代人が祈りについて語るのを聞けるとしたら、彼らは、実際にエンヴィジョニングのことを語るはずだと私は固く信じている。彼らにとって言葉はエンヴィジョニングを生み出す出発点でしかない。彼らは言葉を感じたり、言葉そのものになったりすることはできなかったが、祈りが言葉になる前に、すでに祈りが成った状態を心に感じている自分を、はっきりとエンヴィジョンすることができたのだ。エンヴィジョニングは、彼らが望む現実の中に彼らを置いた。彼ら自身が本質的に祈りそのものになったのだ。彼らは自らエンヴィジョンするそのものを生きるため、言葉は重要ではなかった。しかしながら、エンヴィジョニングは、絶対的信念とインナー・ヴィジョンによる導きと、自我を超えた一つの目的とが伴わない限り、祈りと同様に、肉を超えた世界に声を届けるというパワーを持つことはできない。これについては、「ヴィジョンの強化」について扱う章でさらに述べたいと思う。ヴィジョンの強化は、エンヴィジョニングと同様にとても重要なことなのだ。ここでは、エンヴィジョニングのパワーについてさらに述べていきたい。

基本的なエンヴィジョニング・エクササイズ

このエクササイズは簡単に一人で行えるものなので、パートナーにガイドしてもらう必要はない。だが、ここでも私はパートナーの重要性を強調しておきたい。なぜならエクササイズを終えたあとの最終分析を行う際に、パートナーはあなたの証明の一部を担い、あなたの一連の信念を支えてくれるからだ。あなたのパートナーにもこのエクササイズを行ってもらうことがとても大切だ。あなたと一緒に行ってもいいし、別なときでも構わない。このエクササイズを行っている間は、あなたが見たものや、感じたこと、あるいはこのエクササイズでエンヴィジョンしたものについて、あれこれ話してはいけない。後日、あなたが行ったことをシェアするが、今は、詳細を自分の中にとどめておいてください。

これは、初めのうちは自己催眠のように思えるかもしれないが、いかなる催眠術をもはるかに超えるものである。最終分析において、あなたは自分自身とあなたのパートナーに、これはイメージしたものではなく、スピリチュアルな現実なのだということを言明するはずだ。実にリアルだと。だが、この時点では、これが本物なのかイメージなのか、という問題にあまり縛られないことが大切だ。議論の糸口として、あなたが今行っていることはイメージの中のことと考えてみよう。そう考えれば、あなたはさほど懸命に取り組もうとはしないので、逆に自由自在に動くことができて非常に楽しくなってくるはずだ。あなたがあまり必死になりすぎると、結果は非常に貧弱なものになる。また、ここでは、あなたは何でもコントロールできる万能な状態にあるということに気づかなければならない。もしエンヴィジョニングにおいて、ひょいと入ってくる何かが気に入らなければ、それを別な何かに変えてください。できないなどと言ってはいけない。その何かがそこにあって、あなたがそれをイメージしたのであれば、あなたにはそれを取り除くパワーがあるはずなのだ。

この基本的なエンヴィジョニング・エクササイズには、三つのエリアが存在する。道と階段と、もう一つ、私が「メディスン・プレイス」つまり魔法の場所と呼ぶエリアだ。この三つのエリアのすべては、人工的なものの影響を受けていない、できる限りナチュラルなものに保つようお勧めする。そもそも、人工的なものは、肉に属するものであり、自然界における実体ではなく、したがって、スピリットの世界では、当然のことながら不要なものなのだ。しかしながら、もし人工的なもののほうが、イメージの中の世界であなたをより心地よくさせるという場合は、是非ともそれを用いるべきだ。私の生徒たちが全般的に、肉の世界を想起させるような意識散漫のもとを持たない環境のほうが、ずっと良い結果を出しているのは事実である。さて、これを心にとめながら、このイメージの中の三つのエリアを一つずつ、取りあげていこうと思う。

まず、あなたが歩いて通れる道、つまり、人が通る道や動物が通ってできた道をイメージしてください。あなたが心地よさを感じるどんな道でもよい。私が子供の頃、このエクササイズでよく用いた道は、大好きなパイン・バレンの深い森の中の小道だった。あなたの道として山や砂漠やジャングルや草原や、その他どこでも、好きな道を選んでください。肉の世界に存在している道を用いてもいいし、その道に何かをつけ加えてもいい。生徒の中には、自分のお気に入りの道を用いて、その全体としての個性にさらにイメージされたものを加えて、良い結果を得た人たちもいる。

階段はたいてい古い石で作られている。はじめにイメージした道を右に下りるようになっていて、下りた先にアーチ門か入り口のようなものがあり、そこでいったん行き止まりになっている。ここでも、あなたは自分の好きなように、どのような階段でも創れるし、どのような入り口でも創れる。大部分の生徒たちは石の階段を好み、アーチ門も石造りのものを好むようだ。このアーチ門の向こうに、あなたの「メディスン・プレイス」魔法の場所がある。

あなたの「メディスン・プレイス」は非常に特別な場所だ。そこには多くの次元世界と、多くの風景と多くの感覚が存在している。そこであなたは自分の願うことは何でも創り出せる。どんな風景でも創り出せるし、その風景を組み合わせることもできる。それはあなたが知っている実際に存在する風景でもいいし、多くのイメージの中の風景でもいい。その場所では、あなたは一人の神のような存在だ。空も飛べるし、水中深く何時間でも泳げる。思いのままにものを創り出せるし、動物と一緒にあちこち歩き回ったり、鳥と並んで空を飛んだり、魚に話しかけたり、何でもできるのだ。そして何より、そこにいるあなたは、力に満ちあふれ、くつろぎと平安に包まれて、安全で健康で幸せなのだ。そこは肉の世界でのイライラや争いや奴隷のような労働や、そういったすべてを忘れて遊ぶ場所であり、再び子供に返る場所だ。そこは究極の自由を満喫する場所なのだ。

あなたはこの場所のすべてを、道も階段も、そして「メディスン・プレイス」も、可能な限り本物に近づけて創り出さなければならない。それはとても重要な点だ。あなたはこれらの場所を歩き回るのに、五感のすべてを使いたいと思うだろう。エンヴィジョニングが純粋なものであればあるほど、その場所はますますリアルになってくる。実際、私の生徒たちは、これらの場所があまりにリアルで、あまりに楽しさにあふれているため、再び肉の現実世界に戻りたがらなくなる。自分の「メディスン・プレイス」から戻って来た生徒たちは皆、リフレッシュしリラックスした様子で、力に満ち溢れているのだ。それは真に歓喜のひとときであり、束の間であれ、日常生活からの解放なのだ。ここで再び、これらの場所が本物なのか、イメージされたものなのかという問題が出てくるが、それは重要ではない。今の時点では、これはイメージされたものとしておこう。もっとも、あなたが実際そこを訪れたあとには、別の考えを持つだろうと私は思っている。さあ、それでは、これらのイメージされた世界の旅を始めよう。

このエクササイズは楽な姿勢で横になりながら行うことを強くお勧めする。自分の寝室のような、じゃまの入らない場所を選ぶのが理想的だ。まず、睡眠と瞑想を分けているものは一本の細い糸でしかないことを心にとめておいてほしい。それを思えば、あなたは自分の行っていることに完全に集中したいと思うだろう。集中を失えば、眠ってしまうことになるからだ。あなたの住まいの周囲が騒音でうるさい場合は、外からの気を散らす音を消すために、何か軽いニューエイジ系の音楽を、バックミュージックとして流すのもいい考えだ。

私は初めてのこのエクササイズを、グランドファーザーと一緒に静かな小川のそばの苔におおわれた土手に横になり、バックミュージックとして自然の音を用いながら行った。室内で行う場合は、自然の音を録音したテープを使ってもよい。同じ成果が得られる。このエクササイズでは、あなたのエンヴィジョニングのプロセスを導くために、私が子供の頃使っていたエンヴィジョニングの場所を用いてみたいと思う。とは言っても、あなたはこれらのいずれも、自分で変えることができるということを覚えておいてほしい。なぜなら、私のこの場所は、ただ出発の場所としての参考例にすぎないからだ。

エンヴィジョニング・エクササイズを始めるにあたり、あなたはまず、聖なる沈黙のエクササイズを全部通して行い、確実にそこへ入るために、何回かのブレス・トゥー・ハート・シーケンスを行って締めくくらなければならない。さぁ、それでは、あなたの思い描く道の出発点に立っているあなた自身をエンヴィジョンしてください。その道を歩き出す前に、イメージした自分自身の目を通して、その道を見ているということを確認してください。足の裏に地面を感じながら、爽やかに澄んだ空気の匂いを嗅ぎ、木々にそよぐ風の音や、鳥たちのさえずり、そして自然の奏でるシンフォニーに耳を澄ましなさい。視覚と聴覚と味覚と嗅覚と触覚という五感のすべてを用いて、さらに地球の引力と自分の置かれている地面の上の位置まで感じ取りながら、あなた自身が、完全にその場所にいるということを実感してください。それでは、ゆっくりと歩き始めよう。一歩進むごとに、すべての五感で、自分の体の動きを感じ取り、イメージの中の目を通してすべてを見てください。ここでも、あなたがそのイメージした画面の一部になれる度合いに応じて、そして、イメージの中の自分の目を通して見たり、イメージの中の自分の感覚で感じたりする度合いに応じて、その場所はますます鮮明でますますリアルなものになってくる。

あなたはその道をたどりながら、一歩進むごとに、深いくつろぎと平安に満たされていくのを実感する。あなたの旅は数分間のものだが、聖なる沈黙の中では、時間というものは存在しない。あなたがその道の端に近づくと、右に下りる階段が目に入る。それは古い石の階段で、まるで地球の基岩そのものを彫り込んで作られたように見える。階段の降り口に近づいて下に見えるアーチ門を見てください。アーチ門を通してどっとあふれ出ているのは、まばゆいほどに輝く太陽の光線だ。あなたはその光の清らかさと平安と癒やしの特質を感じとる。あなたは階段を下り始める。森の中の道を歩いていたときよりも、さらにくつろいだ気分になっていて、さらに集中度が増してくるのをあなたは感じる。自分自身が歩いているのを見るというよりも、再び、あなたのイメージの中の目を通して階段を見てください。あなたのすべての五感を用いて、可能な限り、その階段を鮮明でリアルなものにしてください。生徒たちには、このプロセスが難しくならないよう階段は十段だけにするように言っている。

あなたが太陽の光線に近づくにつれ、光があなたの足に届き、足が温かくなってくるのを感じてください。アーチ門からあふれ出すその光の癒やしの特性を感じてください。そして一歩下りるごとに、その光がどんどんあなたの体の中を上昇してくるのを感じてください。ついに、あなたは一番下の段に立っていて、その光の温かさが全身を満たすのを感じている。あなたはアーチ門をじっと見つめながら、その門が、あなた自身のプライベートな世界への入り口であることに思いをめぐらす。そこは喜びと平和と健康と安全しかない世界だ。何の制限もなく何の問題も存在しない。あらゆるものが安定と調和の中に生きる場所である。あなたは一人の神であり、何でもできる存在なのだ。何よりも、そこはあなたがすべてのものをコントロールできる世界であり、奇跡を起こせる世界なのだ。あなたはそのアーチ門をくぐってそこへと入る前からすでに、「メディスン・プレイス」のパワーを感じ取ることができるのだ。

さぁ、いよいよあなたのアーチ門をくぐり、そこに広がるあなたの世界の息をのむような美しさに目を向けよう。山々や緑の谷間やジャングルや美しい砂浜や滝、動物たち、鳥たち、魚たち、イルカたち、そして、野生の花々や静かな池や温泉。あなたはあらゆる木々や花々や風景を自分の好みに合わせて創り出すことができる。あなた自身がとても心地よく感じ、平安に満たされて、生き生きと力が湧いてくるような場所を創ってください。肉の現実世界に存在する自分の知っている場所を加えることもできる。ジャングルと砂漠が隣り合うこともできる。そこでは欲しいものは何でも手に入り、欲しくないものは何でも取り除くことができるため、こうしたことは、何の問題にもならない。そもそも、そこはあなたの世界であり、あなたはその世界における一人の神なのだ。もしそこで、あなたが自分の好まないものを変えることができないと感じるなら、それは、あなた自身の心が制限を加えているからだ。しかしながら、あなたがその世界を繰り返し訪れているうちに、やがて、その風景は変わらぬ姿をとどめるようになる。それが本来の姿であるからだ。

あなたの「メディスン・プレイス」で、イルカと泳ぎ、鳥と空を飛び、ほら穴や大洞窟の神秘の中を冒険し、動物を可愛がり、花の香りをかぎ、木に登り、山に登り、滝の下に立ちなさい。したいことは何でもできるが、何よりも、楽しもう。そして、もう一度、天真爛漫な子供に返ってください。くすくす笑ったり、大声で笑ったり、泥んこに転がったり、波とたわむれ、胸とお腹を滑らせて波に乗るボディーサーフもして、思いきり自由に、喜びに満ちて踊り、平安とパワーがあなたに満ち満ちてくるのを感じてください。ここにある荘厳な美しさ、雄大さをしっかりと感じとってください。何もかもすべてが可能であることを知ってください。体と心とスピリットが癒やされていくのを感じ取り、あなたは完璧な全体、完全であることを知りなさい。あなたの意識をこの場所に注ぎ込み、イメージしたあなたの目で見て、あなたの行うことすべてに感動を覚えなさい。ここで心に留めるべき大事なことは、この「メディスン・プレイス」における最初の段階では、イメージの中でいかなる人間の影響も受けてはならないということである。あとから、何でもつけ加えられるようになるが、今は、あなた以外の人間からは離れた、自然というテーマに集中しなさい。ある動物の恰好をしてみたり、好きなようにその恰好を変えてみたりするのも、とても楽しく愉快なことだ。

さて、あなたが、肉的な世界の現実に戻りたくなったら、アーチ門に向かって歩き始めてください。アーチ門をくぐり抜けて、イメージの中の階段を上り始めてください。一歩上るごとに、あなたの力が戻ってくるのを感じながら。最後の段に上り着いたら、あなたの意識をあなたの肉体に移しなさい。腕と脚を少しずつ動かしながら、ゆっくりとストレッチを開始してください。そのあと、ゆっくりと注意しながら上体を起こし、座った姿勢のまま数分おいて、それから立ちあがってください。私が考案したあなたのイメージの中の旅は、ほぼ完全な環の形になっていることにあなたは気づくだろう。あなたはイメージされた階段を下り、それを再び上ってこの旅を終えた。この循環するかたちは、他のかたちをとった場合よりも非常に良い結果をもたらすため、すべてをこのやり方で行うのがベストだということに、私は気づいたのだ。あなたもすべてを循環するかたちで行うよう心がけるとよい。私の生徒たちが何か問題を抱えているような場合はいつも、彼らが瞑想を循環的に行っていないときなのだ。

昔、グランドファーザーが、この循環アプローチの扱いについて、私に話してくれたことを思い出す。一人の若い男が、大きな石を持ちあげるところをエンヴィジョンしながら座っていた。エンヴィジョニングを始めるたびに、彼は実際に体を起こして、その石を持ちあげようとした。何度やっても彼は失敗した。これを見ていた長老が、彼のところにやってきて、何をしているのかと尋ねた。若い男は、自分が試みていることについて、長老に話した。長老は彼に、何をエンヴィジョンしているのかと尋ねた。彼は自分が身をかがめてその石に近づき、軽々と持ちあげているところをエンヴィジョンしていると答えた。長老は彼を見てにっこり笑い、それは中途半端な話だと言った。その石をまた下ろして元に戻さなければならないと。若い男は、次のエンヴィジョニングで、石を持ちあげた後、それを元の位置に下ろしている自分を見た。そうすることで、彼は実際にその石を持ちあげることができたのだ。

あなたがイメージの中で道を歩いたり、階段を下りたり、そしてとくに、メディスン・プレイスにいたときのことなどの詳細を、あなたのパートナーに話してはいけない。これはとても大事なことだ。私は生徒たちに、イメージの中でメディスン・プレイスへの旅を数回行ってくださいと強く勧めていて、回を重ねるごとに、さらに鮮明でリアルなものにしながら、その場所に慣れ親しむまで行ってくださいと言っている。イメージの中の旅の初めの数回は、できるだけ気を散らされないように、静かな環境の中で横になった状態で行うのがベストである。今は、あなたのイメージの中のメディスン・プレイスをできる限りリアルで親しみやすい場所にすることが大切なのだ。

旅

何度もメディスン・プレイスを訪れているうちに、あなた方の多くが、この場所は本物なのかイメージなのかと考え始める。簡単に言えば、それは本物なのだ。この場所はいつもそこに存在するものであり、スピリチュアルな世界にある我々一人一人のための、プライベートな場所なのだと私は感じている。この場所に行くことは、我々が生まれながらにして絶対的に持つ権利であり、創造主が我々すべてに与えてくれた贈り物なのだ。私は人間一人一人が、自分だけの唯一無二のメディスン・プレイスを持っていると信じているし、知っている。実際、あなたがメディスン・プレイスで風景をそれ以上変えられなくなったときは、あなたがついに、その実体にたどり着いたときなのだ。あなたがその場所の風景を変えようと試みても、常に元の姿に戻ってしまうというのは、素晴らしいことだ。なぜなら、その風景があなたのメディスン・プレイスの本来の姿であるからだ。それが本物の世界だと、どのようにしてわかるのかとあなたは問うだろう。私の答えは簡単だ。誰かほかの人をその世界に連れて行けるからと私は答える。イメージだけの世界に誰かを連れて行くことなど、できるはずがないからだ。

あなたとあなたのパートナーは静かな部屋でこれを行う。並んで座れるかあるいは横になれる、気を散らすもののない部屋が望ましい。音楽や自然の音を流したりしながら、二人がくつろげる慣れ親しんだ雰囲気を大事にするのはとてもいい考えだ。何か新しいことを加えて、それがパートナーの気を散らすことがないようにしなければならない。次に、旅の開始時に行う合図を二人で決めなければならない。私の提案は、簡単に相手の手をぎゅっと握るか、袖を軽く引っ張るかのいずれかであり、それで十分だと思う。最後に、どちらが主人でどちらがゲストになるかを決めなければならない。大切なのは、旅の開始と同時に、主人は自分のメディスン・プレイスの大切な特徴を、ゲストに見せて案内するたくましいリーダーにならなければならないということだ。ゲストは可能な限り、偏見のない開かれた心で、外的な思考を遠ざけ、歩いていく過程で目に入るものはしっかりと心に留めるようにする。

こうしたすべての調整が完了すれば、いよいよ旅の開始だ。二人は、並んで横になったり、何かにもたれたり、座ったりしながら、主人はゲストの手を握るか、袖をつかむ。この何らかの身体的な接触は、エンヴィジョニングのプロセスを強化し、主人とゲストの役割をしっかりと維持することに役立つようだ。このプロセスは、双方とも同様にリラックスし、同様に集中したマインドの状態で開始できるよう、まず、聖なる沈黙から始めなければならない。主人は、「ブレス・トゥー・ハート」シーケンスの最終段階を終えた瞬間に、ゲストと腕を組むか、手をつないだ状態で、道の出発地点に立っている自分をイメージしなければならない。次に、身体的な接触とエンヴィジョンの両方でゲストの手を一瞬ぎゅっと握りしめるか、袖を引っ張るかして、いよいよ旅の開始となる。この時点で、主人はゲストの手や袖を放したところをエンヴィジョンするとよい。肉的なレベルでは依然として、ゲストの手か袖をつかんだままだ。

主人は、非常にたくましく活発なリーダーでなければならない。彼はパートナーが自分と一緒にその道を歩いているところをエンヴィジョンし、同時に自分が、さまざまな興味深い場所や、花や木や細い道や、多種多様な動物まで、特徴的なものを、意識的にゲストに紹介し、見せてあげているところをエンヴィジョンする。主人はその道をずっとゲストをリードしながら歩き、階段のところまで来る。ここで少しの間立ち止まり、ゲストに階段と階段の下に見えるアーチ門を指して説明しなければならない。旅は階段を下りながら続き、主人はそれまでと同じように、その階段の特徴や、その他の興味深いところ、さらにその周りのものについて、ゲストに紹介しながら見せてあげる。ここでも、主人はたくましいリーダーでなければならず、ゲストは偏見のない開かれた心のままでいなければならない。

さて、本当の面白さは、主人がゲストと一緒にアーチ門をくぐって案内するところから始まる。ここでは、ゲストも主人と同じくらいパワフルになり、飛ぶこともできるし、水中深く潜っても楽々と呼吸をし、動物を可愛がり、そのほかたくさんの驚くべきことをする。ただし、ゲストはそこを訪問しているだけであるから、そこの風景の中の何かを変えたりすることは自分には出来ないということを、しっかり覚えておかなければならない。ゲストはこのエンヴィジョニングにおいては能動的な立場ではなく、偏見なく心を開いた、受動的な立場であるから、こうしたことは口に出してもいけない。これはありえないことなのだ。さて、主人はゲストにさまざまな風景を見せたり旅行に連れ出したりして、何よりも、楽しさと歓喜に満ちた感覚を保ちながら、これまでよりもさらに、ますますたくましい存在でいなければならない。主人はまた、その場所特有のものを取りあげてゲストに見せたり、その場所ならではのユニークな冒険をゲストと一緒にしたりしながら、ゲストがすべての時間を自分と一緒に過ごしているということを確実にエンヴィジョンする。

しばらくして、旅は終わりに近づき、あなたとパートナーは二人でアーチ門を出る。この時点で主人はゲストの手を握るか、シャツの袖を軽く引っ張り、パートナーに今アーチ門を出たことを知らせる。ここで二人は階段を上り、それぞれの肉体に戻ることができる。二人は完全に覚醒した後、おそらく一時間あるいはもっと長い時間、その場に座って話し合いをする。ゲストは自分の頭に浮かぶすべてについて話をする。大事なのは、ゲストの覚えた感覚や興奮や感情や、説明を受けていない意味不明なイメージまでも、主人に伝えるということだ。たとえば、泳いでいるように感じたとか、飛んだり滑ったり遊んだりと、ゲストは感じたことをそのまますべて伝えなければならない。色やにおいや音や、さらに、エクササイズにはまったく何の関係もないと思われるイメージについてまで、話す必要がある。

初めに何の意味も持たないと思えたことでも、決して無視することがないよう注意しなければならない。ある生徒がこのエクササイズの中で、雪の積もった丘の斜面を滑り降りる感覚を覚えたが、それを自分がゲストとして招かれたメディスン・プレイスと関連づけることができなかった。ところがよく調べてみると、彼女を旅に招いた主人は、傾斜の緩やかな白く泡立つ滝のところに彼女を連れて行き、二人でその滝に乗って下まで滑り降りたのだそうだ。彼女が見た丘の斜面はその滝だったのだ。また、別の例で、主人はゲストを鷲の背中に乗って飛ぶ飛行に連れて行ったが、ゲストは一枚の鷲の羽根に乗って飛行する場面を見ていた。また別の例だが、ゲストは柔らかな羽根布団の上を、さまざまな花模様を見ながら、二人で転がって遊んでいたと言い、主人は、二人で色とりどりの花々が咲き乱れるなだらかな丘の斜面を転がり下りていたと言う。またある主人は、お気に入りの人なつこい大きな熊と戯れるところをゲストに見せたと言い、そのパートナーは、熊の鼻のイメージが浮かんできたと言う。

こういうことがあるので、生徒の中には、これは単なるパートナーのマインドを読み取る行為なのではないかと尋ねてくる人々がいるが、これに対しては、即座にそうではないことを示せる一つの簡単な事実がある。ゲストはしばしば、主人のメディスン・プレイスにある、主人が実際に取りあげたり、ゲストを連れて行ったりしなかった場所や物のイメージに言及することがあるのだ。もしこれが単純なマインドの読み取り行為ならば、ゲストが言及するのは、メディスン・プレイスで実際に主人が取りあげた物や、ゲストを連れて行ったところに限定されるはずだ。また、自分が取りあげた物や連れて行った場所の中で、ゲストが言及しないものもいくつか残されていることに、あなたは気づくはずだ。これはおそらく、あなたもパートナーも、まだ純粋な心《マインド》のレベルまでは達していないということによるものであり、そこに到達するまではかなりの時間を要する。エンヴィジョニング・エクササイズに限らず、いかなる瞑想においても、我々は皆、雑念と格闘せざるを得ないのだ。

ある標準的な基本哲学ワークショップで行われた旅のエクササイズでは、八十五パーセント近い生徒が確固たる成功をものにし、数パーセントがまあまあの成績で、残るわずかな生徒が何も成果を得られなかった。もし、あなたがこの最後のカテゴリーに入っているとしても、心をかき乱したり、自分を叱ったりする必要はまったくない。あなたは何も悪いことはしていない。最初うまくいかなかった生徒たちが、次の試みで、素晴らしい成功を収める例を私はよく見ている。最初の旅のすべてが、旅人の恐れを取り除き、そこでの経験に対して心を開くためだけに用いられることもあるのだ。また、旅の邪魔をするその他の多くの要素もある。たとえば、旅を始める気分になっていないとか、外部からの意識散漫のもとや、あるいは体調不良など、そういったものに影響される場合もあるのだ。簡単に言えば、時間をかければ誰にでも達成できるということである。

生徒たちは、ひとたびこの場所が本当に実在するということに気づくと、それはどこにあるのかと最初に聞いてくる。このメディスン・プレイスはスピリットの世界にある我々の小さなホームなのだと私は答える。我々が奇跡を起こすのはこの場所だ。なぜなら、スピリットの世界は何の制限もなく、時空を越えた場所だからだ。生徒たちはさらに、「私たちはそこで何ができるのか」とか、「どのようにして、そういった奇跡を起こすことができるのか」などと聞いてくる。おそらくそれは、あなた自身が聞きたいことでもあるだろう。私は彼らに、奇跡に近い驚くべき結果を生み出す簡単なエンヴィジョニングから始めさせる。これは生徒たちに、スピリットの世界で何が可能であるかを、そのまま見せてくれるからだ。彼らがこうしてエンヴィジョニングをとおして奇跡的な結果を生み出すことに成功した後、私は彼らを無数の奇跡へと導いていくことになる。

聖なる場所

あなたがしばらくの間、何度か自分のメディスン・プレイスを訪れて、その場所にとても慣れ、安心して過ごせるようになったら、そのメディスン・プレイスの中に特別な場所を見つけるか創り出すかしてください。もっとも心地よく、安心できて、健康的で、そして何よりも、活力に満ちた場所であり、あなたが自分のメディスン・プレイスの中心と考える場所だ。この特別な場所は、あなたがとても楽に、心地よく、立ったり座ったり寝そべったりできる場所でなければならない。私は自分の場所を初めて創ったときに、小さな岩を円形に置いて、その場所のしるしにしたが、あなたもそうしたいと思うかもしれない。こうして、その場所は周囲から目立つ存在になる。グランドファーザーはそれを我々の「聖なる場所」と呼び、私はその場所を私のスピリチュアルな宇宙の中心であると考えた。それからもう一つ、あなたの聖なる場所の一部、端に近いところに、上部が平らになっていて、ちょうどあなたのウエストあたりまでの高さの大きな岩を置くことをお勧めする。その岩は、人が横になれるだけの長さと広さを備えたものでなければならない。だが、この岩はあなたの聖なる場所の中心に置いてはならない。

簡単に言えば、この聖なる場所は、あなたの仕事部屋であり、あなたがスピリットの世界で奇跡を行う場所だ。あなたのスピリチュアルな仕事の大部分が始まり、終わる場所なのだ。

つまり、我々が仕事を始めるためにやって来る場所であり、循環の法則に従って、スピリチュアルな仕事を終える場所でもある。我々がそこにいるときに、我々を害するものは何一つない。なぜなら、その場所にいる我々は非常にパワフルな存在だからだ。初めにインナー・ヴィジョンと信念の力に導かれたものであること、この条件を満たしてさえいれば、この場所の中心からすべてのことが可能になる。次のエクササイズを始める前に、あなたは何度かこの場所に行かなければならない。そうすることによって、あなたの出発と終了の地点が非常にパワフルなものになる。

スピリットの旅

次のエクササイズは生徒たちに、スピリットの世界にある彼らの聖なる場所から何が始まるのか、何ができるのか、それを感じとってもらうために準備されたものだ。このエクササイズはまた、彼らの中にさらに学びたいという思いを生み、自分が奇跡を創り出す助けになりたいという思いをも生み出す。あなたはまず、フィジカルな現実世界に一つの場所を選ばなければならない。その場所は、この瞑想をする場所から歩いて行ける距離でなければならない。そこは、これまであなたが探検したことはないが、存在することは知っているという場所でなければならない。車で行くような遠い場所を私は提案しない。なぜなら、それは始めたばかりの旅としてはあまりに複雑なものになるからだ。シンプルなものにしないといけない。その場所が、あなたの心《マインド》の中で選ばれたら、「スピリットの旅エクササイズ」の出発の準備に入ったことになる。ここでも、聖なる沈黙と、それに続くエンヴィジョニングに完全に集中できるように、気を散らすものがなく、心地よく感じる場所を選ぶ必要がある。

ゆったりと横になるか座るかして、聖なる沈黙に深く入り、再び、ブレス・トゥー・

ハート・シーケンスで締めくくるようにしてください。それからいつものあなたの道を歩き、階段を下り、アーチ門をくぐって、メディスン・プレイスに入る。そこでしばらくの間遊ぶ。あなたは急ぎたくないはずだ。それからあなたの聖なる場所に入り、肉の現実世界でそうしているのとまったく同じように、ゆったりと横になるか座るかの姿勢をとる。あなたはときどき、スピリットの世界から肉の世界を切り離すことが難しいと感じるが、これはとても自然なことで、意識散漫のもとにはならない。さて、あなたの聖なる場所がゆっくりと変化して、あなたがこのエクササイズを行うために選んだ場所、つまり、今あなたがエンヴィジョニングを行っている場所とまったく同じになるところをエンヴィジョンして、このエンヴィジョニングを可能な限り鮮明で、リアルなものにしてください。あなたがすでに肉体においてその場所を知っているので、これはとても簡単であることに気づいて、あなたは嬉しくなるはずだ。

さぁ、目を開けず、体を肉的なレベルで動かすことなく、自分がゆっくりと立ちあがって、周りを見回すところをエンヴィジョンしてください。あなたは自分の体がそこに横たわっているのを見るが、これを怖いと感じたり、心を乱されたりする人もいる。スピリチュアルな現実においては、怖がることは何もない。立ちあがったあなたは、あなたが最初に肉的な現実世界に選んでおいた、一度も探検したことのない場所に向かって歩き始める。一歩一歩踏みしめる足取りを感じながら、過ぎていく風景を見ながら、さまざまな音を聞きながら、すべての感覚を深く味わいながら、歩いているあなたをエンヴィジョンしてください。木立や藪の並びや地勢をよく見てください。さまざまな音を聴いてください。その場所で特徴的なものも、一般的なものも、よく見てください。どんなものであれ、何かシンボルになるようなものが現れたら、あるいは、何か興奮を覚えたら、それがどんなに場違いに思えても、しっかり注意を払ってください。

その地域を十分に探検し終えたら、あなたの帰りの旅を始めてください。可能な限り、探検したエリアのすべてをリアルなまま保つことを忘れないように。エンヴィジョンした初めの場所のあなたの体に戻るために、そこに向かって歩き、ゆっくりとそこに戻ってください。このプロセスであなたの体がかすかに位置を変えるのを感じてください。さて、少しの間そこに横になったあと、その場所をもとの「聖なる場所」に変え始めてください。その位置からアーチ門に向かって歩き始め、階段を上って、あなたの肉体に戻るところをエンヴィジョンしてください。これが循環プロセスを完成させることになる。さぁ、いよいよ外に出て、肉的な現実におけるあの未探検の場所を探検するときがやってきた。あなたはその結果に非常に驚くか、ショックを受ける。この場所にはまちがいなく来たことがあると、あなたは頭の中で思うはずだ。なぜなら、あなたはすでに、そこにあるすべてをエンヴィジョニングの中で見ているからだ。いったいどんな仕組みで、こんなことが起こったのか、あなたはこの問いの中に取り残される。だが、答えは簡単だ。あなたは霊の体でそこを歩いていたのだ。

あなたはこのエクササイズで、スピリチュアルな世界はまちがいなく実在するということだけではなく、実際にそこで活動し、奇跡を起こせるということを、自分自身に証明することになる。だが、このエクササイズで、あまり良い結果が得られなかった人や、まったく何も得られなかった人はどうなるのか。もしあなたがそうである場合、あなたは何かで気を散らされていたのかもしれないが、もしかしたら、別の理由があるのかもしれない。これについては、次の章で述べたいと思う。しかしながら、あなたの得た結果が良くないと判断を下すときには注意しなければならない。なぜなら、ときどきその裏に、素晴らしい結果が隠されている場合があるからだ。覚えておいてほしいのは、あなたがたの多くが、スピリチュアルな心のエクササイズを始めたばかりで、正確さや、コントロールや、知覚力にまだ不足があるということだ。これらは時間が経つほどに強化されていくものなのだ。また、心に留めておくべきもう一つのことは、論理的な心《ロジカル・マインド》が常に、スピリチュアルなイメージが完全に現れる前に、すばやく飛び込んできて、解釈を加えようとすることだ。ここで、ある生徒たちの例について話そう。結果があまり良くなかったと本人は思っていたが、実際によく観察してみると、実は素晴らしい結果を得ていたという例だ。

ある生徒がこのスピリットの旅で見つけたものは、ゴルフボール一つだけだった。それも、まるで金属製のボールのように、太陽の光を受けて青く輝いている珍しいものだ。彼はワークショップ・エリアから出て、自分の見たものを確かめてくる気にさえならなかった。森の真ん中にゴルフボールなど、しかも、青みがかった金属で作られたものなどあるはずがないと思っていたからだ。私にせきたてられて、彼はやっと腰をあげ、自分の選んでいた場所に行き、そこで、ちょうどゴルフボールほどの大きさの球形のものを見つけた。青い金属を思わせる包装紙がきつく丸められたものだ。それは、彼がエンヴィジョニングの中で見たのとまったく同じ場所に、まったく同じ格好で置かれていたのだ。後になって、私は彼に、きみの論理的な心が割り込んできて、その物体を、きつく丸められた包装紙とは認識せず、ゴルフボールにちがいないと決めつけたのだよと言い、だが、実際それは限りなくゴルフボールに近かったのだとつけ加えた。

もう一人の生徒は、エンヴィジョニングの中で、丸く空いた洞窟のはっきりしたイメージを見た。それは、狭い茶色のらせん状に伸びた洞窟で、その一番奥に、キラキラした白い石が見える。だが彼は、先の生徒と同様に、それを完全に軽視した。それは実体を示すものではなく、単なるイメージか、あるいは何か幾何学的なシンボルでしかないと思っていて、エンヴィジョニングの探検に自分が選んだ場所やその周辺に、実際にそれがあるなどとはまったく考えなかった。そこで、私は彼に、その場所に出かけて行って、何が見つかるかを確認するよう勧めた。戻って来た彼の非常に驚いた顔を見て、私は彼がエンヴィジョニングで見たとおりのものを見つけたことがわかった。彼は自分が選んだ未探検の場所に行き、そこに座りこんで注意深く周囲を見回してみたが、エンヴィジョニングで見たシンボルに似ているものはどこにも見つけられなかった。ところが、諦めようとしたそのとき、ふと足もとを見て彼は驚いた。そこに古い馬車のものと思われる大きな錆びついた留めネジが落ちていて、その真ん中に、キラキラ光る白い石がはめ込まれていたのだ。それはまさしく彼が見たとおりのものが小さくなった形だった。ここでも、論理的な心が割り込んできて、それを馬車の留めネジとは認識せず、洞窟だと決めつけてしまったことがわかる。

もう一人の生徒は、このエクササイズを非常に順調に行っていて、実際にその場所にある多くのものをエンヴィジョニングで見ていた。しかしながら、ただ一つだけ、非常に鮮明に浮かんできたものなのだが、現実の場所でどうしても見つけられないものがあった。彼はエンヴィジョニングで見たすべてのものを実際に見つけたのに、なぜもっとも強烈で鮮明だったものを見つけられないのか理解に苦しんだ。彼がエンヴィジョニングで見たのは、大きめの木製のワインラックだった。よくある伝統的なものとはちがって、直角にホルダーが付いているものだ。それが見つからないまま諦めて、ワークショップ・エリアに戻ろうとして歩いていた彼は、下生えに半分隠れている何かにつまずいた。何につまずいたのか見ようとして振り返った瞬間、彼は驚いて息をのんだ。足に絡まっていたのは、エンヴィジョニングで見たワインラックそのものだったのだ。だが、よく見ると、瞬間的にワインラックと思ったものは、折りたたまれた古いフェンスの一部で、羊用のものだった。しっかりとそれを見極めるまでは、そのフェンスは彼がエンヴィジョニングで見たワインラックとそっくりだったのだ。

これらは、このエクササイズで良い結果を得られなかったと思っていたが、最終的にすばらしい結果を得た人たちのほんのわずかな例にすぎない。あなたに覚えておいてほしいことは、あなたの論理的肉的な心《ロジカル・フィジカル・マインド》が、聖なる沈黙によって静められていて、エンヴィジョニングのパワーがかなり強化されているとはいえ、それでも、肉的な心《フィジカル・マインド》は抜け目なく、すばやく割り込んできて、定義づけたり、限定したり、分析したりしようとするということである。肉的な心は、スピリチュアルな心がパワーと制御力を獲得する度合いに応じて、こういったことをする頻度が少なくなってくる。時間をかけ練習を積めば問題なくそうなってくるはずだ。だが、残念ながら、あなたのメディスン・プレイスにゲストを案内する旅とスピリットの旅は、今はまだ非常に弱いものだ。これらはただ、何が可能であるかについての経験をさせてくれているのであって、より強くより純粋な結果を得るためには、パワーが必要なのだ。パワーがなければ、結果は奇跡的だが、もろく、説得力に欠けたものにとどまる。我々が今やるべきことは、聖なる沈黙に、大いなる奇跡を起こすパワーを付与することなのだ。

13 パワーの必須要素

グランドファーザーは、いつも言っていた。「我々はパワーではないし、奇跡を起こすのも我々ではない。奇跡は創造物とスピリットの世界と創造主のパワーが、我々をとおして働いた結果生まれるものなのだ。我々はそのパワーの懸け橋にすぎず、ただ単純な真実を知っている者にすぎない。我々は決して、自分が奇跡を起こす助けとなったことを自分の手柄にしてはならず、自分が橋渡しをしていることも隠さなければならない。自己賛美は肉的な心《フィジカル・マインド》の強烈な欲望である。我々は何もしておらず、我々を超えた外側の命の力によって用いられたにすぎないということを知ること、それが真実を知ることだ。『奇跡を起こすパワー』を創り出すのは我々ではなく、我々はただ、命の力に従い、指揮するだけだ。我々は空っぽの器にすぎない。我々はただ単純に命の力の命令に従う。『パワー』は命令し指揮する目的のために、我々に与えられる。命の力の命令、あるいはその『パワー』がなければ、我々はむなしい器でしかない」

グランドファーザーの思想がこの言葉に明確に示されている。奇跡を創り出すのは我々ではなく、我々を通して働く自然界やスピリットや創造主なのである。彼はまた、我々は自分が何らかのパワーを与えられているという事実を、完全に隠さなければならないと何度も言っていた。うぬぼれは我々の器としての役割を破壊し、永遠にその扉を閉ざすものだ。また、パワーに対する欲望やうぬぼれは、やがて我々を「闇の領域」の悪魔たちが持つパワーへ、それを追求する方向へと引きずっていく可能性を生む。善と悪との間の境界線は実に薄く細いのだ。邪悪なるものは、それにパワーを付与する我々の信念を必要としない。なぜなら、それはすでに十分なパワーを持っているからだ。我々は邪悪なるものが、世界中にその醜い頭を突き出している現状を、毎日目の当たりにしている。人間の抱える恐怖や、富を求める欲望や、貪欲さや、肉の罪や、これらすべてがその邪悪なるものに栄養を与えて太らせ、恐るべきパワーを与えているのだ。我々がスピリットの光と善とに導かれなければ何もできない理由はここにある。

自己満足のためにパワーを行使したり奇跡を起こしたりすることは、努力を否定することである。我々は自分一人では何もできず、何も決められない存在だ。何事においても、権能を賦与されるためには、その前に、我々自身が指導を受けなければならないのだ。我々がどれほど懸命に何かをしたいと思っても、内面において指導を受け、権能を与えられない限り、何もできないのである。同様に我々は、指導を受け、奇跡を起こす器となったとしても、もし、自画自賛し、友人たちにそれを誇るようなことがあれば、その「パワー」は我々を去り、場合によっては二度と戻ってこない。このように、我々は指導され、「パワー」を与えられなければ何事もなし得ない存在なのだ。次に述べるのは、我々が何かを行う際に、そのための権能を賦与される、つまり「パワー」を与えられるための必須要素である。この「パワー」がなければ、我々がなそうとするすべての試みは失敗するか、あるいは、せいぜいよくても、非常にもろく、説得力に乏しいものとなる。その要素とは次のようなものである。

インナー・ヴィジョンの導き

我々のすべてのスピリチュアルな行動は、インナー・ヴィジョンの力によって導かれなければならない。ただ何かをしたいと願い、それを切望しても、十分ではない。インナー・ヴィジョンの力を通して、声や命令が我々のところにやって来なければならないのだ。グランドファーザーはインナー・ヴィジョンを、創造主の声そのものであると考えていた。これを忘れないでほしい。ゆえに、誰かが他の人よりも優れた「パワー」の懸け橋であるなどということはあり得ない。なぜなら、インナー・ヴィジョンがなければ、いかなる懸け橋も存在しないからだ。一人の友人が「パワー」を用いるよう強く呼ばれているときに、あなたが呼ばれることはないかもしれないし、その友人が呼ばれていないときに、あなたは呼ばれるかもしれない。それでは、誰が他の人より強いのか？　誰でもないし誰でもあるのだ。インナー・ヴィジョンの導きは、エンヴィジョニングに権能を与え、願うことや必要なことを創り出す第一の要素である。

信仰

信仰は地球上で、そしてスピリットの世界で、もっともパワフルな力であるとグランドファーザーは言っていた。ここで言う信仰とは、スピリットの世界に対する信仰や創造主に対する信仰だけではなく、山を動かしたり、病を癒やしたり、奇跡を起こしたり、その他、フィジカルな人間が不可能と思うようなことを実行するに足る信仰のことである。この揺るがぬ信仰がなければ、懸け橋もなく、パワーも、奇跡もない。我々は恵まれている。初めのうちは我々の信仰が弱いものであっても、それでも我々は奇跡を行うことができるし、スピリチュアルに成熟してくれれば、我々の信仰も、肉的な人間の持つものを遥かに超えたパワーの中で成熟していくのだ。あらゆる限界を超えるのは、この揺るがぬ信仰なのである。

聖なる沈黙とエンヴィジョニング

この二つの要素は、我々が「パワー」のための懸け橋として成功するために、もっとも純粋でもっとも強力なかたちのものでなければならない。聖なる沈黙は、あらゆる外部からの意識散漫のもとを乗り越えさせ、我々をスピリットの世界にしっかりとはこんでくれるものでなければならない。我々に純粋な心《マインド》を与えてくれるのは聖なる沈黙なのだ。この純粋なスピリチュアルな心は、我々がスピリットの世界に向けて発信することを可能にし、スピリットの世界から我々に向けられたメッセージを明確に理解することを可能にする。

また、我々のエンヴィジョニングは、我々自身が実際にエンヴィジョンすることを可能にする。なれるほどに、非常に純粋でパワフルなものでなければならない。我々はエンヴィジョンされている世界に没頭し、外の世界は意識から消え去るのだ。だが、たとえ、聖なる沈黙とエンヴィジョニングの力がいかに強烈なものであっても、先に述べたインナー・ヴィジョンの導きと、確たる信念がなければ、我々は何もなし得ない。

私心を超えた目的

あなたが何かを行う場合に、インナー・ヴィジョンに導かれていれば、その目的は常に私心を超えているものであると私は信じている。だがそれでも、ここで「パワー」に必要な要素としてこの問題をとりあげ、再度、明確に徹底しておきたい。我々が行うスピリチュアルなことは、何であれ、練習においてさえ、それを自分だけのためや、優越感を得るためといった目的で行うことはできない。我々はあらゆる意味において、私心を超えなければならないのだ。もし我々が自分のためだけに、スピリチュアルなスキルを練習するなら、それは機能しなくなる。だが、我々が他の人を助けたいという、ただその目的のために練習を行うなら、それは私心を超えた行為であり、その目的は純粋なものである。私心を超えて求め、無私の精神で働くときのみ、我々は純粋でパワフルな懸け橋になれるのだ。

インナー・ヴィジョンの導き、信仰、純粋でパワフルな聖なる沈黙とエンヴィジョニング、そして、私心を超えた目的、これらすべてが、「パワー」を構成する必須要素となる。我々がスピリチュアルな何かを達成しようとするときは、これらのすべての要素が満たされなければならない。もしこの中の一つでも弱ければ、失敗するか、あるいは貧弱な結果しか得られない。このように、我々は何かをスピリチュアルに試みる前に、これらの要素がすべて機能していることを確認しなければならない。しかしながら、この中でも、もっともパワフルな要素は、「信仰」と「インナー・ヴィジョン」の導きであると私は思っている。あとの残りの要素はやや弱くても、我々は永続的な価値を持つ奇跡を行うことができるのだ。これは我々にとって、あまりにも素晴らしい財産である。スピリチュアルな道を歩み始めたばかりの時期、我々のエンヴィジョニングや聖なる沈黙は、まだまだ弱く未熟であるのに、それでも我々は「パワー」の懸け橋として用いてもらえるのだ。

これらの要素についての非常に説得力のある例として、これからグランドファーザーと一人の老女の物語を話そうと思う。それはある静かな夜、リックと私がグランドファーザーのキャンプでくつろいでいたときの出来事だった。突然、グランドファーザーの名を呼ぶ、かなり取り乱したような声が静寂を破って聞こえてきた。初め私は、スピリットの世界からのものだろうと思ったが、その後に続いた、藪がざわざわ鳴る音や、足音らしきものから、その声の主は肉体を持ったふつうの人間であることがわかった。グランドファーザーは、その人を連れてキャンプに戻って来るようにと言ってリックと私を送り出した。彼はその声を聞く前から、声の主が誰であり、なぜここに来ようとしているのかについて、すべてはっきりと知っているようだった。彼は常に物事が起こるよりずっと前からそれを知っているという、人並み外れた能力の持ち主だった。それは彼が常に、そして誠実に、肉体とスピリットの二元性を生きていた人であるからだ。彼は常に自分の活動範囲を越えた世界の物事にも接続されていて、常に遠方の声も聞き、常に大いなる意識と繋がっていた。彼は命の力、すなわち〝すべてのものに生けるスピリット〟に直接つながり、霊肉あらゆるものと「一つ」になっているようだった。

私たちは声のする方向に向かって沼地を滑るように通り抜け、シカの通るけもの道を下り、砂で固まった古くからの道路に出た。そこにグランドファーザーの名を呼びながら、キャンプを探し回って道を行ったり来たりしている年配の男性がいた。リックも私も、それまで会ったことのない人だったが、彼の服装や靴を見て、パイン・バレンの人々のように、森に住んでいる人ではなく、町から来た人だということがわかった。私は彼をキャンプに案内し、グランドファーザーに紹介した。グランドファーザーは彼が誰なのか、なぜやって来たのかについて、すべて知っているようだった。グランドファーザーが話し出すと、男性は、自分の置かれている状況や苦境について、グランドファーザーがあまりにもよく知っていることに、驚きを隠せない様子だった。

彼の母親は死にかけていて、昏睡状態にあった。彼女は何年もの間医者に診てもらっていて、かなりの期間、がん治療のための薬剤投与を受けてきたが、がんは今や彼女の全身に広がり、もはや死を待つばかりの状態だった。明らかに、かなりの長い期間、彼女は入院していたようで、その入院先の病院で昏睡状態になったようだ。彼女の最後の願いは自宅で死を迎えたいというものだったため、彼女は結局、男性がやって来た日の前日に自宅に戻っていたのだ。彼女は急な衰えと共に数時間で最後を迎えるだろうと医者は言った。神父はすでに最後の秘跡を行い、家族はベッドの周りで彼女が逝くのを見守るべく待っていた。その男性は、パイン・バレンに住む養鶏農家の老人から、グランドファーザーのことを聞き、今こうしてやって来たのだった。彼の家族は薬草や古来の道を信じなかったが、男性にとって、グランドファーザーは最後の頼みの綱であり、彼は母親を救うためなら何でもしたかった。彼の声も行動も必死の様相を呈していたが、それでも、彼の中には矛盾したものがあって、何事かをなす際のグランドファーザーの能力に対して、ある種の不信感が含まれていた。皆で出発する前に、男性はグランドファーザーに、家族には彼が薬草医であることを言わないでほしい、神秘的な能力も見せないでほしい、それはただ、家族を混乱させるだけであるからと言ったのだ。

我々はキャンプを出て、男性に連れられるままに彼の家に着いた。男性は家族に、グランドファーザーは母親の古くからの友人で、母親に一人きりで会いたいと言っていると伝えた。家族は仕方なくしぶしぶと部屋を出たが、その男性はその場を離れることを拒んで、そこに残った。グランドファーザーは私のほうをふり返り、「彼女のためにコップに一杯の水を持ってきてください」と、小声で言い、「でも、薬草は?」と尋ねる私に、「言われたとおりにしてください」と、かすれたような声で言った。私はコップ一杯の水を取りにキッチンに行った。その水がどんな効果をもたらすのか、深い昏睡状態の中にある彼女にどうやって水を飲ませるのか、私にはまったく見当もつかなかったが、急いで戻って、グランドファーザーにコップを手渡した。彼は私に目くばせして、かすかに笑みを浮かべながらささやいた。「これはこの男性のためなのだよ。母親のためではなくてね」そう言ったあとに、グランドファーザーは片手をゆっくりと老女の首の下に滑らせ、彼女の頭を持ち上げた。彼女の体は弱々しく、骨と皮以外はほとんど何も残っていなかった。その生気のない青白さは死が間近に迫っていることを示していた。グランドファーザーは、もう一方の手の指をコップの水につけ、彼女の唇にその一滴を垂らした。そのあと、彼は老女の頭をもとに戻し、片手をその頭に置き、もう一方の手をその腹部に置いた。男性は無言のまま、身動き一つせず、険しく苦痛に満ちた表情を浮かべながら、かたわらでそれを見守っていた。

その部屋は隅のほうに小さな灯りがついているだけで、ベッドは薄暗い影の中に深く沈んでいるように見えた。私はグランドファーザーが、老女の生気のない体に両手をあてたまま、頭を垂れて祈りの姿勢に入るのを見ていた。そのとき突然、グランドファーザーの体がこきざみに震え始めるのを私は見た。それはふつうには感知できないほどのかすかなものだった。次に、薄暗い部屋の中で、グランドファーザーの両手が光を放っているように見えてきた。私は自分が幻覚を起こしていないか、頭を振ってみなければならなかった。次の瞬間、彼女の体がまるで内部から照らされているように鈍い光を放ち、ややあって、再び薄暗い影の中に戻った。グランドファーザーはゆっくりと手を放し、老女は低くうめき声をもらした。彼女の皮膚は、それまでのくすんだような灰色ではなく、白くなっていた。彼女はかすかに身動きをして、明らかに昏睡状態から抜け始めていた。男性はまったく信じられない面持ちでその様子を凝視していたが、驚きのあまりぱっと立ち上がった。

グランドファーザーは彼をじっと見ながら言った。「私はもう行くが、ここで見たことは誰にも言わないように」男性は何か話し始めたが、グランドファーザーはそれをさえぎって言った。「あなたがここで見たことは驚くようなことではない。古代から伝わる薬草は、ときには現代の方法よりもずっと強力なこともあるのだから」男性はグランドファーザーに多くの言葉で感謝を伝えようとしたが、グランドファーザーは再び彼をさえぎった。「私に礼を言う必要はない。私は何もしていないのだから。私は創造物の命の力の懸け橋にすぎない」男性は口を閉じた。グランドファーザーは確信に満ちて言葉を続けた。「彼女は一時間以内に歩けるようになるが、何が起こったかはまったく覚えていない。今日から数えて七回目の日の出を迎えるまでには完全に健康を取り戻すはずだ」グランドファーザーは、その言葉を最後に、一言も加えずその家を出た。男性と私はあまりに信じがたい思いにとらわれて、ただじっと相手の目を見すえるばかりだった。私が家を出ようとしたとき、老女が息子の名を呼ぶ声が聞こえ、家族が私のそばをあわただしく走り過ぎて行った。私は赤ん坊のように声をあげて泣いた。まぎれもなく、完璧な奇跡を目撃したからだった。

私はグランドファーザーの後を追いながらキャンプに戻った。道中、グランドファーザーと一言も言葉を交わすことはなかった。私の頭の中はこれまでになかったほど多くの疑問でいっぱいになっていた。一杯の水がどういう仕組みで人を癒やすのか、グランドファーザーの手に私が見たあの光は何だったのか、彼はどんな薬を使ったのか。これらは、もっとも差し迫った疑問のうちのほんの一部だった。私は信仰療法については聞いたことがあったが、これは、ヒーラーよりも、癒やしを受ける人の信仰によるところが非常に大きいと聞いていた。本質的には、この信仰療法のヒーラーは、患者の集中を助ける触媒にすぎない。患者はヒーラーのパワーを強く確信しているため、それが患者を自ら課した回復へと動かし始めるのだ。だが、グランドファーザーは昏睡状態にある一人の人を、目に見えないものや永遠のものを信じない家族の前で癒やしたのだ。いったいどのようにして彼はこれを成し遂げることができたのか。そこには薬草も信仰も存在しなかったのだ。こうしたさまざまな疑問で頭の中が氾濫しそうになりながら、私は起こったことすべてに圧倒されて恍惚状態にあった。私はあり得ないことを自分の目で目撃した証人となったのだった。

キャンプに戻った私は、座ったまま黙りこくって焚火を見つめていたが、その一方で、グランドファーザーをじっと観察していた。彼はふつうでないことがその夜起こったことなど、まるで念頭にない様子であちこち動き回っている。私は彼に対する畏れ多い気持ちを抑えきれず、まるで神の面前にいるように緊張していた。彼は私をちらっと見て、その目で私を探った。彼が私の心を読んでいるのがわかった。彼は言った。「私を他の人より高く見てはいけない。なぜなら、私は何もしていないのだから。私は創造の力が流れ込む懸け橋でしかないし、この真理を知る人なら誰でもできることをしただけだ」彼は続けた。「あの水が癒やしたわけではない。水は、私が〝すべてのものに生けるスピリット〟をあの母親の癒やしに導く間、あの息子を支えるために与えておいた松葉づえだ。あの水は、目撃していながら信じない人々のためのカムフラージュにすぎない。あの母親を癒やしたのは、私のパワーではなく、私を通して流れ出た創造の源、命の力なのだ。きみも、人間のあらゆる道具や治療法は、信じない人々のための単なるカムフラージュ、つまり、松葉づえなのだということを学んでいかなければならない。きみはこの命の力をコントロールし、用いることを学ばなければならない。なぜなら、これが唯一の癒やしなのだから」

あなたから見てもはっきりわかるように、このグランドファーザーのヒーリングにおいては、「奇跡を起こすパワー」のすべての要素が機能を果たしていて、実際に、それらは非常に純粋でパワフルだった。グランドファーザーは男性があの道を歩き始める前から、彼がやって来ることを知っていた。このように、彼のインナー・ヴィジョンはすでに彼と交信していたのだ。グランドファーザーの聖なる沈黙とエンヴィジョニングのパワーは、私が今でも獲得したいと願っているものすべてを、さらに超えるレベルなのである。彼の目的はまちがいなく私心を超えたものだった。なぜなら彼は、自分は何もしていないとして、実際に、誰にも見つけられないよう、あの出来事のあと、キャンプを別な場所に移動したのだ。最後に信仰に関してだが、彼の信仰は非常に強く、その頭の中には、この老女が再び歩くことに対する疑いは微塵もなかった。まだ子供だった私でさえ、そのとっぴな想像力をもってしても、それほどのパワフルな信仰を持つことはできなかったのだ。今でも、そのときのことを思い出すと、私は畏敬の念に打たれて涙がこみあげる。彼の確信と信仰のパワーはすさまじかった。

「パワー」の要素に関してのもう一つの例は、ミーシャの話だ。ミーシャは私の最初の哲学クラスの一つを受講していて、グランドファーザーのスピリチュアルな道を全力で学ぼうとする熱心な生徒だった。彼はそれまでも、全人生をかけてスピリチュアルな道を探求してきたが、満足いく本物の道に出会うことはできなかった。彼が見出したのは、さまざまな宗教的玩具や実行不可能な教義などで飾られ、複雑化された世界だった。私の学校にやって来た彼は、自分が探し求めてきたことに対する答えはこれだろうと、心の深いところでわかると言った。彼はすべての基本エクササイズにおいても優秀だったし、多くの授業で抜きんでた能力を発揮していた。ただ、それはスピリットの旅が始まる前までだった。このスピリットの旅で、彼は惨めな敗北を喫した。正確に言えば、彼はそう思ったのだった。

スピリットの旅エクササイズの間、彼は未探検の場所の風景をイメージすることができず、クラスの皆の前で発表できたのは、自分はこの特別なスキルに値しないにちがいないという言葉だけだった。彼はその週の残った時間を利用して、さらに数回挑戦したが、成果は得られなかった。自分が探検に出かけるところをエンヴィジョンしようとすればするほど、体の中に閉じ込められて出られなくなる自分を感じるのだった。彼はクラスを終えて出発するときに、自分が成し遂げたすべてに対してはとても嬉しく思っていると言い、ただ、スピリットの旅、すなわち、スピリット・ウォーキング・エクササイズでは、あまりに悲惨な結果で、とても落胆したと言った。私は、彼にとって、まだ時が来ていなかったのだろうと言い、だが、最終的には必ずそのときはやってくる、あなたにとってそれが必要になったときにやってくるはずだと言った。

その後、六か月近くが過ぎた頃、彼は哲学コースの上級を受講するために学校に戻って来た。私が彼をつかまえて話してみると、瞑想はうまくいっているが、まだスピリットの旅ではうまくいっていないと彼は言った。せいぜいうまくいっても、ほんの少しの間、体を離れること、つまり現代人の言う「体外離脱」を行えるだけで、それは目的を持たない無意味なもののように思えると言った。ところが、授業も週の中盤を迎えたある日の夕方、休憩のときに、すべてが変わった。そのとき、ミーシャはついに感銘深い成果を得たのだ。

ミーシャはその一週間ずっと、上級のスピリチュアルな授業をしっかりとこなしていたが、依然として、スピリットの旅においては何もできずにいた。ある晩、夕食を終えてすぐに、彼は頭をすっきりさせるために、私の農園の敷地に立つオークの古木のところでしばらくの間、瞑想をしようと心に決めた。彼は容易にすっと聖なる沈黙に入っていったが、そこですぐに、自分がどういうわけか、自分自身のはるか上のほうを飛んでいるような感覚を覚えた。すると、彼のインナー・ヴィジョンが、自宅に戻るようかなり強力に合図を送ってきた。彼は即座に、自分が風景の上を飛び、その風景を次々に変えながら、カリフォルニアの自宅に向かっているところをエンヴィジョンし、次に、自宅の上空高く浮かんでいる自分をエンヴィジョンした。このエンヴィジョニングがあまりに強力なものだったため、彼は身体的にはオークの古木のところにいるという意識も完全に失くしていた。

自宅の屋根を通り抜け、二階のベッドルームを過ぎてリビングルームに行った。衝撃と恐怖が彼を襲った。年老いた彼の母親が、明らかに意識を失った状態で、激しい苦痛に胸を抑えたような格好で床の上に倒れていたのだ。突然、エネルギーが大波のように襲ってきて、気づけば彼はオークの古木のところにいる自分の体に戻っていた。彼は即座に農園へと走った。自分のエンヴィジョニングが正しかったらという不安を抱えながら。だが、納屋が近づくにつれて彼は走るのをやめて歩き出した。彼は自分が目撃したことに対して疑いを抱き始め、これは口に出すまいと心に決めた。ところが、時間が経つほどに、彼の不安は増してきて、ついに彼は私のところにその話を打ち明けようとやって来た。私が何らかの助けになってくれることを期待したのだ。

彼は自分が見たものについて、そして、それらすべてがどれほどリアルだったかについて、私に話してくれた。彼はまた、不安な気持ちが去ろうとしないので、私のところに助けを求めてやって来たのだと言い、そのエンヴィジョニングは無意味なものなのだと言った。なぜなら、彼は自分の家に一人で住んでいるし、彼の年老いた母は、彼の妹と一緒に、彼の家から数ブロック離れたところに住んでいるというのだ。母親が彼の家にいることなどありえないし、とくに、そこに妹が一緒にいないことなどありえないと言う。私は彼に、ためらわずに妹の家に電話をするように言った。彼は飛んで行って電話をかけた。妹が電話に出たとき、彼の顔に安堵《あんど》の色が広がるのを私は見たが、それはほんの一瞬だった。その直後、妹の口から出た言葉に、彼の顔は恐怖に歪んだ。妹の話では、彼女は数時間前に、母親を彼の家で車から降ろしたというのだ。彼女の家の壁の塗り替えが終わるまで、静かな中でくつろげるようにとの配慮からだった。ミーシャは妹に、一刻も早く彼の家に行くようにと命令した。その理由は一言も言わずに。

次の一時間、彼は自分の家の電話を鳴らし続けたが、電話に出る者はいなかった。妹の家の電話も同様だった。起こり得る良くないシナリオが、彼の頭にちらつき始めていた。私は彼に、母親は大丈夫だろうと言った。なぜなら、だからこそ彼は最初に、自分の家に向かってスピリットの旅をするよう導かれたのだからと。さらに一時間が過ぎた頃、彼の妹が私の学校に電話をかけてきて、ミーシャは母親が病院で体調も回復し、休息をとっていることを知り、ほっと胸をなでおろした。母親は軽い心臓発作を起こしていて、彼の家で意識を失っていたのだ。妹は彼の家に急ぎ、なんとか間に合って救急車を呼んだのだった。彼女は、兄がなぜ、何か良くないことが起こっていることを察知したのか、不思議に思い、知りたがった。ミーシャは、自分はただ、母親が助けを必要としているかもしれないという気がしたのだと伝えた。その後、妹は彼の説明に納得がいかず、最終的には、当校の次のクラスを受講することとなった。

ミーシャは妹のその決断にも驚いていた。家に帰る身支度をして、私にそれを話し、妹がこちらに来ている間、自分は母親と一緒に過ごすつもりだと言った。彼は自分のスピリットの旅が、失敗に失敗を重ねていたのに、今回なぜ、これほどうまくいったのか、まったく理解できないでいた。私は彼に言った。彼はインナー・ヴィジョンに呼ばれた、つまり召命を受けていて、それが非常に強力な目的を伴っていたからだと。聖なる沈黙とエンヴィジョニングは、このように、インナー・ヴィジョンの召命によって権能を与えられた場合、不信の入り込む余地はないのだ。ミーシャのこの例の場合、これまで述べてきた「パワー」の要素すべてが満たされ、それによって権能を与えられて、母親の命を救うという奇跡的なスピリットの旅をすることができたのだ。我々はスピリチュアルな何かを成し遂げたいとどんなに切実に願ったとしても、ここで述べた「パワー」の要素を満たさない限り、何もできないようになっている。

14 シャーマンの旅

グランドファーザーの考えによれば、シャーマンとは、自分を悟りに至る最終的な道まではこんでくれた宗教それ自体を超えた人のことである。シャーマンはいかなる宗教的玩具も松葉づえも儀式も慣習も格式ばった教義も大聖堂も、あるいはその他、人の手によって造られた宗教的な工芸品も建造物も、何も必要としない。自分自身のスピリチュアルな心の純粋さ以外は何も必要としないのだ。グランドファーザーは、宗教や信条に良し悪しの区別はないと信じ、これらはすべて、スピリチュアルな悟りへと導く山を、各々が頂上に向かって登って行こうとするものだと考えていた。頂上に向かうその細道は、山の遥かな高度に位置するある地点で互いに和解し溶けあって、くっきりとした一本の明瞭な道となる。それがシャーマンの道であり、そこではすべてが一つになり、すべての人々が共通の言葉を話し、宗教上の信念や相違は問題外となる。この道こそ、我々すべてが探し求めるべきものであり、人間が生み出す複雑さや格式ばった宗教的教義を必要としない純粋さという道なのだ。

これこそが、グランドファーザーの探求《クエスト》だった。人間の宗教がもたらす混乱とは無縁な、シンプルで純粋な道を見つけ出すこと。彼は人々がこのシンプルな自由に気づきさえすれば、すぐにでも、このシャーマンの道を歩んでいけるはずだと感じていた。人はある一つの教義を学ぼうとして多くの時間を費やす。だが、ひとたびスピリチュアルな覚醒を獲得すれば、最終的にはそれらの教義は捨て去ることになる。教義を学ぶことに費やす多くの時間、多くの年月は、もっと良いことに使われるべきなのだ。大聖堂に座して、他の人々が起こした奇跡の物語を読みながらよどんでいるよりも、もっとなすべきことがある。では、シャーマンの役割とは何か。シャーマンの究極の探求《クエスト》とは何か。シャーマンの役割は創造の力のための懸け橋となり、創造主ご自身のための懸け橋となること。グランドファーザーはそのようにとらえていた。それは命というものを、肉の罪とは無縁な、真に豊かなものとして輝かせ、地球と地球上のすべてのものを癒やすための懸け橋だ。我々の子供たちに、憎悪と貪欲が渦巻く世界を残すのではなく、愛と純粋さに満ちた世界を、遺産として残すための懸け橋なのだ。

ゆえに、癒やしはシャーマンの探求《クエスト》なのだ。天地すべてのものを、身体的、情緒的、知的、精神的、あらゆるレベルにおいて癒やすのだ。我々はすべてのものを包含する集合意識、その全体の一部だ。もし全体の一部が病み、傷ついていれば、すべてが病み、すべてが傷ついていることになる。すべてが一つの全体をなすまでは、我々は病み、全体になれない。癒やしとは、助けを必要としている友の手をやさしく握ったり抱擁したりすることだ。一枚の紙を受けとってあげたり、子供たちに地球や創造主を敬愛することを教えたりする、そういったとてもシンプルなものでもあるし、全身を癌に侵されたあの老女にグランドファーザーがもたらした癒やしのように、非常に深遠なものでもある。このように、癒やしはさまざまなかたちをとり、さまざまな目的を持つが、その究極の大きな目的は、創造物と一つになり、互いに一つとなり、創造主と一つになって、すべてを一つの全体にすることなのだ。ゆえに、シャーマンの道におけるパワーは癒やしであり、本章ではこの癒やしに焦点をあてていこうと思う。

次に述べるのはシャーマンが持つべき四つの基本的なスキルだ。私はそのすべてが癒やしというカテゴリーに入るものと考えている。自然やスピリットの世界とのコミュニケーションも、スピリットの旅も、古来の伝統的なヒーリングも、それらすべてを、シャーマンは自分の外側にある世界をよりよく理解するために研究する。そうして得た理解を、彼は人々を助けたり、地球を癒やしたり、人々を啓発したりすることに用いることができるようになるのだ。シャーマンは懸け橋として、〝すべてのものに生けるスピリット〟とスピリットの世界に、スピリチュアルな助けを求めなければならない。そして、他の人々を助けるため、癒やしについての情報を集めるために、スピリットの旅ができなければならない。彼はまた、こうしたコミュニケーションを用いて、肉を越えた世界の声を聞くことができない人々に、メッセージをはこばなければならない。これらのすべてがシャーマンの務めの一部であり、シャーマンの世界の一部なのだ。

地球は語りかけている

創造物や〝すべてのものに生けるスピリット〟の声を聞き、それらの世界に我々人間の望みをはこぶことは、シャーマンの生き方における非常に重要な側面である。シャーマンは、自然界との対話ができる存在でなければならない。そこから知識を得て、その知識を用いて人々や自然の中にあるさまざまな存在物を助けるためだ。初めは、自然界とのコミュニケーションの技術は、習得にかかる時間も長く難しいもののように思える。だが、持続的な練習によって、そのコミュニケーションが、思いのほか非常に早く、しかも深いレベルで起こることに彼は気づく。こうしたことは我々が日常でいつも経験していることである。一つの技術に対して練習を重ねれば重ねるほど、我々はその技術に熟達してくる。私がよく、我々が習得する技術をスキルと呼ぶのは、こういう理由による。なぜなら、それらの技術はすべて、練習を重ねることによって、他のさまざまなスキルがそうであるように、完成していくものであるからだ。

創造物とのコミュニケーションにおいて、我々は一つの重要な事実に気づかなければならない。それは、自然の中のすべてのものが、必ずしも、我々に対して常に何か語りたいことを持っているわけではないということだ。我々はそのように願うかもしれないが、そうとは限らないのだ。自然や創造物は、必要なときだけ我々に発信してくるのであり、それ以外は静かなままだ。我々がもし、自然の中のあらゆる存在と四六時中コミュニケーションをとろうとすれば、気力も忍耐力も限界にきて疲労困憊してしまう。試みるたびに積み重なる失敗に嫌気がさしてきて、スピリチュアルな道も何もかもすべて投げ出してしまうかもしれない。我々が自然界と交信できるのは、自然界が我々に伝えたい何かを持っているときだけなのだ。そのため、起こり得るすべてのコミュニケーションに対して、常に心を開いていることが大切になってくる。なぜならその声は、我々に向かっていつ送られてくるかわからないからだ。我々のインナー・ヴィジョンは、声を送ろうとする自然界の試みを、非常に鋭敏に察知するはずなのである。

原野やその他の自然豊かな場所を歩くときは、シャーマンは創造物の多くの声に対して心を開いていなければならない。そのマインドは、さまざまな意識散漫をもたらす外的な思考でごった返していてはならない。そういう思考は、自然の純粋さとパワーを、不明瞭でわかりにくいものにする。シャーマンは可能な限り静かで純粋な状態にいなければならず、自分の内にスピリチュアルな意識の純粋性を引き出し、肉的な心を無視しなければならない。この純粋で開かれた心でいるときにこそ、彼はインナー・ヴィジョンを通して、自然のかすかな呼び声を聞くことができるのだ。そのような声が聞こえたら、彼はさらにいっそう自分自身を静めて、その声を発している源をつきとめなければならない。私は生徒たちに、この時点で頭を完全にクリアにして、最初に現れるイメージに対して、完璧に集中しなさいと伝える。またその風景の中の何らかの物体や存在物に抗えないほど強烈に引っ張られる感じを持つ場合も集中が必要だ。

その存在物を突きとめて他と分離したら、シャーマンは注意深くそれに近づき、可能ならば、そのそばに座るか横になる。そのとき、シャーマンは聖なる沈黙に静かに入り、「ブレス・トウー・ハート・シーケンス」を数回行って、これを終える。この時点で、目を閉じたまま、彼は頭の中にそのイメージをはこんでこなければならない。そのイメージに焦点を合わせるために、数回、フィジカルに目を開けたり閉じたりすることが助けとなることもある。そのイメージがしっかりと頭の中に植えつけられたら、彼はその存在物に対して、何を自分に伝えようとしているのか、あるいは教えようとしているのかを尋ねる。この問いを発するときは、肉的な心を完璧に思考停止の状態にし、あらゆる考えや期待を手離さなければならない。彼はその存在物が送ってくるあらゆるサインやシンボルやヴィジョンや感覚に対して、純粋であり、開かれた心でいなければならない。

ときどき、とくに、肉的な心が静まるのを拒んでいるような場合は、その存在物に対して、最終的に答えに導いていくような一連の質問をすることが必要となる。各質問はインナー・ヴィジョンによって、「ノー」の場合は硬直感を覚え、「イエス」の場合は解放感を覚えるというかたちで答えられる。たとえば、あなたが道の横の一つの藪に引っ張られたとする。聖なる沈黙の全行程とブレス・トゥー・ハート・シーケンスを行い、マインドを思考停止にするというポイントもしっかり押さえたが、何も答えは得られないという場合、あなたは藪に尋ねなければならない。そのメッセージは自分宛てなのか、そうではないのかと。自分宛てかと聞いて、インナー・ヴィジョンに解放感が現れなければ、そのメッセージは誰か別の人宛てのものなのかと尋ねる。あなたは深い解放感が送られてくるまで、考え得るあらゆる質問を続けながら、このプロセスを続ける。ひとたび、解放感が生まれれば、あなたは明確なスタート地点に立ったと言える。

たとえば、メッセージがあなた宛てではなく、あなたの友人宛てだったとしてみよう。あなたがその藪に、それは友人宛てかと尋ねると、即刻、インナー・ヴィジョンから、あの深い解放感を得るはずだ。そこで、あなたはその藪に次の質問をしてみる。そのメッセージは、医療に関することか、物質に関することか、知るべき何かに関することか、あるいは何か別のことに関してかというふうなことから始めて、いろいろと質問する。さて、質問の結果、たとえば、メッセージが、物質に関するものであり、あなたの友人が、この特定の藪について何か知るべきことがあるというところまで、わかったとする。イエスかノーかの答えに注意しながら、さらにいくつかの質問をしてみると、この藪は、なんらかの理由で、あなたの友人にとって非常に重要な意味を持っていることがわかってくる。あなたがその友人をその藪のところに連れてくれば、その藪は最終的にその友人を何らかの形で助けることになるのだ。それ以上の答えがやって来なければ、あなたの仕事は確実に遂行されていることになり、あなたはその友人を藪のところに連れて来なければならない。

この話をしたのは、じつは、このとおりのことが実際に私の生徒に起こったためである。ジャネットが上級哲学クラスを受講していたときに、まさにこういう藪との出会いを体験したのだ。そこに連れてくるべき友人についても、その藪は正確に教えてくれていたのだが、彼女は友人のフランクにそれを伝えることにためらいを感じていた。なぜなら、彼をこの特定の場所に連れて来なければならない理由について、藪は何も言ってこなかったからだ。はっきりとした理由もないままにフランクにそれを伝えながら、彼女は馬鹿げたことをしているような気後れを感じたが、フランクはためらうこともなく、さっそくジャネットに連れられてその藪のところにやって来た。二人でかなりの時間、その場に座っていたが、どちらにも何も起こらなかった。時が経つにつれて、ジャネットはきまりの悪さでやや落ち着かなくなり、フランクはその藪に何か引っ張られるものを感じながら、彼のインナー・ヴィジョンがその理由を明らかにしないので、少しずつ挫折感を感じ始めていた。

ジャネットはようやくフランクに、この場所で何か知りたいと思うこと、あるいはしたいと思うことはあるかと尋ねた。この質問は、最初にしておくべきだった。なぜなら、これは二人が焦点をしぼるうえで役に立つ可能性を持った質問だったからだ。彼女がこの質問をした瞬間、フランクの頭にぱっと腕時計が浮かび、彼は跳びあがって、藪の下を大あわてで探し始め、ほんの数秒のうちに、紛失していた彼の腕時計を発見したのだった。数日前、スウェット・ロッジのための石を探していたときに失くしてしまっていたものだ。見つからないだろうと、彼はすでに諦めていたのだが、その腕時計は祖父のものだったため、失くしたことを非常に後悔していた。彼はクラスの皆にも一度だけ、腕時計を見かけなかったかと一言尋ねたことがあったが、誰も、毎日の探索においてもそれを見かけた人はいなかった。フランクが腕時計を探しあてたとき、ジャネットは思い出した。彼女がインナー・ヴィジョンで藪を探っていたときに、ローマ数字のVIが数回現れたが、藪とは無関係と思い、無視していたのだった。実際、フランクの腕時計はローマ数字で表示されたものだった。

もしジャネットが、フランクに藪の話をした最初のときに、このローマ数字VIのシンボルについて話していたら、彼はまちがいなく、それが何を意味しているかはっきりと分かったはずだ。シャーマンは、インナー・ヴィジョンによって伝えられてくるものは、潜在的にすべて重要であるということを学ばなければならない。ローマ数字VIがくりかえしジャネットにやって来たときに、彼女はそれがメッセージの中で非常に重要な意味を持つことを知るべきだったのだ。そもそもローマ数字は、人々が毎日それについて考えるようなものではないのだから。それでも、その重要性について疑念を持ったというなら、彼女はインナー・ヴィジョンに、それは重要なのか否かと簡単に尋ねればよかったのだ。深い「イエス」という答えがインナー・ヴィジョンから届いたはずだ。

確かに、前述した自然界とのコミュニケーション技術は、習得に時間のかかる複雑なものに見えるかもしれない。だがそれは練習によって迅速に変わっていくものだ。生徒が哲学コース（三）を終了する頃には、前述の話のシナリオは次のようなものになるはずだ。ジャネットが藪のそばを通りかかると、その藪に引っ張られるものを感じる。そこで彼女は頭をクリアにする。フランクのイメージが浮かんでくる。次にフランクのイメージが消えて、藪の下に腕時計が置かれているイメージが浮かぶ。ジャネットは腕時計を拾いあげ、フランクを見つけて腕時計を手渡す。質問も何もなく、二人とも驚くこともない。それがシャーマンの流儀だ。意外にも、このはるかに深い技術は、ごくふつうの練習で、非常に短期間のうちに身につくものなのだ。

スピリチュアルな世界とのコミュニケーション

スピリットの世界とのコミュニケーションは、シャーマンにとって、自然界とのコミュニケーションよりもさらに重要なものである。スピリットの世界は、スピリチュアルな存在が住む広大な領域だ。この世界の一部は、肉の世界にあるすべてのものの相対的存在から成っている。言い換えれば、我々の物質的な世界にある存在物はすべて、スピリットの世界にも存在するということである。しかしながら、そこに住む大部分のスピリットは、亡くなって久しい人々や命を終えて久しい自然の存在物であり、現実世界にはもはや存在していない。また、ここには、一度も物質的な世界に存在したことのないスピリットたちも多く存在する。この世界には、これらすべてのスピリチュアルな存在物だけではなく、時間も空間もない世界なので、すべての歴史、すべてのスピリチュアルな記憶、語られたすべての言葉、歌われたすべての歌が包含されている。そこは我々が、十分可能な起こり得る未来を望み見ることのできる場所でもある。

シャーマンはスピリットの世界とのコミュニケーションを、多くのことに活用する。彼はスピリットの世界を、アドバイスや指導を受け、自分の道についての理解を深める学習の場所として用いることができる。また、そこは彼が誰か宛てのメッセージを受け取ることのできる場所でもあり、過去を振り返り、あるいは十分可能な起こり得る未来を見通すことのできる場所でもある。スピリットの世界は、シャーマンを癒やしにおいてもガイドし、物質的な世界で何かを行うに際してもそれを導く。何よりも、そこは、亡くなって久しい人々や、その他のパワフルな霊的存在からガイダンスを受けたり指導を受けたりすることのできる場所なのだ。それゆえに、シャーマンが注意深さを欠いたり、真の目的を見失ったりすると、そこはスピリチュアルな攻撃を真っ向から受ける場所となり、「闇の領域」の悪魔たちが入り込んできて、大破壊を引き起こす場所となる。

スピリチュアルな世界とのコミュニケーションはどのように作用するのか。それを説明するために、アンナと彼女の祖父のスピリットとの出会いについて話をしたいと思う。アンナは中年の女性で、二人の子供と共に五世代前の先祖から受け継がれてきた古い農家に住んでいた。彼女の夫は十六年前にガンで亡くなり、彼女は地元の法律事務所の秘書として働きながら、かろうじて暮らしを立てていた。彼女が私の学校にやって来たとき、自分は代々受け継がれてきた農場を手離さなければならない危機に直面していると言った。彼女のわずかばかりの収入は、彼女自身と子供たちが暮らしていくのにやっとであり、家を抵当にして借りた借金や税金を支払う余裕はなかった。銀行は土地を差し押さえると脅してきていたし、行政も何もしてくれなかった。長い間家族のものだった資産を手離すということに、彼女は耐え難い思いでいたのだった。

アンナがメディスン・プレイスへの旅を行う最初の瞑想エクササイズを行っていたとき、彼女の祖父が彼女のイメージの中に現れた。その週の間数回、彼女がまったく予期していないときに祖父は現れ、彼女の夢にも二回出てきた。彼女は祖父のスピリットがそこにいるというイメージは本当なのかどうか、生前の祖父に自分がとても近かったので、安心を得るために、自分のマインドがそのイメージを創り出しているのではないかと疑い始めた。そしてついに私にそれを尋ねてきたので、私は彼女の祖父に何らかのメッセージをくれるようにお願いしなさいと言った。もし彼が、頼んでもいないのに、実際に何度も彼女を尋ねてきているのならば、彼はおそらく、何らかのメッセージを彼女に伝えてくるはずだからと私は説明した。彼女はショックを受けたようで、混乱した表情で私を見た。私が彼女の祖父のイメージは本物だと思っていることと、それ以上に、ごくふつうの話だと思っているることに驚いていたのだ。

その翌日、アンナは祖父が彼女のメディスン・プレイスの中の「聖なる場所」の前に立っているイメージを見た。エンヴィジョニングの中で、彼女は祖父に何か伝えたいメッセージがあるのかと尋ねた。彼は言葉を発しなかったが、自分のそばに置いてあった額縁入りの写真をさっとつかみ、彼女にそれを見せた。祖父と祖母が母屋の正面入り口の階段に座って写っている。それは彼女がよく知っている古い写真で、今は母屋の玄関ホールのクローゼットの奥にしまわれているはずだ。祖父のイメージはそれから、その写真の一番上の角のあたりを指さした。彼女の注意をそこに引こうとしているようだ。彼女には祖父が指しているところがよく見えず、それについて彼女が何度質問を投げかけても、彼は口を開こうとせず、そのまま祖父のイメージは消えて、それ以降は、クラスの残りの期間ずっと戻ってこなかった。

アンナはその週の残りの間、祖父とその写真のことを私に数回話してくれたが、その写真の意味については理解できずにいた。それは彼女がよく知っている写真であり、家のどこにあるかも彼女は正確に知っていたが、その重要性については何も思いつかなかったのだ。私は彼女に、家に戻ってその写真をしっかり見るまで待つべきだと言った。一つだけ確かなことは、その写真が重要であるにちがいないということと、おそらく、それは何かの手がかりを与えてくれるはずだと。予期していないときにスピリットが来て、彼女の祖父のスピリットのようなことをする場合、それはイマジネーションの過度な活動がもたらした結果などというものではなく、本物のスピリチュアルな実体なのだと私は言った。アンナはこの可能性に満ちた展望に胸躍らすような様子も見せながら、それでもまだ疑っていた。

クラスが終わり、それから一週間も経たないある日、アンナは私に電話をかけてきた。その声は家で起こった出来事のせいで、興奮と衝撃で上ずっていた。彼女の話はこうだった。彼女は家に戻ってから、例の写真をとり出してよく見たが、何も特別なものを見つけることはできなかった。祖父が指さしていたあたりを特に綿密に調べてみても、何も変わったところはなく、手がかりはなかった。そこで彼女は、祖父が願っているのは、その写真をクローゼットの奥にしまい込むのではなく、壁にかけて飾ってほしいということなのだと結論づけた。そもそも、祖父が第一に願っていることは、そういうことだったのだと決めつけた時点で彼女は落胆していた。なぜなら彼女はもっと祖父とコミュニケーションをとりたかったからだ。だがこの写真は、奇妙なやり方ではあったが、彼女に祖父がまるですぐそばにいるような気分を感じさせ、結果的に彼女を元気にしたのだった。

彼女は絵を壁にかける前に、額縁と古くて黄色味を帯びたガラスをきれいにしようと心に決めて、キッチン・テーブルに座り、額縁の裏張りを外し始めた。驚いたことに、裏張りの一つの角のところが少し曲がっていて、そこはヴィジョンの中で祖父が指さしていたちょうどその場所だった。慎重に裏張りを外しながら、彼女はそのとき、なぜかぞくぞくするようなスピリチュアルな興奮を感じたと言っていた。裏張りが完全に外れると、なんとそこに古い封筒が現れ、震える手で封筒を開けると、かなり古ぼけたＩＢＭの証券が数枚、その中に入っていたのだ。彼女はこの話をしながら泣いていた。その証券は後に十万ドル以上にもなるのだが、このときの彼女はただ、抱えていた経済問題がすべて解決すること、そして何より、祖父が彼女を助けてくれたことに泣いていたのだった。

アンナの話は珍しい例ではなく、ごくありふれた例である。スピリットの世界から我々に送られてくるメッセージは、とても深遠なもので、我々の人生を強烈に変えるパワーを持つ。前にも述べたように、そのメッセージは我々自身に向けられたものであったり、あるいは誰かほかの人宛てのものであったりするが、その意味にまったくちがいはない。またあなたは、同じスピリットたちがアドバイスや助けを携えて、たびたびあなたを訪れることに気づくようになる。これらのスピリットたちは、古くからの友人のようにあなたと親しくなり、あらゆる困難において、とくに精神面での苦境に際して、我々を守り、導いてくれる。これらのスピリット・ガイドはすべての人に寄り添っている存在であり、シャーマンには複数のガイドがついているのがふつうで、一人だけということはめったにない。ほんの短期間だけ我々と共にいるガイドもいれば、生涯とおして一緒にいてくれるガイドもいる。強力なスピリット・ガイドが肉の現実世界に現れるということも、珍しいことではない。とくに、緊急を要する非常時にはそういうことが起こる。

スピリチュアルな旅

前の章で述べたミーシャのスピリチュアルな旅のように、スピリットの旅は、時間や距離の問題で、その時点では物理的に行けない場所に我々をはこんでくれる。病気の友のところへ、あるいは家族を慰めるために、あるいは我々が知るべき何かを見せるために、スピリットの旅は、行くべき場所に我々をはこぶことができるのだ。ただし、スピリットの旅は、インナー・ヴィジョンによって導かれた明確な目的なしには、決して行ってはならない。我々が「闇の領域」の悪魔たちにもっとも襲われやすいのは、このスピリットの旅においてなのだ。私は強く警告する。このような旅を、単なる好奇心や、練習のために行ってはならない。何事もただの練習のために行ってはならない。そうではなくて、「他の人々と分かち合うために学ぶ」というように、練習そのものにも明確な目的を与えてください。あらゆるスピリットの旅は、前の章で述べたように、循環的でなければならないということも、しっかり心に留めておいてほしい。

癒やし

ここで、グランドファーザーが老女を癒やしたときの例を用いながら、伝統的な「手あて」による癒やしが、どのようにして成し遂げられるかについて見ていきたい。知っておくべきことは、シャーマンは必ずしも、癒やしを受ける人の体に直接手をあてる必要はないということだ。スピリットの世界には時間も距離も存在しない。シャーマンがなすべきことは、自分の「聖なる場所」に患者をはこび、そこで癒やしを行うということだけだ。私はこれがもっともすばらしい方法だと思っている。なぜなら、患者はシャーマンが癒やしてくれていることに気づかず、それによって、スピリチュアルな存在の正体は秘密のままですむからだ。前にも言ったが、シャーマンは自分がシャーマンであることを明かしてはならないのだ。グランドファーザーはこの点について非常に厳しかった。シャーマンであることを明かさず、癒やしたことを明かさず、自負心が絡むことを防ぎ、いかなる優越感も芽生えさせないようにすることが大切なのだ。

グランドファーザーがあの老女の癒やしの助け手となったときに、彼が本当は何をしたのか、それに関して私は推測することしかできない。なぜなら、彼は私の理解を遥かに超えた存在だったからだ。私が知っているのは、彼が最初に教えてくれたことだけである。この癒やしにおいて本当に重要なのは、これが肉的なレベルで起こったのではなく、スピリチュアルなレベルで起こったということだ。おそらくグランドファーザーは、彼の「聖なる場所」に置かれた大きな石の台の上に老女を寝かせて、実際に行ったと同じように、彼女に手をあてたのだ。それから彼は創造主に祈った。自分を導き、この癒やしの手助けとして自分を用いてくれるよう、その癒やしを行うのは自分の力ではなく、創造主の力であることを言明しながら祈ったのだ。それから彼は真っ白な癒やしの光を発する無数の光源が足もとに広がるのをイメージした。それは導かれるままに彼を通り抜けて老女へと流れ込む純白の光とエネルギーだった。

彼はこの光のパワーが地面からどっと湧きあがってきて彼の中に入り、全身を満たすところをエンヴィジョンしたにちがいない。その光が彼の両手を通って老女に流れ込み、彼女を満たし、黒い病気の部分を追い払うところをエンヴィジョンし、彼女からエンヴィジョンした病のすべてが洗い流されるまで、しばらくの間、この光を循環するままにしておいた。この癒やしが成し遂げられたのは、グランドファーザーの不動の信仰によるのだ。グランドファーザーはそれから、彼女の全身がまだ光に満たされているところをエンヴィジョンしながら、自分の両手から光を切り離した。エネルギーの流れが地面から切り離され、彼の体を離れた。この癒やしのエネルギーは、一人のシャーマンの個人的な必要を満たすために用いられてはならないのだ。グランドファーザーはもっとわかりやすく、シャーマンは自分自身を癒やそうとしてはいけない、それはあまりにも自分に利することになるからだと言っていた。グランドファーザーのあの夜の癒やしについて見てきたが、こうして彼女は癒やされたのだった。

しかし、もしグランドファーザーが物理的にあの老女のところまで出かけて行けなかった場合はどうだったのか。それはよくあることだ。この場合、フィジカルなコンタクトはなく、スピリットとのコンタクトがあるだけだが、プロセスは同じである。そもそも、癒やしが起こるのはスピリチュアルなレベルにおいてなのだ。なすべきことは、患者のスピリットを我々のところにはこんでくるだけである。これは、実際に物理的に接触するよりも良いとまでは言わないが、それと同等な癒やしを可能にすることを私は知っている。スピリットの世界では、二人の人が互いにコンタクトをとるのはとても簡単であることを、あなたは知らなければならない。私の生徒の多くは、この方法でお互い連絡をとり合っている。ベンとマイクがそのいい例だ。

ベンとマイクは私の哲学コース（一）のクラスで、パートナーを組んだ二人だった。ベンはカリフォルニアに住み、マイクはオハイオに住んでいる。いつもきまって毎週水曜日、太平洋標準時の午後八時に、二人は聖なる沈黙に入り、お互いが座って話をしているところをエンヴィジョンする。金曜日の夜に、二人は実際に電話をしあって、二日前の水曜日にスピリチュアルに何を話したかについて情報交換をする。年を経るごとに、二人は自分たちがスピリチュアルに話していたことを、そっくりそのまま正確に確認しあえるようになり、彼らはこれを私に話しながら、結局電話代の節約になっていると言って笑うのだ。

このように、必ずしも、患者が物理的にあなたの目の前にいる必要はない。なぜならスピリチュアルに存在しているだけで十分すぎるからだ。人間は肉体とスピリットの二元性を持った存在であることを忘れないでほしい。肉的にはできないことも、スピリチュアルには可能なのだ。なぜなら、スピリットに限界はないのだから。

決して忘れてはならない大切なことは、スピリチュアルな事柄はすべて、インナー・ヴィジョンの導きと、私心を超えた目的とを伴って行われなければならないということである。グランドファーザーは、我々は自分自身や自分の愛する人々を癒やそうとしてはいけない、それは自分の利益に仕えることに限りなく近いと言っていた。私はどんな情況下にあっても、自分自身や自分の家族の誰かを癒やすことはしない。そういう機会を作らない。その代わり、他の人が私のために癒やしを行うのは拒まない。また、誰かの癒やしの助けになろうとするときはいつでも、まず、その人があらゆる医学的な可能性を試し尽くしたのかどうか、なんらかの医学的処置を受けているのかどうかを確認する。我々は現代医学より前面に立とうとするものではなく、その手助けをする者たちだ。我々は神々ではなく、創造物と創造主によって用いられる器にすぎない。

シャーマンは地球やスピリットの世界と対話ができなければならない。スピリットの旅ができなければならない。そして何より、地球とそこに住む人々を癒やすことができなければならない。その対話と旅と癒やしとは、インナー・ヴィジョンによって導かれなければならず、純粋な目的を持ち、強力な聖なる沈黙とエンヴィジョニングのプロセスとを経ていなければならず、さらに、シャーマンは自分の行っていることに対して、深く揺るぎない信念を持っていなければならない。我々は命の力が自分の身を通って流れ出ていく器であり、懸け橋にすぎない。癒やしを行っているのは我々ではなく、創造物の力と創造主なのである。我々にできることは、純粋で空っぽの器となり、与えられる指令に従うことなのだ。

トム・ブラウン・ジュニア　Tom Brown, Jr.

1950年、ニュージャージー州に生まれる。7歳の頃、アメリカ先住民リパン・アパッチ族の古老ストーキング・ウルフ（グランドファーザー）と出会い、約10年にわたって、トラッキングや気づきといったサバイバル技術に加え、真理の探究に生涯をかけたグランドファーザーの生き方、哲学を学ぶ。グランドファーザー亡きあとは、アメリカ大陸を放浪しながらサバイバルの技術を磨き、主に森の中で生活する。27才のとき、行方不明者のトラッキングを依頼されたことでトムの名は世に広く知られることとなり、それ以来、彼の持つスキルは多くの人の命を救ってきた。1978年、自身の体験を綴った『トラッカー』が出版され、同年、トラッカー・スクールが設立された。現在も、世界各地から集まる受講生に、地球の守り人として生きる技術と、その根幹となるグランドファーザーの哲学を教え続けている。著書は『トラッカー』『グランドファーザー』（いずれも徳間書店）など多数。

水木 綾子　みずき あやこ

訳書にウラジーミル・メグレ『アナスタシア』『響きわたるシベリア杉』『愛の空間』（小社刊）、別名での訳書にオグ・マンディーノ『人生は素晴らしいものだ』（PHP研究所）、ポール・モーガン『ペラギウス・コード』（原書房）がある。

スピリットに目覚める

●

2020年10月28日 初版発行

著者／トム・ブラウン・ジュニア
訳者／水木綾子

装幀／長澤 均（papier collé）
編集／山本貴緒
DTP／小粥 桂

発行者／今井博揮
発行所／株式会社ナチュラルスピリット
〒101-0051 東京都千代田区神田神保町3-2 高橋ビル2階
TEL 03-6450-5938 FAX 03-6450-5978
E-mail: info@naturalspirit.co.jp
ホームページ https://www.naturalspirit.co.jp/

印刷所／創栄図書印刷株式会社

ISBN978-4-86451-347-0 C0011